請問盧梭先生

教育學核心議題(一)

林逢祺　洪仁進　主編

劉蔚之　葉坤靈　林玉体
周愚文　但昭偉　鄭英傑
許殷宏　蘇永明　林秀珍
李奉儒　彭煥勝　陳玉娟
李玉馨　林明地　白亦方
張文亮　　　　　合著

五南圖書出版公司 印行

人類的進步往往在深刻的反思中，揭開序幕。當十八世紀的法國社會普遍沉浸在虛矯和紙醉金迷的風尚時，盧梭的反思和諍言，使人們從封建和物質文明的迷夢中驚醒，開始思索：為何人生而自由，卻無處不在枷鎖之中？為何在文明社會裡，人總是有快樂而無幸福、有名聲而無才德、能算計而無智慧？西方傳統思想中，原罪思想根深柢固，兒童生來就被認為應該接受大人的約束、管制、糾正，但盧梭卻主張兒童天性善良，其為惡，源自文明社會的錯誤規範。盧梭的反思，在政治上，激起了波瀾壯闊的民主改革風潮；在教育上，則引發兒童中心主義和自然主義的運動，其勢力由十八世紀崛起，到了二十一世紀的今天，仍然方興未艾。

有感於反思的重要，臺灣師大教育學系自 105 學年度起，在臺灣師大教學發展中心及五南圖書公司的資助下，創立以反思教育為宗旨的「早讀會」。早讀會由近 40 位師生共同組成，每兩星期舉辦一次，利用週四早晨 8:20-09:50 的時間進行。早讀會成員在會前預先閱讀受邀演講學者所撰寫的教育反思專文，並在會中聆聽學者的演講後，提出各類相關問題，供全體成員討論。一年以來，進行 20 場次，場場獲得熱烈迴響，觸發與會者豐沛的教育想像和實務改進思考。為了保全早讀會精采的專文和演講內容，以饗學界和讀者大眾，我們將 13 篇在早讀會發表且經雙審通過的論文、1 篇專題演講文稿（林玉体教授專文），以及 2 篇現場演講紀錄並經演講者（張文亮教授及白亦芳教授）修正而成的文章，集結編成這本以《請問盧梭先生》為名的專書。

書名中的「請問」是反思精神的彰顯，而「盧梭」則是近代教育學的鼻祖，所以《請問盧梭先生》就有反思教育學理論和觀念的意義；全書每一篇文章，都可視為既有教育觀念的挑戰，或者是核心教育議題的提問。例如：盧梭提倡自然主義的教育，但盧梭的自然主義教育，真的「自然」嗎？美國的進步主義教育以「進步」為名，但它真的進步嗎？教育史的研究經常被視為一種「回顧」，但如果將之視為「前瞻」的必要工作，其價值會不會更鮮明？從歷史的角度上看，「科舉」是廢了，但現代考試制度，難道不

像另類科舉？道德是重要的，但有的人可能沒有思考過，如果以特定方式來推行道德，則道德非但不能助人，反而可能「吃人」！學校教育在一般人的觀念中，具有提升生命的價值及作用，但也有不少人覺得「學校教育害我一生」，這是為什麼？如果家庭好，小孩一定好，現行教改只問小孩、不問家庭的策略是不是行得通？更全面地看，目前所謂的教改，真能改革教育嗎？

　　與資本主義或民主相關的教育議題，也是本書多篇文章關注的焦點。例如：在一般人的意識型態裡常有一個觀念，認為教育活動中如果能加入競爭元素，就能快速促成進步，但這會不會是一種資本主義的迷思，甚或是騙局？隨著民主浪潮的席捲，權威在教育中被視為落伍的象徵，但沒有權威的教育或教師，能完成使命嗎？民主世界中，世人言必稱美國，美國成了自由、平等的化身，不過有多少人看清，多元族群下的美國，離教育的公平正義仍然相當遙遠？奇特的是，美國和多數在美國影響下的社會（包括臺灣），施行得最激底的制度，毋寧是資本主義，而非民主主義；資本主義邏輯對教育領域的影響之一，是「教育人」逐漸慣用商業概念來思考教育，於是他們在教育裡也談行銷、成本效益，甚至是品牌，然而教育可以是一種品牌嗎？另外，受效用觀念的影響，大眾普遍認為接受教育的終極目的是在取得工作，可是在人工智慧高速發展的時代裡，學校教育究竟能夠培養學生什麼有用的工作能力？再者民主、商業和教育三種邏輯交雜、衝突的現代學校環境裡，推動校務行政格外辛苦，這使得校務行政人員大舉「逃亡」，即便是留在行政崗位上的教師們，也不時困惑於做行政值什麼的問題，這無疑將大大衝擊教育的推展效力。

　　前述種種議題，追本溯源，無一不涉及教育或學校究竟是什麼的思考。在國際競爭的狂潮裡，世人近來異常關心個別大學的世界排名序位，希求愈前愈好。但人們更應該注意的似乎是「何謂大學」，甚或是「何謂人」的問題。就後一種問題而言，答案往往藏在理解和關懷別種生物的活動裡，這也是我們將「你知道大海裡的歌王——座頭鯨為什麼要唱歌嗎？」這一篇文章放在本書結尾的道理。總結而論，教育的桃花源盡在理解、愛惜和發展生命的世界。

本書順利出版除了要感謝參與撰稿和演講的學者先生們，也要對臺灣師範大學教學發展中心及五南圖書出版公司的大力支持，敬致無限謝意。所有熱烈參與的早讀會成員，以及專業的助理團隊成員陳冠妤、張甯雅、李宜航和王皓揆，都是這本書的重要推手，有你們的投入，這本書的意義更顯飽滿。

林逢祺、洪仁進
序於　臺灣師大　童心齋
2017.09.25

目錄

盧梭自然主義的教育「自然」嗎？

劉蔚之

國立臺灣師範大學教育學系副教授

1

前言

現代德國教育學之始，一般溯自盧梭（J.-J. Rousseau）開始。他於1762年發表《愛彌兒》一書，雖然書中諸多主張以及本人富爭議的生命史受到相當多的質疑，卻無損於他「開啓現代歐洲教育學以及有關教育的科學」此一歷史定位與評價（Oelkers, 1989; Blankertz, 1982）。原因是，在書中，盧梭第一次提出自然主義教育之主張，其中有關教育本身獨特目的的問題，他的答案與當時對教育的理解完全對立。[1]另外，盧梭也第一次提出「兒童權」（Eigenrecht des Kindes）的概念。這意味著，兒童並非尚未成熟的小大人，而是自爲完滿、成熟的個體；此一見解使盧梭先於他人，堂堂進入現代教育學史之中（Blankertz, 1982）。此外，盧梭更進一步洞察到當時剛形成公民社會的教育原則，不再應該限於個人出生時所屬地位，而應該是普通人性的陶冶，以適應未來變動不居的生活；這無疑是一種公民教育的推升。此外，他更於《愛彌兒》書中反對貴族統治，反對依據出身與地位施予教育，且不斷預言革命之發生；這些主張絕非基於利益與階級鬥爭，而是烏托邦的理想，更是超越特定社會階級與歷史型態的超然訴求。

以上盧梭自然主義教育思想所具有的重要歷史意義，究竟出於何種問題意識，想要解決哪些重要的時代問題呢？自然究竟是什麼？自然天性又何所指？自然主義教育眞正內涵又是什麼？更重要的是，一切都順從自然，那麼它還需要施教者嗎？這位施教者任務爲何？他如何判斷受教者應接受的教育之內容與原則？如何排除外界不當干預？如何塑造純淨、適合的教育環境？看起來，自然主義教育若要施行得當，施教者其實極爲關鍵。但是施教者一旦進入教育歷程之後，自然主義教育還能保持自然嗎？能否免於精心計算與安排等人爲操控呢？還有，愛彌兒接受盧梭自然主義教育之後，最後是否可以稱得上是成功呢？本文想藉由《愛彌兒》文本以及現今相關研究成果回答以上問題，特別是自然主義教育中是否潛藏無可

---

1 當時人人依其出身階級、未來地位與職業，來接受應有之教育；換言之，教育是遂行成人與社會意志的工具。

避免的操控性問題，以補目前中文文獻裡對上述論題較爲忽略的不足。[2]

　　以下首先說明盧梭自然主義教育產生的時代背景與問題，其次說明何謂自然以及自然天性。復次說明愛彌兒自然主義教育的內涵與重點，最後找出自然主義教育中可能潛藏的操控性，期能有助於對「自然主義教育」之本質釐清。

時代背景與問題

　　任何理論提出，其實都少不了想要對治的問題意識。對盧梭而言，他面對的三個時代問題是：

　　1. 人的本質，究竟是機械人或自然人？

　　2. 培養一個人，究竟要養成自然人或是社會人（公民）？

　　3. 童年的不確定性。

　　以上三個問題成爲盧梭自然主義教育的動機，以下分別說明引發盧梭對這三個時代問題的思考。

一、機械人或自然人？

　　18世紀上半葉，Julien Offray de La Mettrie（1709-1751）曾發表《人即機器》一書，他是法國啓蒙思想家與哲學家，也是機械唯物主義代表人物。《人即機器》中對教育應如何同時由人的自然天性與社會改善進行，提出以下主張（Oelkers, 1989）：所有教育機構，應義無反顧地從「人的自然天性才是先決條件與衡量尺度」這個觀念出發，對於人這個「機器」，進行教導與教學（不是教育），同時，教導與教學乃是可以「技術－機械」性建構的。

　　La Mettrie這種把人視爲機器，或教學乃是機械性建構的看法，盧梭卻並不同意。盧梭認爲自然天性並非機械式的，而是一種氣質傾向，其中，內、外在兩種自然有根本區別。自然天性並不能由外而內機械性地讓每個

2　本文引用的中譯本是Roesseau原著，李平漚譯（1989）。《愛彌兒》。臺北市：五南圖書出版公司。

人都養成相同的習慣（Gleichfoermigkeit der Gewohnheit），而是與人的內在氣質傾向有關，內在氣質傾向有獨特力量（雖非決定性的），亦即具有「情緒感受性」，它是內在於吾人的自然，是唯一能保證人不受社會腐化或強迫異化者（Oelkers, 1989）。

盧梭反對 La Mettrie 技術性的建構主義（der technische Konstruktivismus），認為後者將教育化約為自然界的物理法則，但人的內在自然天性卻是無須以機械方式即能加以開展的潛能。所以，機械人（homme machine）與自然人（homme naturel）乃是相對立的（Oelkers, 1989），自然人的能力不需由外產生或建構，而是持續地自我開展其內在於人的自然天性。

綜言之，盧梭對於第一個問題「機械人或自然人？」答案是反對當時盛行的「機械人」之說，選擇了「自然人」。

二、自然人或社會人（公民）？

至於盧梭面對的第二個時代問題，則是自然人與社會人（意即「人」與「公民」）的問題，他的答案相對就複雜許多。

盧梭在《愛彌兒》書中觀察到，人似乎不可能同時成為一個自然人，而又成為一位公民（李平漚譯，1989）。因為公民是由社會定義，公民本身也自我理解為社會的一部分。社會改變人的天性，剝奪他絕對的存在，使人成為公民、成為共同體的一部分。公民需滿足社會規範，僅能「特定角色」地生活；至於自然人則完全只為自己而活，且在自然的秩序中所有的人都是平等的。換言之，自然人與公民兩者間似是具有無法調解性的。因之，盧梭面臨的不只是單純面對人與機械之爭，更是公民與自然人之爭。

對盧梭而言，亞里斯多德所說古代公民在城邦中「完成天性」並不正確；盧梭認為人成為公民之時，將同時會被「去除自然天性」（denatuiert）（Benner & Kemper, 2003），失去可塑性與學習自由，並被置換為一種「絕對地歸屬於整體」的道德之下，這使個人存在的價值被完全否定：

> （奴隸回報斯巴達婦人，她的五個兒子都戰死在沙場的死
> 訊，婦人回道：）「賤奴，誰問你這個？」（奴隸道，）「我

們已經勝利了！」於是，這位母親便跑到廟中去感謝神靈。

（李平漚譯，1989：5）

　　盧梭的評論是：「這樣的人就是公民」。至於在現代公民社會中的公民（布爾喬亞），盧梭認為他們已經失去自由學習天性，是「腐化墮落」的人（entartete Menschen），都已學壞了（verlernt）（Benner & Kemper, 2003），也不足取。

　　「人或是公民？」這個問題意識主導了盧梭教育論述，特別是教育的目的：盧梭在《愛彌兒》中要去造就一位感受力既強（empfindsam）、能為自己而活的個人，同時又能在團體中合群團結（solidarisch）的「人－公民」。此人既不失去自然天性，又不墮落腐敗，且在社會處境中，與他人生命休戚與共，能成為一個真正公民。他的做法是，先了解自然人、培養好一個自然人，於是他自然而然會成為一個良好公民：

　　　他首先是一個人，一個人應該怎樣做人，他就知道怎樣做
　　　人。他在緊急關頭，而且不論對誰，都能盡到做人的本分。命
　　　運無法使他改變地位，他始終將處在他的地位上。（李平漚譯，
　　　1989：8）

　　換言之，盧梭並不摒棄「培養公民」，他認為現代教育必須同時成就人與公民。他談到身為父親的人對子女有三重義務（李平漚譯，1989）：為人類生育出一個「個人」，為社會培養一位「合群的人」，以及為國家造就一位「公民」。盧梭對此三重義務的說明，指出了他嘗試導出一種個人性的存有（individuelle Existenz）與社會性的共存（gesellschaftliche Koexistenz）兩者和諧並立與融合之境界（Benner & Kemper, 2003）。這也是盧梭對愛彌兒的教育理想之準繩。

　　於是他試圖以愛彌兒為例，說明如何能培養一位受教者在社會中尋找到自己的位置，以發展出自身的生活方式。在《愛彌兒》書中，唯一一位教師盧梭（Jean-Jacques）與唯一一位學生愛彌兒（Emile）共同生活了20餘年，教師展示如何無視於出身階級或未來職業地位，僅僅是把學生教導為真正的人與公民。

三、童年的不確定性

　　盧梭面臨的第三個時代處境是，童年以及童年的教育開始具有一種不確定性（Unbestimmtheit）。他了解到吾人其實對童年一無所知（Nicht-Wissens um Kindheit）。

　　在進入現代以前，各個社會中對於教什麼、何時教、何處教、如何教、為何而教、由誰來教，有著各自的知識秩序（Ordnung des Wissens）與社會秩序（Benner & Kemper, 2003）。每一階級知道自己獨特的學習歷程，其中只有教士與學者需要教師，其他階級完全不需專門的教育者即能應付裕如。個人從一出生開始，即已知道自己的未來職業使命（天職），以及要學習的內容。但大約到了盧梭的時代，也就是現代公民社會中，情況已有極大不同。

　　盧梭書中顯示：愛彌兒有相當不同的教育經歷，他的老師盧梭雖具有所有自然教育與專業教師應具有的素養，但師生兩人都對於受教者未來天職使命並不清楚（Benner & Kemper, 2003）。盧梭這位專業教育者深切體認到，在現代條件下，他對孩子的未來天職使命或生活型態雖然並不了解，卻仍要敦促受教者提升學習過程；而學習者愛彌兒自身也需在不知未來天職使命的情形之下學習。歷史上，真正首先注意到並且深刻反思這種矛盾處境之重大困難與影響的，是盧梭。

　　在此不確定性之下，盧梭引領進入的現代問題是，成人應該如何在某個童年時間點、依據兒童的自然天性，來教導那些根本不知道兒童什麼時候才有機會用上的事物呢（Benner & Kemper, 2003）？盧梭將新舊兩種社會秩序體系進行比較，以發展出新的運作規則：舊社會中人們相信，自然將人發展為許許多多剛好是社會各種地位或階級所需的種類；而新的社會相信，人的自然天性不再由特定地位決定，而是允許有各種可能的使命，且不再由家長，而是由教育所決定。於是新社會標示了個人的選擇可能性，個人得以追尋與發現自己的職業地位。

　　以上意味著成人面對兒童時，能夠坦承自己不知道兒童未來的天職使命，因此，受教者的經驗與學習歷程也不再能如傳統社會一般，按照一種對未來天職的確定性加以進行了：

鑒於人生的變化無常，鑒於這個世紀使我們整個一代人為之茫然失措的動蕩不安的精神，還有什麼方法比把兒童當作永遠不出房門、時刻都有人左右伺候的人來培養更荒謬的呢？（李平漚譯，1989：8-9）

這種新穎的、因著童年的「不確定性」之見解而產生的教育，究竟應該如何進行，盧梭這樣描述出來：

我們的教育，或是受之於自然，或是受之於人，或是受之於事物：我們的才能和器官的內在發展，是自然的教育；別人教我們如何利用這種發展，是人的教育；我們對影響我們的事物獲得良好的經驗，是事物的教育。（李平漚譯，1989：2）

三種教育要如何理性地相互作用呢？盧梭在《愛彌兒》中的答案是，教育若要圓滿，那就要遵從「自然本身」那唯一還稱得上是理性的教育目標而行，整本書也以此為架構，展開對於愛彌兒的教育：

三種教育方式必須圓滿配合，所以人仍然能控制的「人的教育」與「事物的教育」，必須遵循著那唯一無法由人所控制的「自然教育」。（李平漚，1989：3）

「自然」與「自然天性」之意義

一、「自然」之意義

盧梭的自然概念究竟為何？其實他的定義並不一致，然大致可分三類（Oelkers, 1989: 18）：

1. 自然天性，也就是人的內在傾向與氣質；相對於外在影響而言，它是個人發展的先決性前提。
2. 社會世界中屬於價值範疇的，例如鄉村生活中「簡單而自然」，或「自自然然」等純真不虛矯。

3. 大自然，也就是外在的、非社會性的世界，或周遭環境具秩序性、無道德可言的自然環境。

前述三種自然的概念其實與《愛彌兒》書中三種形式教育用法乃是相連結的：

1. 自然的教育（*éducation de la nature*）：順應並開展內在自然天性所潛在的能力。

2. 人的教育（*éducation des hommes*）：只與教師生活在一起，過著簡單鄉居生活或未受腐化的、原初的自然之經驗。

3. 事物的教育（*éducation des choses*）：被大自然所圍繞的教育環境，認識萬事萬物的韻律、法則與協調一致性。

以上三者結合將會是最佳的教育，至於在社會中進行的教育則會破壞它們的完整性。

二、「自然天性」之意義

在理解盧梭的自然概念之後，那麼，其中第一個意義，也就是人內在的「自然天性」，又是什麼意思呢？

Benner & Kemper（2003）曾分析，盧梭所理解的「自然天性本身」（Natur selbst），乃是人的一種不特定而常保開放的「可塑性」（Bildsamkeit），或是「臻於完美的能力」（*perfectibilité*），它是一種透過環境的協助，持續去發展所有其他能力的能力，而此能力是同時內在於整個人類與個人的。因為個人與人類都有臻於完美的能力（且總在生成變化之中），文化內涵本身絕非教育目標，而只是教育媒介。

所以，與這三種教育方式有關的「教育活動的本質」（Kausalitaet paedagogischen Wirkens）會是什麼呢？答案是，只有將目標放在人具有發展性的「自然天性」上，也就是放在培養他「開展能力的能力」（Faehigkeit, Faehigkeiten zu entwickeln），才是合法的教育活動。這也同時可以解決現代社會中，前述公民階級（布爾喬亞）之「較量性的生存」，與隨之而來現代公民的撕裂性等問題，因為只有在人們學習到彼此承認對方的可塑性，且彼此支持對方的自我開展能力之發展，才有可能消解。

Benner & Kemper（2003）也指出，盧梭除認爲人的自然天性是「可臻完美的」（perfektibel），「臻於完美的能力」觀念中更積極承認自然天性具有不特定的、持續去開展各種能力的能力。因此自然天性也具有臻於「善」的本質：

> 本性最初的衝動始終是正確的，因為在人的心靈中根本沒有什麼生來就有的邪惡。（李平漚譯，1989：92）

Oelkers（1989）認爲，相較於基督教義，盧梭的自然天性觀有兩個改變：(1) 重新估定善惡的關係，且背離傳統上認爲教育應該培養良好道德紀律的看法。原罪說因爲盧梭「人內在生而有之的向善之本質」而被拋開了；(2) 內在於吾人的自然天性，不像外在自然環境一樣，而是有善的種子於自身，所以不需由外在施予的道德教育。

Oelkers 曾認爲此說導致了激進的結論：天生自然的善之潛能，與墮落腐化的社會是相互對立的。那麼，究竟要讓孩子進入社會，還是遠離它呢？盧梭攻擊傳統上儘早開始進入社會的教育（例如道德說理、與人群接觸），認爲只有在兒童自己的天生力量均培養好之後，才能進行道德對話。而這些只有遠離傳統的道德，才有可能做到。[3]

由於自然與社會乃是對立，因此必須嚴分自然教育與社會實境：因爲盧梭要普遍性地理解與造就兒童的自然天性，自然教育首先要做的事情就是將教育與社會對立，並遷離社會而進行。孤立抽離的人（*l'homme abstrait*）才是教育對象，「教人成人」只有在以自然作爲準繩時才有可能（Oelkers, 1989）。自然太重要了！它即是教育行動的尺度。當盧梭推薦自然乃是導師時，自然是所有外在事件與內在經驗的組合，它意味著權威、不可抗拒、但無須人爲強迫。

綜言之，盧梭自然主義教育中，對於自然天性的假定是：(1) 本身有臻於完美的能力；(2) 它是善的；(3) 自然天性與社會是對立的。根據這些根本假定，自然主義教育的主要方向就可以掌握了：那就是遵循自然（以自然爲師），以及「消極教育」。

---

[3] 但在適當時間點，還是會（應）把孩子引導入社會。愛彌兒成年後即是如此。

肆 自然主義教育內涵

根據以上對於自然以及自然天性的定義，盧梭自然主義教育的內涵就愈來愈清楚了。以下試直接以《愛彌兒》一書文本，說明其內容：[4]

1.遵循自然，讓大自然來考驗

遵循自然，跟著它給你畫出的道路前進。它在繼續不斷地鍛鍊孩子，用各種考驗來磨礪他們的性情；它教他們從小就知道什麼是煩惱與痛苦……通過了這些考驗，孩子便獲得了力

---

[4] 感謝審查人指出本文對於愛彌兒教育「實際做法」的討論仍不足呈現全貌，會令讀者誤解，且審查人進一步具體指出教養愛彌兒的多項實際做法；由於顧及行文之架構完整性，特以本註釋補充審查人所提示的項目，謹此致謝（頁碼為李平漚的譯本）：

一、第一卷所列的項目（嬰兒期：出生到2歲）：嬰兒不要包得緊緊的（頁10）；授母乳（頁11）；要吃蔬菜少吃肉（頁33）；無論夏天或冬天都可以用冷水甚至冰水洗澡（頁36）；先感性後理性（頁47）。

二、第二卷所列的項目（兒童期：2歲到12歲）：保持原始狀態，以便使能力和慾望獲得平衡（頁73）；最初幾年的教育應當純粹是消極的（頁91）；把愛彌兒帶到鄉間去培養，使他遠遠地離開那一群亂哄哄的僕人，使他遠遠地離開城市的不良風俗（頁97）；教歷史還太早、太遙遠了（頁118-9）；如果孩子們還不懂得你所講的字眼，就不宜於拿你的功課去教他們（頁121）；愛彌兒是絕對不背頌什麼課文的，即使是寓言（頁122）；愛彌兒長到12歲還不大知道什麼叫讀書（頁130）；在發育中的身體各部分，所穿的衣服應當寬大；絕不能讓衣服妨礙他們的活動和成長，衣服不能太小，不能穿得緊貼著身子或捆什麼帶子（頁146）；不要穿太多（頁148）；每當愛彌兒渴了的時候，我就叫人給他水喝；我希望給他喝的是清水，水裡不加任何東西（頁149）；睡眠的時間要長，開頭就要習慣於在不好的地方也能睡（頁150）；多在夜間做遊戲（頁157）；無論什麼季節，每天早晨都赤腳跑出房間，跑下樓梯，跑過花園；我不但不責備他，反而要學他的榜樣（頁164）；重視感官的訓練：需要花很多的時間去學習觀看，熟練於觀察形狀和距離之間的正確關係（頁170）；我們有一些幾乎在任何地方都可應用的天然尺度，那就是：我們的腳步、兩臂伸直的總長和我們的身軀（頁171）；幾何學是不能被孩子們所理解的（頁173）；愈是自然的口味，就愈為簡單（頁183）；對肉類的嗜好，並不是人的天性（頁186）；由於我們從來沒有叫他把頭埋下去啃過書本，因此他決不會把他的頭低垂到他的胸前：我們用不著對他說：「抬起頭來」；他沒有什麼可羞可怕的事情使他低下頭去（頁196）。

誠如審查人所言，這些例子對於盧梭「回歸自然」（Back to Nature!）的教育理念仍有相當之說服力。故特此補充，以充分呈現自然教育之完整面貌。

量：一到他們能夠自由運用自己的生命時，生命的本原就更為堅實了。（李平漚譯，1989：16）

2. 遵循自然時，不應過度保護

當你事事都在替他著想的時候，他還動什麼腦筋呢？既然可以依靠你的深謀遠慮，他何必事先考慮呢？他看見你在照顧他的生命和幸福，他就覺得自己用不著操什麼心；他的判斷依賴於你的判斷，凡是你未曾禁止過他做的事，他就放心去做。（李平漚譯，1989：134）

不過度保護，也與命運的不確定性有關：

人們只想到怎樣保護他們的孩子，這是不夠的。應該教他成人後怎樣保護他自己，教他經受得住命運的打擊，教他不要把豪華和貧困看在眼裡，教他在必要時在冰島的冰天雪地裡或馬爾他島的灼熱岩石上也能夠生活。（李平漚譯，1989：9）

我的學生……（是）自然的學生，他從小就鍛鍊自己盡可能地依靠自己，所以沒有經常去求助他人的習慣，更不善於向他人炫耀自己的學問。（李平漚譯，1989：134）

3. 讓兒童自然產生學習願望，享受「有節制的自由」，且從經驗取得教訓

不能由你告訴他應該要學習什麼東西，要由他自己希望學什麼東西和研究什麼東西；而你呢，則設法使他了解那些東西，巧妙地使他產生學習的願望，向他提供滿足他願望的辦法。（李平漚譯，1989：236）

懲罰，正是他們不良行為的自然後果……撒謊所招來的痛苦，是由於事物發展的必然後果，而不是出自老師的報復。（李平漚譯，1989：105、107）

由於愛彌兒的童年是……在自由中度過的，所以他到青年時期才開始遵守你們的學生在童年時期就已經遵守的那些規矩；這些規矩變成你們的學生的桎梏，他們很恨它們……和你的學生相反，愛彌兒以他自己成為一個大人和服從日益成長的理智的約束而感到光彩。（李平漚譯，1989：446）

4. 理性教育最晚進行[5]

我發現，再沒有誰比那些受過許多理性教育的孩子更傻的了。在人的一切官能中，理智這個官能可以說是由其他各種官能綜合而成的，因此它最難於發展，而且也發展得遲。（李平漚譯，1989：87）

易言之，盧梭希望，大自然希望兒童在成人以前就要像兒童的樣子：

當你試圖說服你的學生相信他們有服從的義務時……由於害怕受到你的懲罰和希望得到你的寬恕……所以弄得他們只好你怎樣說就怎樣承認；你以為是用道理把他們說服了，其實是因為他們被你說得挺厭煩和害怕了。（李平漚譯，1989：89）

理智和判斷力的發展是很慢的，然而偏見卻大量地產生，需要預為防備的正是種種的偏見（李平漚譯，1989：223）。

5. 為保護自然天性，消極教育是必要的

「消極教育」代表任由時間流逝，當下的每一刻不應為了未來而犧牲，教育需給孩子足夠時間，不使他僅為了社會性的未來（指職業、地位等）而在教育上被定義。產生罪惡與錯誤最好的方式，就是在孩提時光消磨他的力量。未能做到消極教育，未來一生都將由罪惡與錯誤所主導！而消極教育的任務相當艱鉅：孩童需要足夠時間去發展天生的力量，所以一

---

5 這一點是起於反對洛克用理性去教育孩子。但是事實上盧梭並不反對理性教育，但認為不應早於身體和感官。

定要放任而不打擾，不課以社會外在目標。消極教育務必要排除他人不當
影響：

> 教育是隨生命的開始而開始的，孩子在生下來的時候就已
> 經是一個學生，不過他不是老師的學生，而是大自然的學生罷
> 了。老師只是在大自然安排之下……防止別人阻礙它對孩子的
> 關心。（李平漚譯，1989：37）

> 最重要的和最有用的教育法則……就是……不僅不應當爭
> 取時間，而且還必須把時間白白放過去……最初幾年的教育應
> 當純粹是消極的。它不在於教學生以道德和真理，而在於防止
> 他的心沾染罪惡，防止他的思想產生謬見……但你一去教他，
> 他的智慧的眼睛就會向著理性睜開的。（李平漚譯，1989：93-94）

(1) 消極教育就是儘量讓兒童保持無知狀態

> 我教給我的學生的，是一項需要在很長時期中刻苦學習才
> 能學會的藝術……這項藝術就是保持其無知的狀態……我只是
> 幫他準備能夠用來獲得學問的工具。（李平漚譯，1989：145）

(2) 自然教育需要一位觀念極為正確的老師

> 你是在你的兒子已經成長的時候才給他找一個教師的，而
> 我則希望他在出生以前就有一個教師。你所請來的這位教師每
> 五年可以換一個學生；而我請來的這位教師則永遠只教一個學
> 生。（李平漚譯，1989：23）

> 愛彌兒是一個孤兒。他有沒有父母，這倒沒什麼關係。我
> 承擔了他們的責任，我也繼承了他們全部的權利。他應該尊敬
> 他的父母，然而他應該服從的只是我。（李平漚譯，1989：25）。

> 熱情的老師，你要保持純樸，謹言慎行。只有在防止別人
> 對你的學生施加影響的時候，你才能採取行動……如果可能的

話，就連有益的教育也加以拋棄，以免把有害的教育授予他
們。（李平漚譯，1989：98）

伍 自然主義教育中的操控性

如上所述，自然主義教育中，最關鍵的部分可能便是那位施教者。在
以上掌握一切教育安排、排除一切干擾、長時間兩人相處與謹言慎行、以
身作則之外，還需要：

> 孩子應該把全神貫注在他所做的事情上，而你則應該把全
> 神貫注在他的身上，不斷地留心觀察他，但又不要讓他發現你
> 在暗中注意他；你要預先料到他心中的感想，要防止他產生不
> 正確的看法。（李平漚譯，1989：251）

到此，施教者成為教育歷程的主人，情形開始有些不一樣了：

一、冷靜精密的計算（操控性）

冷靜精密的計算是指讓愛彌兒常常認為是他在作主，而實則始終是老
師在作主：

> 可憐的孩子，他什麼都不知道，什麼都不會，什麼都不
> 懂，豈不是可以由你任意擺佈嗎？……你不是可以隨便調度他
> 周圍的一切嗎？……豈不是要怎樣影響他就可以怎樣影響他
> 嗎？他的工作和遊戲，他的快樂和痛苦，豈不是在他不知不覺
> 中全都掌握在你的手裡嗎？當然，他可以做他想做的事，但實
> 際上是你希望他那樣做，他才那樣做；他每行動一步，你都能
> 早有預料，他一張口，你就知道他要說什麼話了。（李平漚譯，
> 1989：136）

在必要時，即連僕人、路人都可以事先安排。孩子吵著要出門，盧梭
不動一點聲色，只是祝他一路順風。盧梭正是等他來這麼一下，因為一切

都是事先準備好了的，安排好的這位路人應該：**6**

> 不要一下就把孩子嚇得太厲害，以免他感到膽怯和害怕，他應當使孩子充分認識到這樣隨隨便便地跑出來是十分冒失的，然後，這半個小時就把他乖乖地給我帶回來。（李平漚譯，1989：142）

二、操控：賽跑之例

另一個有關操控的例子是，盧梭精心設計出愛彌兒對練習賽跑的興趣與動機。和一般方法相反的是，他絕不正面告訴愛彌兒賽跑有多好玩，多麼重要。他只在下午散步時，剛開始時多帶一兩塊點心，讓那邊的兩個孩子賽跑，看誰跑得快就給誰吃。開頭還不能產生什麼效果，但盧梭一點也不灰心，一點也不著急，因為要做好孩子的教育工作，就必須懂得：「把時間白白地放過去，正是為了爭取更多時間。」（李平漚譯，1989：168）

盧梭仍然常常帶著點心，預備給賽跑的孩子。路過的人也停下來看，大家都叫喊、喝采與拍手，以鼓勵他們。這在愛彌兒看來，真是一場奧林匹克運動會。常常看到別人吃點心，使得這位小騎士真是饞壞了，所以終於想到開始悄悄地去做試驗。盧梭裝著沒有看見他在試驗，他知道自己的計策已經成功。後來，愛彌兒主動提出要參加賽跑。一開始因為盧梭把他的路線畫得很短，而且沒有讓跑得最快的孩子參加，所以他就更容易得到獎品。

這第一步成功之後，要繼續使他參加賽跑，是多麼地容易。隨著勝利次數愈來愈多，愛彌兒也變得大方起來，往往把得到的點心同其他孩子一塊兒分著吃。盧梭可以隨心所欲地使他得到或者得不到點心；然而，愛彌兒是這樣相信盧梭，以致盧梭「費了九牛二虎之力也不能使他明白我在欺騙他」。（李平漚譯，1989：169）

以上例子都說明，盧梭在教育愛彌兒過程中，是相當冷靜與精密計算的，這似乎與一般父母親或教師頗有不同境界。

6　此例不是愛彌兒，是一位幫忙負責管教幾星期的孩子。

三、愛彌兒的教育成功嗎？

要回答「愛彌兒的教育究竟是否成功」這個問題應先知道，愛彌兒究竟是怎樣的一個人：

12 歲時的愛彌兒看上去是這樣的（李平漚譯，1989：195）：他的面貌、舉止與表情，說明了他的自信與高興；他容光煥發、身體健康，穩健的步伐表明他很有精力；他的皮膚細嫩而光潤，沒有一點鬆軟的樣子，空氣與陽光已經在他身上印上了男性可敬的標記；他肌肉豐滿，顯示正在成長的生理特徵；他的眼睛雖沒有燃起感情的火焰，但至少流露著天真的明淨。在他矯捷而穩重的動作中，你可以看出他那樣年紀特有的活潑、獨立自恃的信心和多種多樣的鍛鍊經驗。他的態度多麼開朗與大方，沒有一點傲慢或虛浮的樣子。

到了 18 歲時，愛彌兒更是相當令人驚異：多麼高貴的情操，多麼清晰的判斷能力，多麼正確的理性！真正正義的原則，真正美的典型，人和人的一切道德關係，秩序的全部觀念，所有這些都深深印在他的腦海裡了。他不是人培養出來的人，他是大自然培養出來的人。（李平漚譯，1989：354-355）

當愛彌兒 20 歲時，為使愛彌兒能得到幸福，盧梭想為他解釋欲念的危險、專屬的愛情、忠貞的義務、婚姻為一切結合中最甜蜜的結合、一切契約之中最神聖不可侵犯的契約。在解釋之前，盧梭緊緊把愛彌兒抱在懷裡，讓熱情的眼淚流在他的身上，告訴他說：

> 「你是我的財產、我的孩子、我的事業；我要等到你得到
> 幸福的時候，我才能取得我的幸福；如果你使我的希望落空，
> 你就竊取了我20年的生命，使我到老年的時候遭受痛苦。」
> （李平漚譯，1989：459）

到了這緊要關頭，盧梭把所有這些應該告訴他的話都告訴了他，他深深相信，愛彌兒「將在我預定的時刻迫不及待地自己來要求我的保護」（李平漚譯，1989：462），向他說：

> 「啊，我的朋友，我的保護人，我的老師！請你再行使你

想放棄的管教我的權能，因為目前是我最需要你管教的時候；在此以前，只因我的能力柔弱，你才管教我；而現在，則是出自我的心願……請你保護我不受周圍的人的毒害……我願意服從你的規矩……這是我永恆不變的心願……請你保護我不受我的情欲的蹂躪，從而使我恢復我的自由；你要防止我變成他們的奴隸，要使我作我自己的主人，不服從我的感官，而服從我的理性。」（李平漚譯1989：462）

盧梭終於在愛彌兒20歲時，坦承：

> 你認為愛彌兒長到20歲的時候不可能還是那樣的溫順……我卻認為他在10歲的時候才很難管教哩！……為了獲得我現在對他的這種控制，我花了15年的苦功……不錯，我在表面上是讓他獨立的，但實際上他是受到了嚴格約束的，因為，正是由於他願意受我的約束，所以他受的約束是最嚴格不過的。以前，我只能控制他的身，而不能控制他的心，所以我對他是寸步不離的。現在，我有時候就離開他，讓他自己去作自己的事，因為我隨時都是控制著他的。（李平漚譯，1989：473-474）

卷末，愛彌兒走進盧梭房間，擁抱著他說：

> 「我的老師，祝賀你的學生吧，我不久就要做父親了。啊，我們是多麼地需要你啊！……我希望你仍然是繼續做我們的老師，指點我們，教導我們，我們將乖乖地聽你的話。只要我活著，我就是需要你的。我比以往任何一個時候都更需要你，因為現在我已經開始承擔成人的任務了。」（李平漚譯，1989：734）

這樣算是成功的教育嗎？我們發現，全書結束時，主角們只有彼此，完全缺乏社會脈絡，實不足以支持安身立命的生活。已為人夫，且即將為人父的愛彌兒不僅缺乏獨立自主的勇氣，而且，愛彌兒也完全沒有朋友，難道他不需要嗎？書中，老師盧梭20餘年來沒有自己的家庭與婚姻生活，

1
盧梭自然主義的教育「自然」嗎？

只與愛彌兒在一起，在蘇菲出現之前，兩人世界從來容不下其他人。此時盧梭能夠（或應該）繼續指導愛彌兒的婚姻與家庭生活嗎？

回顧《愛彌兒》卷首，盧梭曾假設，「從他出生的時候起就一直教育到他長大成人，那時候，他除了他自己以外，就不再需要其他的指導人了」（李平漚譯，1989：22）。所以最後盧梭會自行引退，看自己努力的成果是否成功嗎？該書本身其實並未處理。不過，在附錄〈愛彌兒和蘇菲或孤獨的人〉中，故事繼續著：盧梭在愛彌兒成為父親之後，退離愛彌兒與蘇菲兩人的家庭生活。兩人大約結婚10年後，卻橫遭家變。為改變心境情緒，一家人離開鄉間，重返巴黎這「鬧鬧嚷嚷」、「烏煙瘴氣」、「我們離開你是愈遠愈好」的地方（卷四末語，見李平漚譯，1989：509）。回到人類社會之後，果然一切都變質了。兩人情感開始疏離，蘇菲外遇，愛彌兒深受打擊，離家四海流浪。兩人最後在一荒島重遇，才再度復合。

以上附錄的內容不禁讓人省思，它是否在刻意呼應全書第一句話：「出自造物主之手的東西，都是好的，而一到了人的手裡，就全變壞了。」盧梭想藉由附錄告訴我們，只有遺世獨立的荒島人生才是美好的嗎？

 討論

以下就盧梭自然主義教育的優缺點，提出討論：

一、盧梭自然主義教育值得學習之處

1. 就原先出發點來看，盧梭可說是成功培養了愛彌兒為一個自然人與公民兼具這個理想。

2. 就三種教育圓滿配合而言，盧梭確有成功做到此一過程：用家庭教師努力下的「人的教育」，以及與世隔絕、只在大自然中進行的「事物的教育」，來配合愛彌兒內在那可臻於完美的自然天性（也就是「自然的教育」）。由於社會的教育會破壞上述教育的完整性，盧梭的確義無反顧地排除了它，當然，這一點最後也導致愛彌兒缺乏

朋友與社會支持系統的嚴重後果。

3. 在過程中，盧梭給孩子時間成長，並未犧牲任何時刻去灌輸超出自然所允許的學習，此外時時密切關注愛彌兒成長，給予充分的愛。

4. 就愛彌兒成長的每一階段分別來看，雖然成長得比其他兒童稍慢，但是每階段結束時，愛彌兒都稱得上是最理想的兒童或是青少年。

二、盧梭自然主義教育值得反省之處

1. 自然主義教育與施教者之間的矛盾：自然主義教育盡力排除人為干擾，但不可能完全做到。至少施教者不得不進入教育歷程內，但這卻使原先「人的教育」變成為「家庭教師」一個人施教之下的教育。事實上，家庭教師本身其實就是「人為干預」，他使教育無法保持「自然」。三種教育中，只要有「人的教育」存在，干預就已經開始。即使在小說中那理想、但卻非常極端的環境，專業且完美的教師長期專心教育出來的結果，最後都會有許多漏洞（例如上述 20 餘年來一直只有師生兩人在一起朝夕相處所導致的「窒息的愛」），何況在真實環境中呢？

2. 與社會隔絕的問題：社會脈絡雖可能有害，但現實中，實不可能去除。就今日而言，與世隔絕本身即是不自然。小說中，長期缺乏社會脈絡的「純淨」環境，最後卻使愛彌兒變成沒朋友、沒親戚，缺乏社會性支持。即使已成年、作父親了，心理上還是極度依賴盧梭。

3. 操控性的問題：操控與引導實只有一線之隔，在小說最後我們看到操控所導致的結果是很嚴重的。兒童需要引導，但不應太過分，變成操控，以致孩子已經成長卻還害怕獨立。施教者本身的反省性、兒童周圍重要他人之間的協調交流，或可避免流於操控。

4. 父母角色的問題：或許盧梭太了解成人了，決意摒除父母對於愛彌兒的可能影響。但是排除父母親子關係的教育，恐才是最嚴重違反自然的教育。

不久之後，深受盧梭影響與啟發的裴斯塔洛齊即是以溫馨家庭、母愛

與熱鬧嘈雜的社區生活，取代盧梭遺世獨立環境下，冷靜與精密計算的家庭教師，在教育史上重新顯示另一番風貌。父母親恐怕還是應以身作則、謹言慎行，多花時間陪伴子女，帶著他們一起在社會生活情境中分享、思考與觀察、討論，不必家庭教師代勞。這樣似乎還是比較「自然」？

中文部分

李平漚譯（1989），Roesseau著。愛彌兒。臺北市：五南圖書出版公司。

英文部分

Benner, D. & Kemper, H. (2003). *Theorie und Geschichte der Reformpaedagogik, Teil. 1.* (2. Auflage). Weinheim und Basel: Beltz Verlag.

Blankertz, H. (1982). *Die Geschichte der Paedaggik. Von der Aufklaerung bis zur Gegenwart*. Wetzlar: Buechse der Pandora.

Oelkers, J. (1989). *Die grosse Aspiration: Zur Herausbildung der Erziehungswissenschaft im 19. Jahrhundert*. Darmstadt: Wissenschaftliche Buchgesellschaft.

進步主義教育進步嗎?

2

葉坤靈

國立臺灣師範大學教育學系副教授

壹　前言

在美國，進步主義教育（progressive education，簡稱進步教育）發軔於 19 世紀後半葉，在 20 世紀前半葉對美國教育，尤其是中小學教育產生深刻的影響。W. Hayes（2006）在其《進步主義教育運動：仍是今日學校中的要素嗎？》（*The progressive education movement: is it still a factor in today's schools?*）一書認為在美國教育發展史中，進步教育起於反抗傳統教育的理念與措施，其對抗已有百年之久，至今仍持續著。進步教育運動涉及複雜的歷史因素與推動的組織和機構，本文為了梳理其運動始末的梗概，以成立於 1919 年的「進步主義教育協會」（Progressive Education Association, PEA，簡稱進步協會）所推動的教育改革措施為主，兼論與其改革相關的其他教育專業團體的活動，作為了解進步教育理念與實踐的基礎。基此，本文欲了解進步教育何以言其是「進步的」？其中心教育理念和原則為何？在 1930 年代由盛轉衰的關鍵因素是什麼？其教育改革的經驗對臺灣此波 12 年國教的教育革新之借鑑為何？根據這些待答問題，首先藉由進步協會的發展史，論述進步教育的理念與實踐，其次引介相關教育學者對進步教育的批評，見出進步教育的辯證並歸結出進步教育的得失，接著提出對 12 年國教改革可資參照之處，最後殿以結語。

貳　進步教育的理念與實踐

一般對於進步教育的看法咸認為肇端於一次大戰後，主要針對上層社會子弟所實施的實驗教育，惟 L. A. Cremin 和 P. A. Graham 都指出這不完全正確。Cremin 認為進步教育運動始於南北戰爭之後，由知識分子發動，在 19 世紀末和 20 世紀初獲得政府的支持，希望透過學校以革新政治和社會的弊端，以重整社會秩序（Cremin, 1961: ix-x）；Graham 也認為一次大戰前，因為美國政治社會的劇變，公立學校已開始從事教育改革，提供大量的職業技術課程，以滿足勞動子弟的教育需求（Graham, 1967）。

本文主要論述一次戰後，由進步協會所主導的進步教育運動的理念與實踐，在引介之前，先撮述一次戰前教育運動的目的與性質，以為對照。

一、一次戰前的進步教育運動梗概（1870-1918）

　　1870 至 1920 年代爲美國的「進步時期」（the Progressive Era），是自南北戰後邁入現代工商業社會的關鍵階段，在發展過程中衍生出許多脫序的社會問題，來自企業界、新聞界、社會改革者、實驗心理學者及教育界人士等，基於謀生技能的培養、社會穩定的需要、教育機會均等的提倡及功績社會體制的實現等目標，紛紛投入學校教育的革新，以實現民主社會的理想，進步教育運動於焉展開（林玉体，2003；林立樹，2001；Tozer, Violas & Scnese, 1995: 115）。

　　一次戰前的進步教育運動，可援引體現 J. Dewey 教育哲學的蓋瑞學校系統（The Gary Schools）之革新計畫作爲例證。該學校系統位於印第安那州密西根湖南岸的工業城——蓋瑞，57% 的居民是新移民，多屬勞工階層，其創辦人 W. Wirt 在考察當地狀況後，推動一系列教育新計畫，如提供各種健康衛教活動、開設各式職業課程、關懷學生的日常生活需要及學校設施全年運作，此外也鼓勵家長和社區人士參與學校舉辦的各樣活動。Wirt 的努力吸引全國目光，A. Flexner 和 F. Bachman 在《蓋瑞學校綜述》（*The Gary Schools: A general account*）提到：

> ……進步教育的理念已具體運作在蓋瑞學校中。政治、社會及工業化的轉變，使得蓋瑞學校在承擔知識傳遞的功能外，也肩負關注孩童生理、心理及社會的發展需求，提供了多樣的學習活動和進行課程革新。學習內容方面，除傳統學術課程外，增加了社區服務、休閒活動設施、工廠實習及家政等活動；學習方法方面，奠基在現代心理學說及社會科學理論，嶄新的學校行政運作、管教和學習方式，旨在契合民主的理想。
>
> （Tozer, Violas & Scnese, 1995:84-85）

　　就如 Flexner 及 Bachman 的評價，此期的進步教育特點在古典學科學習外，導入各種職業科目、強調做中學及調適學生需求之改革，都指向結合學校和實際社會生活的民主教育目標，是整個社會進步運動的一環。

二、一次戰後進步協會主導的進步教育運動的理念與實踐（1919-1955）

Ravitch（1983）指出進步運動盛行於 1890 年代以後，對美國整體社會政治革新影響深遠，其掀起的教育改革也在一次戰後結束，但在一次戰後卻以新的形貌展現，與戰前不同的是脫離政治與社會的改革運動，即透過進步協會將改革運動制度化與專業化，關心議題的主軸在「兒童中心學校」、「科學至上」及「社會效率」上，Dewey 教育哲學是其信奉的教育理念；除進步協會外，美國教育協會（National Education Association, NEA）及大學教育學院的教育學者，也是鼓吹進步教育思想和進行教育革新行動的主要機構和媒介。Graham（1967）也指出 1919 年進步協會成立時，戰前的進步教育運動大致已完成，一次戰後的進步協會所主導的進步教育運動主要致力於實驗學校的革新工作。Cremin（1961）進一步指出 1920 與 30 年代，進步教育運動因理念不同而分裂，雖然對美國中等學校的革新帶來很大影響，卻在二次戰後逐漸式微。歸結這些史家的見解，簡要說明進步協會成立緣起、教育原則、教育實踐、具體改革成效及式微的原因。

(一) 進步協會成立緣起與教育宗旨

1919 年一些致力於教育革新人士齊聚華盛頓特區發起「進步主義教育促進協會」（Association for the Advancement of Progressive Education）成立大會，推舉來自俄亥俄州摩瑞帕克學校（Moraine Park School）校長 A. E. Morgan 為首任主席（Graham, 1967; Meyer, 1949）。

1920 年的年會將會名確定為「進步主義教育協會」，其宗旨為：(1) 透過出版期刊、報章雜誌和各式演講來闡揚進步教育理念；(2) 藉由教育大眾以影響公立學校朝進步教育方向革新；(3) 教育社會大眾和喚起教育界人士。革新的管道計有：(1) 資訊諮詢中心；(2) 透過諮商和家長共商解決教育問題的方式；(3) 以進步教育理念和方法從事師資培育；(4) 贊助進步教育學校的教育實驗活動（Graham, 1967: 28）。

(二) 進步協會刊布之教育原則

進步協會在發布成立宗旨後，隨即刊布 7 項進步教育原則，且明確提到：「進步教育目的基於以科學方式探究學童的生理、心理、精神及社會的特徵與需要，使其能自由地充分開展。」這 7 項原則為：(1) 自然開展原則；(2) 興趣是學習的動力；(3) 教師是嚮導而非駕馭者；(4) 孩童發展的科學研究；(5) 關注影響孩童生理發展的要素；(6) 學校和家庭合作以滿足孩童生活需要；以及 (7) 進步學校是教育運動的領導者（楊國賜，1974；Cremin, 1961; Good, 1962; Meyer, 1949）。

在 1920 年代進步協會開始啟動改革之際，首先面對的最大挑戰即是教育理念和原則的問題，該議題持續困擾至協會畫下休止符為止。雖然協會創始人一開始即反對以單一哲學主張框限進步教育的發展，但卻逐漸偏離初衷，往兒童中心靠攏。「兒童中心學校」（a child-centered school）的特色在於由學童決定課程，反對傳統教材及其價值，其實際運作方式多樣，視孩童決定的程度而定，[1] 如紐約市的華登學校（Walden School）以孩童的興趣作為決定上課討論的主題，哥倫比亞師範學院的林肯學校則由教師與學生共商決定主題式統整課程。其他特徵尚有：(1) 反對制式化的學校措施，如固定的年級制度、一體適用的校規及固定的教室座椅安排；(2) 強調個別或小組教學模式；(3) 偏好需配合身體活動的學習方式；(4) 反對標準化的分類教育措施（Graham, 1967）。

雖自由和創造力是 1920 年代進步教育兒童中心觀的價值，但在 1925 年的年會上，C. Washburne[2] 和 F. J. Cooke[3] 二人就針對進步教育原則的基調展開論辯，Washburne 認為進步學校的任務在培育個體的人格發展，Cooke 則認為個體群性的社會發展才是重點。其後 E. R. Smith 更在 1928 年年會上提出在進步學校實施標準化測驗的要求。同時 Dewey 也在該年度年會發表〈進步教育與教育科學〉（Progressive education and the

---

[1] 早期的兒童中心學校的學生社經背景多來自中上階層，學童的學習能力普遍較佳。

[2] Washburne是伊利諾州溫妮卡（Winnetka）公立學校督學。

[3] Cooke是Washburne就學於芝加哥法蘭西斯‧魏蘭德帕克學校（Francis W. Parker School）的老師。

sciences of education），因 Dewey 窺出進步學校的共同辦學重點在於注重孩童個性的培養，偏好活動課程的學習方式，他說：「目前我猜想進步教育尚處於起步的反動階段，還未進入更為具建設性的組織化功能（a more constructive organized function）。」Dewey 的演說喚起了進步學校應依循智識脈絡來組織教材與探究有效學習條件的需要（Graham, 1967），促使進步協會重新審視創會以來的 7 項原則，但結果僅調整文字，並未更動原義，惟增加下列 3 項：(8) 社會發展和紀律；(9) 環境美化及 (10) 課程（Graham, 1967）。

(三) 進步協會之教育實踐

進步協會成立之初邀請哈佛前校長 C. Eliot 為榮譽主席，1926 年，Eliot 辭世，Dewey 繼任，至 1952 年辭世為止（Meyer, 1949）。而進步協會成立至 1929 年，核心人物大都來自私立學校校長，學生背景大都出自中上階層；但自 B. P. Flowler（任期自 1930-1932）任協會主席之後，其後的主席大都出自教育學院教授或公立學校督學。進步協會因有了知名教授的加入，進而提升其在美國教育界的知名度與影響力，也吸引許多中小學教師的加入。但當進步協會由教育專業人士主導時，卻逐漸產生與外界互動疏離的狀況，關注的議題因而無法反映教育實況，種下了協會日後式微的主因（Graham, 1967）。

1930 年代進步協會為了在既有基礎上繼續拓展會務以促進教育革新運動，除透過將《進步主義教育》期刊由季刊改為月刊，和邀請知名人士，如 Dewey 和 W. H. Kilpatrick 等人撰稿，以深化期刊內容，也在全國各地舉辦各類型研討會和在各大學舉辦暑期研習營，吸引公立中小學校教師積極參與，以鼓吹進步教育理念；而成立的各種研究委員會，以研究實際的教育問題，從而強化進步教育的理論基礎，是進步協會最足資稱述之處（Graham, 1967）。

進步協會在 1930 年代之後掀起的改革運動，最為引人注目的是課程重建論者所主導的委員會，進行課程革新運動，進而吸引理念相近的協會加入，對中小學課程與教學造成相當大的影響。這些委員會為「中學與大學關係委員會」（Committee on the Relation of School and College）、「中

等學校課程委員會」（Commission on the Secondary School Curriculum）及「人際關係委員會」（Commission on Human Relations）（Graham, 1967）。茲將其研究活動要點與掀起的課程與教學革新運動，撮述如后：

1.「中學與大學關係委員會」與「八年研究」

1930 年進步協會年會的議題在如何改善中等教育，結論爲大學入學條件是核心問題，於是邀請 W. M. Aikin 擔任「中學與大學關係委員會」主席。該小組認爲中等教育的主要缺失在於課程未能符合社會脈動且忽略學生的實際需求，也未能有效引導和激發學生的學習興趣，於是決定修訂課程並選定若干公立學校進行教育實驗。1932 年開始進行，計 30 所中等學校參與，超過 300 所大學逕自錄取實驗中學所推薦的學生，無須考量其入學條件。這批實驗學生入學後，委員會定期比較其與傳統入學的學生在大學的表現，實驗至 1940 年結束，共計 8 年，1943 年以《美國教育探索》（*Adventures in American Education*）爲題出版，計 5 冊，因是爲期 8 年的實驗，又稱爲「八年研究」（Eight-Year Study）（Cremin, 1961; Graham, 1967）。

對於實驗學校教育成效的評估，進步協會援引芝加哥大學教授 R. W. Tyler[4] 的實驗研究報告，即透過傳統高中與實驗學校畢業生在大學的表現作比較，計選出 1,475 對比較組，每一對在年齡、性別、種族、學術性向成績、職業興趣及家庭社經背景等項目都極爲相似。結果發現實驗組學生不管在整體學業成績、學習動機與興趣、思維與問題解決能力、生活適應與應變能力及關心國事與國際事務等面向均較傳統高中畢業生爲佳（Cremin, 1961）。

1940 年哥倫比亞大學教授 H. E. Hawkes[5] 認爲：「『八年研究』的實

4　Tyler（1902-1994）是美國教育測驗與評量知名學者，擔任現稱爲「美國教育進步評量協會」（National Assessment of Educational Progress）主席多年，且擔任「八年研究」（1933-1941）測驗評量主席；1949年出版《課程與教學的基本原理》（*Basic Principles of Curriculum and Instruction*）一書，被譽爲課程科學化的典範——泰勒模式，在課程與教學界普遍被尊爲課程之父或教育測驗與評量之父。

5　Hawkes（1872-1943）擔任哥倫比亞學院院長長達25年，長期關注通才教育，最爲膾炙人口的貢獻是於1919年以戰爭議題規劃主題式的核心課程「當代文明」（Contemporary Civilization），成爲其後高等教育規劃核心課程的典範。

驗成果顯示，傳統專為大學入學做準備的預備學校課程，並非唯一升學管道，相較之下，實驗中學能為大學培育較為合適的人才。」（Cremin, 1961）依此，「八年研究」也促使教育界人士認識到中等教育目標除升學外，也應充實中學生的完整生活需要。然而「八年研究」遭非議之處在於僅針對擬升學的學生之需要做研究，對於大多數學生所接受的「生活調適課程」，卻未進行評估（Graham, 1967; Tyack & Cuban, 1995）。

　2.「中等學校課程委員會」與「核心課程」

　「中等學校課程委員會」主席 V. T. Thayer 認為中等教育目標在協助青少年追求自我價值和培養生活所需的技能，因此課程改革首須了解青少年的身心及社會發展需要。於是邀請 Kilpatrick 的學生 C. B. Zachry 擔任「青少年研究小組」（Committee on Adolescents）召集人，對青少年發展特徵做了系統的研究，於 1940 年出版《青少年的情緒與行為》（*Emotion and conduct in adolescence*）。在其影響下，1930 年代的學校教育目標由關注智識發展和精熟教材的學習，轉為關注青少年情緒和社會的發展，使用功能性的活動課程，即模糊學科界線的核心課程，如「基本的生活」（Basic Living）之課程，旨在探討如何謀生、與他人相處、成為好的消費者、如何約會以及健康保健等面向（Ravitch, 1983）。進步協會所掀起的課程改革也吸引其他教育專業團體紛紛加入，如「美國教育協會」、「美國中學校長協會」（National Association of Secondary School Principals）、「美國教育評議委員會」（American Council on Education）及「美國教育研究學會」（National Society for the Study of Education）等（Ravitch, 1983）。

　1940 年代的幾項重要課程改革報告書，都是以青年需求作為課程建構的張本，強調課程應滿足學生即刻需求和適應周遭生活環境的觀點，即是「生活調適教育」。並促使「美國教育總署」的教育委員會委員 J. W. Studebaker 於 1947 年組成「全美青年生活調適教育委員會」（National Commission on Life Adjustment Education for Youth），除舉辦研討會和發行刊物以鼓吹生活調適課程外，也敦促各州成立生活調適教育委員會（Ravitch, 1983）。

綜觀進步協會和各教育專業團體的課程改革運動，其理想進步的課程爲：(1) 課程發展基於人類活動的基本領域而非傳統學科；(2) 日常生活中實用的觀念或技能才納入課程；(3) 課程強調行爲、態度、技能及實用之知的功能價值，而非傳統書本知識；(4) 善用社區資源作爲學習材料；(5) 使用視聽媒體、設計教學法、小組討論及角色扮演等人性化的學習方式。

3.「人際關係委員會」與「心理組織教材」

A. V. Keliher 擔任「人際關係委員會」主席，爲了配合推動 Zachry 的青年需求課程，致力於研發教材以滿足青年的心理需要，揚棄傳統學術科目以論理的課程組織模式（Graham, 1967）。

4.道爾頓制的個別教學法

道爾頓制（The Dalton Plan）因麻州道爾頓鎮實施的個別化教學而得名，創辦人 H. Parkhurst（1887-1973）在 1919 年創辦了道爾頓學校。[6]Parkhurst 的進步教育理念除受 Dewey 和 Washburne 個別化理念影響外，也深受 M. Montessori（1870-1952）幼教思想和兒童中心觀的啓迪，強調學生主體的自由與責任。Parkhurst 極反對制式化的分齡班級的學習方式（Meyer, 1949）。

爲喚起學童積極主動的人性教育，道爾頓的個別化教學措施爲：(1) 師生共訂學習契約：師生每月都會訂定學習契約，分最低要求與底線外的個人選擇。如學生選擇學習的額外項目較多，作業表現也較佳，所獲得的成績也較優；如學生未能達到最低要求，則教師會不斷要求學生補強以達契約的要求。教師會將學生的表現加以記載並繪製圖表，以觀察學生的學習狀況。(2) 學習內容：學生須修習若干必修課，也須選定共學夥伴和確定學習時程。(3) 教與學之實際措施：在商訂學習契約後，學生依照既定規劃於每日上午至「實驗室」，[7]下午修習藝術、音樂或體育等藝能科目。學生在約定時間內完成學習活動後，就可以到下一個實驗室，學習另一科

---

6 該校原稱兒童的大學校（The Children's University School），1920年更名爲道爾頓學校。

7 道爾頓制不稱教室而稱實驗室（laboratory）。每個學習領域皆有專屬實驗室，配有專屬教師和提供學習所需材料。

2 進步主義教育進步嗎？

目,除了個別獨立的學習活動外,也有屬於全體的活動。道爾制沒有傳統分齡學校每節 50 分鐘的上課時間規定,沒有鐘聲,也沒有大班級的教師講述和學生背誦的上課方式(Tyack & Cuban, 1995)。

(四) 進步協會由盛轉衰

進步協會所主導的進步教育運動,在 1930 年代結合其他教育專業團體,在課程和教學革新上產生很大的影響。但進步協會內部對於其教育哲學的論述始終分歧,到了 1930 年代初期,美國社會經歷「大蕭條」(The Depression),有些學者意識到社會秩序重建的重要,其中 G. S. Counts 力主學校的功能在促進社會變遷。Counts 在 1932 年的年會上發表〈進步主義教育敢說是進步的嗎?〉(Dare progressive education be progressive?)即是對進步協會兒童中心觀的不滿,雖然協會嗣後邀請其擔任「經濟與社會問題委員會」(Committee on Economic and Social Problems)主席,但並未對其社會重建主張積極回應(Graham, 1967)。

進步協會基於青年需求的課程與教學改革,在 1930 年代末期逐漸受到學界非難,1941 年珍珠港事件爆發後,一些協會領袖投入軍旅,主要經費來源的「通才教育委員會」(General Education Board)也在該年停止挹注,使得財源發生空前危機,重要委員會幾乎解散。而當二次大戰後,國家關注退伍軍人的回流教育,以及如何對抗以蘇聯為首的共產集團的科學教育問題時,進步協會仍陷於中心教育哲學論述的議題,許多教育界人士對於協會缺乏信心,紛紛離去,1955 年終究劃下休止符而走入歷史(Cremin,1961; Graham, 1967; Meyer,1949)。

參 進步教育的辯證

一、進步協會內部的反省

(一) Counts的社會重建論矯正過度兒童中心觀

對進步教育運動的反省自協會成立之初即已開始,其後經歷經濟大蕭

條，尤其是資本主義帶來的貧富差距問題，連帶衍生許多亟待解決的社會問題。其中曾親自造訪蘇聯的 Counts，對其社會體制所彰顯的社會效率和教育措施留下深刻印象，因不滿進步教育與社會實況脫節，且缺乏嚴謹的社會學理論論述，於是在 1932 年的年會上發表〈進步主義教育敢說是進步的嗎？〉茲將該文大要說明如后（Counts, 1932, 1963）：

1. 進步的涵義

Counts 認為進步教育欲自稱進步，則須有方向性，而有方向意指向前行，且須輔以確切目的才有實質的指引。然而進步人士會反駁說進步教育的目的不就是培養良善的個體嗎？Counts 表示僅言培養個體而不論及個體賴以為生的社會性質是荒謬的，人無法脫離社會和文化而獨立自存自古皆然，因此教育也無法獨立於政治與社會而存在。依此，要談進步的教育，就須針對教育所處的時代社會脈絡而描繪理想社會藍圖。

2. 進步教育的成就與弱點

進步教育自進步協會成立迄今，足資稱述之處有：(1) 重視孩童主體；(2) 強調學習興趣的重要；(3) 重視活動在學習的意義；(4) 結合教育與實際生活情境；(5) 提倡孩童的自由人格權。Counts 認為這僅是缺一半的教育圖像而已，進步教育最大的致命傷在於未能勾勒社會福祉的藍圖。其因在於發起成立進步協會的人士多來自私立學校，其教育改革僅反映中上階層的利益與觀點，僅希望教育能維護其階層的既得利益，因此注重子弟的個人興趣與需要，著重創造力的教育活動，對於中下階層因社會缺乏公義而深陷生活困境及種族間的不平等之狀況，渾然未覺。依此，Counts 建議如果進步教育要朝真正進步之途邁進，應擺脫中上階層的控制，勇敢面對社會議題，揭露社會的不公義實況，從而建構與社區的有機連帶關係、擘劃理想社會的藍圖及指出人類命運歸趨的視野。

Counts 認為要踐履社會重建的理想，就要跳脫兒童中心觀以學童興趣和需要為主軸的教育，必要時亦須透過「強加干預」（imposition）或「灌輸」（indoctrination）的手段來施教。[8]

---

[8] Dewey在Counts主編的《社會拓荒地》（*The Social Frontier*）第3期發表〈教育與社

3. 進步學校可著力之處

Counts 指出雖經濟秩序的重建看似教育主要面對的問題，但生活是個整體，經濟必然與政治、道德、宗教、藝術等其他社會層面緊密關聯，亦即所須解決的不僅是勞動工時縮減和薪資提高等問題外，還須處理政府、家庭、休閒、公共意見及族群關係等問題。依此，進步學校除了要教授經濟、政治等科目外，更要重建美國新的傳統，即不僅重視科學、科技、政治、宗教或藝術的提升外，更要創造「美國之夢」（the American Dream），其遠景是民眾生活更加豐富，生命更有尊嚴，這是進步學校面對工業化社會的事實可以戮力的方向。

（二）Dewey呼籲重視組織的學習智識內容以重整進步教育

Dewey 藉由《經驗與教育》痛斥 R. M. Hutchins 代表傳統反動勢力，表面上也批評進步教育，但仍殷切期盼其改進忽視智識之缺失，以防反動勢力趁機再起。Dewey 首先在第一章以傳統與進步教育為標題，說明二者都陷入了「非此即彼」（Either-ors）的二元對立。傳統教育之弊在於用過去的教材和行為模式來傳遞，以為學生將來生活做準備，教師成了學生連結教材的主要媒介，其結果是製造出「乖順、逆來順受及聽話」的學生。進步教育起而反對這種由上（成人觀點）且由外（形式訓練）介入的教育方式，強調個性的陶冶、由經驗活動中自主的學習，以及重視學生興趣與需要之教育原則。但由於缺乏穩當的經驗哲學基礎，導致的缺失有：(1) 忽略教材的組織；(2) 將成人的指導視為對學生自主學習的侵擾；(3) 否定傳統在教育的價值（Dewey, 1938）。

Dewey 認為進步教育的統一原則是學生實際經驗與教育的過程緊密相連，其次教師的職責不是僅提供學習教材後，就任由學生自行摸索，此乃是誤解學生自主學習的本義：教育有其目的，在於師生共同合作的學習過程與成果，當傳統的外在威權被解消後，教師須正用權威，在學生的學習經驗內，尋繹並組織有效的材料和活動，以引導學生學習。Dewey 認為進

會變遷〉（Education and social change），認為學校在引導社會變遷有重要地位，但反對用灌輸之反教育方式（Dewey, 1937）。

步學校最爲人詬病的地方在缺乏「智識教材內容的選擇與組織」，他說：

> 　　除非基於經驗的智識組織之問題解決，反動勢力將以外控
> 的組織方式重現，證之目前教育實際已有徵候。對於抨擊時下
> 教育未能培養學生理性批判的能力，都將矛頭指向傳遞琳瑯滿
> 目的訊息和提供業界所需的實用技能，其亂源則源自科學的影
> 響和強調社會現實需要，結果導致文化遺產的斲喪，因而必須
> 返回 Aristotle 和 Thomas 的第一原則，將科學及其方法隸屬其
> 下，依此，學生的智識和道德生活才有依歸，不至於隨風搖
> 擺。（Dewey, 1938: 85）

　　Dewey 撰述《經驗與教育》旨在爲新教育提供經驗的穩當教育哲學，指出具教育性的經驗規準在於「互動性」（interaction）與「繼續性」（continuity）。教師在揚棄傳統的外控訓練方式後，須正用權威以引導學生自主學習，培養學生理智的能力。因此穩當的經驗教育哲學絕非在傳統與現實進步教育之間妥協，亦即進步教育須了解傳統教育以過去的觀念和訊息作爲教材，是無益處理目前和未來的社會問題，因此所須面對的問題是如何以傳統的成就作爲理解當代議題的媒介（Dewey, 1938）。

二、進步協會外部的批判

　　進步主義教育運動以兒童爲中心觀的流弊在 1930 年代逐漸浮現，其中哥倫比亞大學師範學院教授 W. C. Bagley（1874-1946）認爲知識有其內在價值而非僅是問題解決的工具而已，抨擊進步教育學者忽視學科的系統學習。並於 1937 年與 F. A. Shaw 及 M. Demiashkevitch 等原屬於進步協會改革派的成員，草擬「精粹主義美國教育促進綱領」（An Essentialist Platform for the Advancement of American Education），成立「精粹主義教育促進委員會」（Essentialist Committee for the Advancement of Education），推舉 Shaw 爲主席，倡導教育的目的須注重社會文化精華的傳承與創新；批判進步主義學校充斥「軟性課程」（soft curriculum），造成學生學習流於膚淺之惡果；主張重視學科的邏輯結構，倡導「返回

基本學科」（Back to Basics）運動，這股反對聲浪在二次戰後美蘇對抗的冷戰時期，尤為高漲（楊國賜，1974）。1950 年代精粹主義另一代表人物，哥倫比亞大學教育學院教授 Arthur Bestor，創立「基礎教育評議會」（Council for Basic Education），為智識傳統發聲。Bestor 在《教育荒地》（*Educational wastelands*）和《學習的重整》（*The restoration of learning*）二書都特別針對進步教育的得失提出反省，尤其指出進步教育的進步和退步之處，並提出如何朝進步而避免退步之良方，說明如后。

(一) 1920年代哥大的師範學院附屬林肯學校是真正「進步的」教育

Bestor 於 1922-26 就讀於林肯學校高中部，該校的教育目的在涵泳學生的通才教育素養，「智識的陶冶」（intellectual discipline）是教育的核心，其思考訓練與科學家的思維方式與過程殊無二致。[9] 舉高四教學為例，微積分、物理、化學及生物皆為全學年的科目，以外語來取代古典希臘文和拉丁文，英語文則古典與現代並重。教師以現代活潑的教學方式引領學生學習基礎學科，強調智識訓練用於解決實際生活問題和培育現代公民的重要性。在面對學習較為遲緩的學生，林肯學校的做法是實施分組教學，相近能力的學生編成一群組，按適合其能力的步調進行教與學，因此絕不會犧牲基礎學科能力的培養。依此，Bestor 認為真正進步的教育應以通才教育為鵠的，以基礎學科的智識能力為課程內容，配合新穎的教學方法，以激起學生的學習興趣（Bestor, 1955）。

(二) 「退步」教育的病癥

Bestor 認為欲論述培養智識素養公民之教育目的，首須問「教什麼」之課程內容問題；當決定教什麼之後，其次就是「如何教」之問題。而教學內容，涉及多方智識內涵與能力，絕非某一領域專家所能勝任，須各領域專家群策群力。但來自教育學院，自稱為課程專家的教授，竟從自己擅長的教學領域越俎代庖，跨入課程領域，擅自決定課程內容而不顧學科專

9　其意指科學研究人員的思維係由發現問題、提出問題、形成假設、考驗假設、求得問題解決並獲取知識之思維歷程，而中學教育的學習亦是如此。

家的看法，使得進步學校課程乖違基礎學科的智識陶冶。

在 1925 年之後，林肯學校逐漸受到這群所謂課程專家的課程改革之不當影響，引介了「社會學科」（the social studies）。其旨趣在探究當代社會議題，但實施的結果，因學生缺乏「探究議題的觀點」（perspective on the issue），欠缺背景知識的分析能力，雖課堂中有許多討論，卻流於膚淺雜亂，缺乏有條理的批判論證，美其名在鼓勵學生自由思考，究其實卻是流於有「不思考的自由」，學生智識能力阻滯不前而無法提升，即是「退步」的象徵（Bestor, 1955）。

(三) 進步教育如何「進步」而避免墮入「退步」之淵

Bestor 認為進步教育除了棄傳統偉大教育思想家的智慧於不顧外，就連為進步教育原則奠基的 Dewey 之教育理念也置若罔聞。Bestor 援引 Dewey《經驗與教育》一書中〈教材的進步組織〉（Progressive organization of subject-matter）一章的重點，作為捍衛自己的觀點：

> 無論算術、歷史、地理或自然科學等可以稱作學科的，必源自於日常生活的經驗。但在經驗中找尋學習材料僅是初步，接下來要將已經驗的材料，持續納入有組織且更具豐富涵義的知識形式……正確學習之道在於新的事物或經驗必須與舊有經驗在智識脈絡上相連結，雖然針對特殊情境採即興的活潑教學，以避免流於死板的學習是必要的，但學習的基本材料仍不能流於雜亂無章……學生無法像專家掌握科學事實和原則是不爭的事實，但教師仍須擔負引領學生從新經驗，透過尋繹抽象物理法則，來領略科學的內涵和探究態度之職責……具教育性的經驗能指向更豐富的事實且能思慮連結更多的概念，形成更井然有序的知識系統……該項教育原則決定了學校活動的運作規準……智識活動和漫無目的活動的不同之處，在於前者能針對現實條件透過「分析」選擇出方法，再藉由將選出的方法透過恰當的安排，即「綜合」，來達到所欲圓現的目的。（引自 Bestor, 1953: 51-52）

Counts 援引 Dewey 黽勉進步教育應奠基在穩當的經驗哲學基礎上的重要性，來說明時下進步學校盛行的核心課程教學，不符有效思考原則的謬誤之處。學習不能為新奇而新奇，工作與遊戲不能二分（林逢祺，2004）。

Bestor 舉社會學科雖欲達到知識統整的目的為例，但就如 Dewey 所言，「綜合」之前必須有「分析」的前奏，如遇到問題，首先須分析問題情境和性質。能分析問題性質和梳理解決方式，在於有足夠的背景知識和技能，接著再將分析的結果，整合起來處理所面對的問題。但進步學校並不注重系統基礎學科和技能的學習，卻寄望學生能直接探討整合性的議題，無異是緣木求魚。Bestor 重整進步學校流於膚淺的學習，提出有效的思維步驟有四：(1) 嫻熟讀寫算等工具學科；(2) 具備足夠的背景知識；(3) 養成系統性思維的習性：如欲從歷史淵源來探究問題，所需具備的知識不僅止於有關歷史事實的知識而已，必定已意識到該問題與其他問題有因果關聯性，且已了解資料的歷史詮釋的意義性；(4) 整合所有智識能力以解決問題（Bestor, 1953: 54-55）。

三、進步教育運動的得失

進步協會意識到內外部的批評聲浪有愈來愈猛烈之趨勢，於是在1938 年由協會的「教育哲學委員會」提出「民主學校」（schools for a democracy）理念，作為教育指導原則，以整合 Counts 的社會重建論與 Thayer 的課程革新主張。1941 年俄亥俄州立大學教授 O. G. Brim 擔任教育哲學委員會主席，進一步以民主學校理念為基礎，提出《進步教育：其哲學與挑戰》（*Progressive education: Its philosophy and challenge*）報告書，分為五部分：(1) 基本民主價值；(2) 個體發展的必需；(3) 紊亂文化的現象與影響；(4) 教育結果的評估；(5) 對教育專業的蘊義（引自 Graham, 1967: 106）。但細究其內容，卻未能清楚界定基本民主價值的實質內涵，流於陳腐空洞之論調，終究無法建立理念或化作具體行動準則。其後，在1946 年，新任主席 J. Deboer 和紐約大學教育哲學教授 T. Brameld 雖欲重振旗鼓，但其較為激進的言論卻與當時保守的政治氛圍相扞格，最後仍欲振乏力，而於 1955 年終止協會活動，劃下休止符（Cremin, 1961）。

進步協會所掀起的教育改革運動在 20 世紀前半葉是主導美國中小學教育的教育思潮，雖在 1955 年進步協會停止運作，但其對教育的影響至今仍在，以下分為進步協會衰弱的原因及其貢獻兩部分做說明。

(一) 進步協會式微的因素

1. 「兒童中心教育觀」過於偏頗：進步教育反對傳統教育流於制式化，無法活用而與生活脫節之缺失，提倡工藝和家政等手工勞作學習及科學實驗等教學新措施，大致受到肯定。但在「兒童中心觀」的主導下，強調課程以滿足學生即刻興趣與需要為依歸的基調，充斥軟性課程，淪為背負學生智識能力低落的代罪羔羊（Graham, 1967）。

2. 輕忽貧困子弟的教育需要與時代關鍵的教育議題：就如 Counts 在年會的抨擊，進步教育係針對中上階層子弟而發，主要關心「完整個體」的培育，忽略中下階層子弟的教育需要，與一次戰前蓋瑞學校的進步教育改革旨在針對社區的教育需要，大異其趣。此外，進步協會也未能體察時代社會的脈動，如 1930 及 40 年代中學入學人數的激增、師資短缺、非洲裔和少數族裔教育及退伍軍人重返大學校園的問題等重要議題。

3. 無法整合統一的教育哲學論述：進步協會成立之初，教育哲學理念即偏向兒童中心，其後 1929 年經濟大蕭條後，Counts 試圖扭轉到社會重建，惟仍難以撼動，Dewey 在《經驗與教育》呼籲進步教育如要對教育有貢獻，須有其完整穩當的經驗哲學論述，但進步協會成員終究缺乏共識而無法整合出教育改革運動的能量。

4. 未能因地制宜而造成推動的困難：進步教育流於失敗而無法扎根，在於無法全面推廣至公立學校，僅限於實驗的私立學校，原因有二，一是進步教育強調創意、合作、自發及彈性，因此教師本身也須具創意和調適力等特質，這些特質在私立學校教師尚不難發現，但在公立學校教師身上則不多見；其二以進步主義個別化教學法為唯一恰當的教學方式，不容許教師批判和調適傳統教學方式，引起教師陽奉陰違，虛應故事，使得教育改革成效不彰（Cremin, 1961）。

(二) 進步協會對美國教育的影響

進步協會與其他教育專業團體所主導的進步教育運動，對美國教育產生的貢獻與影響如下：

1. 構築進步教育理念的推廣平臺：進步教育初由私立學校領導者主導，其後為提升協會影響力，逐漸由大學教育學院專業教育者掌舵，透過各種形式的研習活動和刊物的宣導，使得 Dewey、Kilpatrick 等人的教育理念和教學法廣為中小學教師所熟知。

2. 重視學童的主體性與自主學習：與傳統形式訓練的制式化學習不同，進步教育極強調孩童自發的主動學習和創意的培養，因注重孩童主體性，從而強調契合學童興趣與需要的個別教學法。

3. 跨域學科統整的重視：進步教育服膺 Dewey 教育須與社會生活結合的理念，重新檢視傳統科目的劃分，重視跨領域核心課程的設計模式，開啓了重新審視課程劃分的先河。

肆▸ 進步教育運動的經驗對臺灣推動12年國教改革的借鑑

臺灣即將在 108 年實施 12 年國教課程總綱綱要，這項籌劃多時的教育與課程改革受到相當的矚目。針對進步協會所主導的美國進步教育運動的經驗，提出兩項攸關教改切身的議題，供作省思。

一、改革應兼重「由上而下」與「由內而外」的模式

道爾頓制個別化的教學革新，一開始即因報章雜誌的爭相報導而傳遍美國各地，但其實施卻須大幅調整學校原有的組織與設備，加上家長普遍對學生自主學習的動機與能力和生活常規缺乏嚴格管教倍感憂心，因此到了 1940 年代後期，個別化教學風潮隨即褪色（Meyer, 1949: 492; Tyack & Cuban, 1995: 96-97）。至於「八年研究」實驗初期博得美名，主要得力於實驗學校都是一時之選，有教師的高度支持改革和來自高社經背景優秀學生的參與；加上進步協會的幕後支持與大力推動、基金會的經費挹注及大學教育

學者的協助。但在贊助經費終止、加上政治環境的變遷，尤其是冷戰時期，基礎學科的訓練和國防安全教育是政府關注的主軸。此外，參與實驗的教師需要耗費許多時間和精力在協調教學合作事宜上，使得教師和行政人員流動性高，發生改革人力銜接的困難（Tyack & Cuban, 1995: 101-102）。

　　上述改革的共同缺失，在於採由上而下的改革模式，改革成員過於同質性而故步自封和改革的熱情續航力不足。就前者而言，Cremin（1961: 273）認為進步教育式微的主因在於喪失了掌握政經情勢和民意動向之能力，改革者不能僅與少數教育專業人士互動，還應盱衡政治與社會情勢之轉變，否則將無法獲得廣大社會群眾的支持，而獲致改革所需的資源和熱情。就後者而論，改革是極龐大的工程，因為涉及校內外各種重要複雜的環節，沒有無比的熱情和毅力無法竟其功，而當改革人士無法持續在崗位時，其他人對改革如缺乏認識或熱情，改革就極易中斷。

　　依此，要成功推動改革應兼採由內而外之方式，即由校長與教師和家長共同勾勒學校發展的遠景，籌組改革機制，以鼓吹改革觀念、號召改革同好、籌募改革資金及組織全體師生通力合作。

二、由臺灣會考減C行動論「基本能力」與「多元適性」孰輕孰重

　　根據《親子天下》雜誌報導（張瀞文，2016），在臺灣已經連續 3 年的會考成績，每年約有 7%，近 2 萬名畢業生的國英數自社 5 科全拿 C，意味著受過 9 年國民義務教育的學生，其程度和剛進小一的新生差不多。而在 2016 年 5 月，臺師大召開記者會，援引 2012 年「國際學生能力評量計畫」（the Programme for International Student Assessment, PISA）的測驗結果資料做評比，推估臺灣約有「20 萬中小學生等待失敗」與「未具備參與現代社會運作所需的基本能力」，比越南、日本、南韓及新加坡等國都高，呼籲政府重視這動搖國本的「國安問題」。於是 2016 年 7 月新任教育部長潘文忠召開各縣市教育局處長會議，檢視各縣市連續 3 年會考成績「減 C 成效」，顯示政府的關注（張瀞文，2016）。

　　雖然減 C 行動迫在眉睫，但教育現場仍有質疑聲浪出現，如為何用成

績來判定未來？爲何不重視適性發展多元揚才？事實上，報導中舉出一個拿 5C 的國三畢業生，在國二時因無法跟上學習而放棄，處於中輟邊緣，後來透過老師的鼓勵，進了木工班，但還是補救不回基礎學力，他受訪時說：「我在華山木工展時，有許多外國人來參觀，我沒有好好上課學英文，很可惜沒辦法和他們溝通。」可見學生基本能力不足，將很難終身學習而與時俱進（張瀚文，2016）。

由於進步教育注重學生的興趣與需要，放棄傳統重視基礎學科的課程論理組織，採用跨領域的核心課程，就如 Bestor 所言，綜合能力需奠基在基礎學科上，否則流於膚淺。而此波課程改革分部定課程與校訂課程兩部分，部定課程由國家統一規劃，以養成學生基本能力，並奠定適性發展的基礎；校訂課程由學校安排，以形塑學校教育願景及強化學生適性發展（教育部，2013）。這種安排契合 Bestor 所言眞正的進步教育在於有紮實的學科基礎，得以解決現代社會生活的議題，因此課程設計理念是穩當的，其效果有待穩健的教學實踐。

伍 結語

進步協會雖然在 1955 年停止運作，但其爲教育園地種下了進步教育理念的根苗，用來針砭傳統教育中忽視學生主體的缺失。就如進步教育哲學家 B. Bode 在回應進步主義教育會消聲匿跡的問題時說：「如果民主會長存，進步教育的精神就不會消失，我們或許會拋棄進步協會的名稱，解散這個組織，但我們永遠不會遺棄進步教育所帶給我們的視野。」（引自 Graham, 1967: 164-165）的確，進步教育運動在教育史上留給後人的教益在於如何在學習主體和文化精華的「神聖基礎」[10]（the holy ground）之間取得中道，偏於一隅皆非完整的教與學之圖像。

---

[10] R. S. Peters（1970: 51-52）認為教材是人類社會客觀而共享的文化精華，也是教師與學習者賴以立足的「神聖基礎」。

中文部分

林玉体（2003）。美國教育史。臺北市：三民書局。

林立樹（2001）。美國通史。臺北市：五南圖書出版公司。

林逢祺（2004）。教育規準論。臺北市：五南圖書出版公司。

教育部（2013）。十二年國民基本教育課程綱要總綱。取自http://www.naer.edu.tw/files/15-1000-7944,c639-1.php?Lang=zh-tw

張瀞文（2016）。當每年兩萬個孩子，花了九年只學到挫敗／減C大動員。親子天下雜誌，82。取自https://www.parenting.com.tw/article/5071925-

楊國賜（1974）。當代美國進步主義與精粹主義教育思想之比較研究。臺北市：嘉新水泥公司文化基金會。

英文部分

Bestor, A. (1953). *Educational wastelands: the retreat from learning in our schools*. Urbana, IL: University of Illinois.

Bestor, A.(1955). *The restoration of learning: A program for redeeming the unfulfilled promise of American education.* New York, NY: Knopf.

Brameld, T. (1955). *Philosophies of education in cultural perspective.* New York, NY: Holt, Rinehart and Winston.

Brameld, T. (1971). *Patterns of educational philosophy: divergence and convergence in culturological perspective.* New York, NY: Holt, Rinehart and Winston.

Counts, G. (1932). *Dare progressive education be progressive?* Retrieved from H:\進步主義教育進步嗎\George S_ Counts Progressive Education.htm

Counts, G. (1963). Dare the school build a new social order? In R. Gross (Ed.) *The teacher and the taught: education in theory and practice from Plato to James B. Conant.* (pp. 178-193). New York, NT: Dell Publishing Co.

Cremin, L. A. (1961). *The transformation of the school: progressivism in American education, 1876-1957*. New York, NY: Macmillian.

Dewey, J. (1937). Education and social change. *Social Frontier*, 3, 235-238.

Dewey, J. (1938). *Experience and education*. New York, NY: Macmillian.

Good, H. G. (1962). *A history of American education*. New York, NY: Macmillian.

Graham, P. A. (1967). *Progressive education from arcady to academe: A history of the Progressive Education Association, 1919-1955*. New York, NY: Teachers College.

Hayes, W. (2006). The progressive education movement: is it still a factor in today's schools? New York, NY: Rowman & Littlefield Education.

Meyer, A. E. (1949). *The development of education in the twentieth century*. New York, NY: Prentice-Hall.

Peters, R. S. (1970). *Ethics and education*. London, UK: George Allen & Unwin.

Ravitch, D. (1983). *The troubled crusade: American education, 1945-1980*. New York, NY: Basic Books.

Tozer, S., Violas, P. C., & Senese, G. (1995). *School and society: Historical and contemporary perspective* (4th ed.). New York, NY: McGraw-Hill.

Tyack, D., & Cuban, L. (1995). *Tinkering toward utopia: A century of public school reform*. Cambridge, MA: Harvard University.

教育史是回顧或前瞻？

3

林玉体

國立臺灣師範大學教育學系兼任教授

「史」指過去，即「故」。研究「史」，是「反觀」，也「溫故」。「溫故」的結果，絕大多數的人都停留在「故」上，罕能「知新」。「守成」者多，「創新」者稀有；前者任務「不易」，後者更「維艱」，且危險性極大。「傳道」列爲「師者」之首務，奢言「創道」！一廂情願的以爲古人造詣已臻「絕學」與「至道」地步。「爲往聖繼絕學」，列爲連小學生都得承攬的重擔（永平國小校門口大理石圍牆的「座右銘」）。本短文謹提一些「新見」（new visions），在「教育」的「知」及「德」兩層面上，以示與前人或今人相異之處，供大家省思！

壹 「新知」

「哲學」兩「字」（words）或「哲學」這一「辭」（term）的英文爲 Philosophy；許多學科或學術名詞的英文，只是一個「字」而已，譯成漢文時，卻不只一個漢「字」，而是兩個字；如英文的 education 及 philosophy，漢文譯爲「教育」及「哲學」。不少學者還特地把本來只一字的英文，譯爲兩個漢字時，另作了「語意解析」，如「教」及「育」兩者之同與異；也對「哲」及「學」兩者之差別下一番功夫，這確實是待思索的研究課題。此類例子多得不勝枚舉。education 及 philosophy 這二「英文字」，與之涉及相關的英文字，有 cultivation（陶冶），eliciting（引出），discipling（紀律守規），unfolding（伸展）等。如同上述，原本也只是一字而已的英文，譯爲漢文時，卻不只一字。一字有一字之「意」，二字更有二字之「意」，紛歧性也因之而生。但勿忘一件要緊事，即都源於一字的英文（或外文）。由不同的語文系統而滋生的此類問題，有心的學者該注意及之。可惜！有此類「發現」者，似乎前所未見；由此延伸的問題，也少有人提及。此種「發現」，是一種「睿智」（intelligence）的展現，也正是 philosophy 一字的英文字的原始意，即 wisdom 的 loving，「愛智之學」。philosophy 的本來意也是恆久意，就是如此！

此款例子太多了，一字的 science，成爲二字的「科學」：一字之 experience 成爲二字的「經驗」。經驗主義教育哲學大師洛克（John Locke, 1632-1704）說過，知識的起源，「一個字」就是答案，該字即

experience，該英文字譯爲漢字時卻是「兩個字」，即「經」與「驗」；課程哲學思想家斯賓塞（Herbert Spencer, 1820-1903）在 1859 年出版可以與達爾文（Charles Darwin, 1809-1882）也在同一年問世的《進化論》齊名之教育哲學名著《何種知識最具價值》（*What knowledge is of most worth?*），他斬釘截鐵也自問自答一字，即 science；但該一字譯爲漢字時，也變成「兩字」（科學）。這些事例一出現，學者不得不聚精會神的沉思冥想、批駁、發揚、申論，此種現象，無一不展示「人」的理性、精神、心理等活動。教育成爲一門哲學，不言可喻！

「教育」活動，就「個人」而言，是出生到死亡期間，無時無刻都在進行的。就社會來說，也是「全民」在有意無意之間，都浸浴於其中；核心的焦點，智慧是人類最珍貴的寶物。一言及「智慧」（wisdom），就與「哲學」（philosophy）扣緊（cogent）了。古人如孟子曾說過：「逸居而無教」，則近於「禽獸」，而非「人」。嚴謹來說，人人都不可能一生歲月都在「逸居」時「無教」；但事實經驗展示在世人的，卻有不少「人」行徑之「惡劣」，連豬狗此種禽獸皆不如。此外，更震驚的是，許多「人」，飽讀古文經典，詩書倒背如流，卻也做出連禽獸皆不如的敗德；雖出口成章，但「觀念」之錯誤，竟然令人咋舌。如要求女子必須從一而終，守活寡；或爲諸如扶不起的阿斗之類的皇帝撐腰，還忠心耿耿，鞠躬盡瘁，死而後已；更爲文力倡婦女纏足，阻止裙釵享受教育機會。他們「知」多，但「智」不只少，且「反智」（anti-intellectual）。漢文的「智慧」二字，及 philosophy 的英文一字，都是全民咸認爲至高無上的財產。「教育」的可貴，就是「智慧」的提升。「智慧」兩字及「wisdom」一字，含意甚多，但「判斷」（judgment）之正確，是最具體的指標，或許也是最少引發爭議者。不過，這也是在乍聽之下如此，細思的結果，「判斷」、「智慧」、「哲學」、「教育」四語，都同樣語義繁雜，且在過程中，橫擺著許多待釐清的概念。

柏拉圖（Plato, 427-347B.C.）說過，人性（human nature）有三因素，理（reason），情（feeling），欲（desire）。他特別舉「理」乃是人異於禽獸的「幾希」之處。但人從生到死，運用「理」的時刻，不在搖籃期。不少出名的教育哲學家如裴斯塔洛齊（Johann Pestalozzi, 1746-1827）說

過，嬰孩期是以「生物我」（biological self）為主，正是柏拉圖人性三分說中的「欲」期；其後才「演化」出「社會我」（social self）；此時「他律」（heteronomy）為主調；最後才萌生「道德我」（moral self）的「自律」（autonomy）。自律時的「我」，是良心（conscience）的我，是主張人性本善的思想家夢寐以求的境界。此時的「我」，絕非稚齡幼兒，卻已「行將就木」了；此種境界，就是「道」，那是終極境界。只是臻此境界者，凡民之中罕見，卻得一生「修養」、「調教」，且經過無數次的坎坷遭遇，「朝聞道，夕死可矣！」人生夠本了。但即令被封為「至聖先師」及「萬世師表」的孔子，也自謙的說，七十歲時才「隨心所欲而不踰矩」，古稀之年才抵達此目標，人上人才夠此條件吧！芸芸眾生呢？且即令孔子以為不踰矩，該矩是他自訂的！遵規守矩，不該自己說了才算。自我立法，自我行法，也自我司法，無愧於心；但他人呢？第三者心目中所設下的矩，孔子要不要遵守？「個人是萬物的尺度，是萬物為是，也評萬事為非」（man is the measure of all things, of things that are, that they are, and of things that are not, that they are not）。這不就是希臘辯者（sophists）的名言嗎？

少之又少的聖人，都得等到70歲，才達成「道德我」境界，他人呢？從小到大有內省力者，才有懺悔之心，所以宗教家的聖奧古斯丁（St. Augustine, 354-430）以及教育改革思想家盧梭（Jean Jacque Rousseau, 1712-1778）都有傳記《懺悔錄》（*Confessions*）問世。「不經省思的人生，是不值得活的」（an unexamined life is not worth living），是古代希臘教育哲學家蘇格拉底（Socrates, 470-399 B.C.）的警世箴言；德國的超人（super man）哲學家尼采（Friedrich Nietzsche, 1844-1900）呼籲：要重新估定一切價值（reevaluation of all values）。因之無時無刻，不也都在「非我」嗎？把過去的所作所為，一一放在評價臺上重新秤一秤斤兩，不惜以「今日的我，非昨日的我」，這也是支那學者梁啓超（1873-1929）的自我要求，不也正是二十世紀教育哲學代言人之杜威（John Dewey, 1859-1952）之「生長」說（the doctrine of growth）的正確詮釋嗎？「教育好比生長」（education as growth），把敗葉殘枝甚至「落紅」這種「無情物」，化作「助長」的春泥或護花的肥料。只是，代價卻也無比的高！

這也是個人人生或全民在歷史中的一種無奈！上述兩本懺悔錄的作者，年少輕狂時，「為非作歹」，耽於淫欲，「只要我喜歡，又有什麼不可以」？還好，浪子回頭金不換，洗心革面，重新做「人」。感人肺腑的真情告白（authenticity）並剖心以對，開誠布公，高風亮節，必得眾人之掌聲。虛偽、陰毒、狡詐、奸巧，逃不過他人之檢視，也是最對不起良心譴責（sanction）或制裁（punishment），那才是德育的最高旨趣。自己不追思悔過，難道躲得了正義史家之筆？暴君有「槍桿子」，史家卻有「筆桿子」。[1]「筆之刀鋒，利過於劍」（The pen is mightier than the sword）。除非有哲學家皇帝（Philosopher-king）的風範及氣度，則通常文人都在殺人魔王之下，血濺當場，身首異處。因之亞里斯多德（Aristotle, 384-322B.C）一生足堪告慰的是他的門生亞歷山大大帝（Alexander the Great, 356-323 B.C.）巧遇一位頂撞的犬儒戴奧真尼斯（Diogenes）時，非但不生氣，反而讚賞這位逍遙自在、躺身桶中、作息又自比為狗的哲人。[2]為何教科書不把此種頗具人人省思的史科當作核心課程呢？

 ## 貳 「新德」

臺灣人說：人在作，天在看；其實不只天在看，歷史也在瞧。史官或史家一五一十的把含有「意義」的史料，在威武不能屈，貧賤不能移，死亡不足懼之下，將饒有智慧性判斷的史實保存下來；此種「史觀」，最具「史訓」意。既有「訓」，即帶有「教育」味（lessons），後生必學此種文化財，才最含教育材。

孔子年屆古稀，才提升「欲」到「理」的層次，「欲」與「理」合一，或許正可表明曾做過虧心事，如當魯司寇只七天而已，就把一位也設帳授

---

1 商務印書館前身《申報》，是支那最早的報紙。《申報》的編輯史量才常為文批評蔣介石。史在南京晤蔣，蔣要求《申報》停止攻擊南京政府，史不但不允，且說：「你有槍桿子，我有筆桿子！」蔣不悅，下令情報頭子戴笠殺史於滬杭公路上。【江南（劉宜良）（1984），《蔣經國傳》，頁297】臺北的草山竟然有戴雨農（戴笠）的墓，且有雨農路，甚至雨農國小。

2 林玉体（2014），《西洋哲學史》，臺北：文景，頁69。

徒的少正卯殺了；其次，他雖最疼愛言聽計從的顏回，卻也有反省能力的感嘆：「回也不違如愚，於吾言無所不悅，回也，非助我者也！」門生未反問辯駁，成爲典型的威權性教學；一問一答，對話就結束，這哪算教學或對話啊！相對之下，《柏拉圖對話錄》（*Dialogoues of Plato*）中，蘇格拉底與門生之數問數答，此種「開放式」教學，才合乎教學的眞諦！

判斷帶有批判意，勿以爲「己所不欲」，「人亦不欲」；事實上，「己所不欲」時，「人亦不欲」者有之，但也有「人欲」者；此時，「勿施於人」，該乎？人從小到大，很「殘酷」的一件事，就是無法百分百的隨心所欲；一出生即吸吮母乳，既可滿足口腹之欲，且在母親懷抱，溫暖安詳；但嬰孩必吸母乳「終生」嗎？再如何慈愛的媽媽，總得下定決心「殘忍」的採取「斷奶處置」（weaning treatment）。此時，孩童的反應及不滿，即令暫時以人工奶代之，也必有情緒及生理上的反抗。此刻，媽媽可以「縱容」（indulgence）嗎？若人人都得吸母奶才高興，不是極爲「不健康的情緒」（unhealthy passion）嗎？抱怨（complaining）或「性情的暴躁」（irascible disposition），一旦養成「習慣」（habit），[3] 則總有一天如同臺灣人說的「順豬扔灶，順子不孝」（寵豬舉灶，寵子不孝）。洛克一生大倡寬容，爲文也以寬容作題目（On Toleration），但對「倔強」（stubborn）的孩子，該有「法」伺候。力主「順乎自然」（follow nature）的盧梭，對不守規矩的孩子，也得痛下決心，不使任性孩子得逞！

傳統教育的規、矩、則、序、法、令等，多如牛毛，十分不合「理」者極其明顯。教育如同其他學門，要成爲一門嚴謹的「學」（science），必以「理」爲基；延續一兩千年的支那教育史，知識上強調「背」，品德上重「打」，試問此種「勾當」，還敢奢談「專業」嗎？此種惡風流傳迄今，竟有不少教育「專家」，以爲「千字文，百家姓，三字經」等古代「經典」，奉爲幼童教育的不二教材。漢人的姓，絕大多數是無意義的文，如同外文的人名一般，何必浪費青春於其上呢？可惜最可恨的是「既經聖人言」，就「議論安敢到」？「教育」成爲開明之士不屑言之的活動。史上

3　William James (1904), *Psychology*. N.Y., Henry Holt and Company, p. 136.

不少名流學者，痛恨此種教育安排；許多有個性又天賦優異者，都大半自學成功。此外，教師心態是高壓的，嚴峻的，學生如履薄冰，似臨深淵；「程門立雪」者多，「如沐春風」者是極罕見的例外。在此種教學環境之下，「小學小笨，中學中笨，大學大笨」就是教學的「收穫」。

教育帶給師生之災難，引發教育改革甚至革命呼聲；不公平又不合理的教育措施，教育史上記載了不少。由理性而引發的一種力道，是打抱不平。其中，教育機會無法普及全民，是最大的教育史上汙點。約占一半人口的女性，竟然數千年來都不給教育機會，尤其在東方的古國。臺灣幸而在日本治理之初（1895），立即有全民教育的措施，不只女性不再纏足，且男生斷髮，更在課程上安排體育、音樂、勞作、數學、科學、英文、日文科目，意外地竟引發部分臺民之不滿與抗議！處在非民主及不自由的環境裡，教育措施難免有階級、種族、語文、信仰及理念上的歧視，這是頗不公平合理的。臺灣在日治時代，雖號稱「日臺共學，一視同仁」；但實際上日本教師偏待又厚愛日生。來自屏東到臺北第三高女就讀的一臺生，即在週記上天真的表達實情，引來導師（日籍）不悅，告狀到校長。該臺生被叫到校長室準備挨訓受罰，在戰戰兢兢又內心驚恐不定之際，卻見女校長（日籍）平和的說：同學，你說的是實話，沒事，沒事！「教育家」的封號，確該頒給這位為臺生伸冤的校長。新竹中學名校長辛志平，向高中年輕小夥子說：早上念書即可，下午去騎腳踏車、抓青蛙、游泳、打球。在長年戒嚴之下，各校爭先恐後的在校門口大建政棍銅像之際，敢拒絕者才是正義感的化身者！

教育是一種「改變」的過程。往昔哲學家致力於詮釋歷史，馬克斯（Karl Marx, 1818-1883）則另闢蹊徑，「改變」歷史才是要務。但改變的代價，有時有生命之虞。「教化」，也許是儒化、基督教化、皇民化、黨化、洗腦化、毒化；欠缺批判思考的師生，極容易被人牽著鼻子走。有個性且有己見更有勇氣者，才敢拂逆。此時，災難或悲劇即將上演。不許說方言的教育史，既酷又久，師生更飽受其中的踐踏。1980年代，彰化鹿港出了一個十大槍擊要犯林來福，在牢獄待死之際，向來訪記者怒吼死不瞑目的憤恨。原來從年僅10歲左右的小學生時代，在說一句臺語罰一元的嚴厲政令下，他不服氣。老師、主任、及校長，也成為共犯結構一員時，不容

情的罰他 70 元；家境清貧的林父，只好向左鄰右舍及親朋好友借錢還罰款，但恨學校、恨政府、恨社會之心，從此牢不可拔。林生受此煎熬之際，舉目四望，無一師敢投以關愛眼神，甚至出口安慰他，若能如此，相信該學童必放聲痛哭，甚至消失了仇恨之心；不只救了一個天眞無邪的幼童，社會之和諧也不需花鉅額的代價！教育愛不該只針對經濟層面上的弱勢族群，更該勇氣十足地將飽受政治荼毒的師生公諸於世。資賦優異的林茂生（1887-1947）在世界知名的哥倫比亞大學榮獲教育學博士學位，與他同學的朝鮮人吳天賜及支那的蔣夢麟，回國後都當上該兩國的教育部長，但前者卻死於二二八（1947），連屍體也找不到。臺灣人怎如此衰運？此種教育史實，又怎可長埋地下？

參 教師之「新任務」

教育成敗的核心，在於師資之良窳，教育史上早有不少「智者」提及師資之重要性，但只見理論未及實際。首位身體力行的「教育家」，是熱心感人的裴斯塔洛齊（Pestalozzi），充分實踐了「教育愛」的情操。教育是人與人之間的互動，其中，情之因素大過於理，人師的條件尤高於經師。從學校系統的階梯而論，雖然教育工作者的人格特質異於其他行業者，但中小學校教師比大專院校教授的「教育愛」最須加強。專業知識在教學上的不足，未必是教改的注意核心；反而是教學活動的投入與關注，對弱勢族群的實際扶持，才是焦點。裴斯塔洛齊在教學理論上，不是一流的「學者」，但他的愛心感人，最令人動容，也是他在教育史上留芳百世的最佳標記。

「後現代」的精神之一，是把目光注視在弱勢族群身上，這才是二千多年前柏拉圖以「正義」（justice）為「主德」（cardinal virtue）的眞諦，讓全民都能依其天分獲得恰當的發展機會。可惜在歷史長流裡，女性、殘障、普勞（proletariats）、奴僕等，都最欠缺教育機會，對他們伸出援手，濟助弱勢族群，比較不會敏感和滋生其他牽連在內的複雜問題，是指經濟上的，這也是裴氏的教育活動中，最獲全球學者掌聲的所在。其他的慈善宗教家、工業家、企業大亨，在這方面踵事增華。但教育愛的對象，除了

流浪街頭，行乞度日，蓬頭垢面者之外，受盡不公不義處置的，另有宗教信仰上，政治上，甚至語文使用上慘受歧視、打壓、迫害，甚至因此而厄運難逃的教育悲劇，更是罄竹難書。

這也難怪洛克這位頗具人道精神的教育思想界巨人，為此寫《寬容》（On Toleration）。英國的安立甘教（Anglican）被封為「國教」（Established），凡不遵者必攆出門外。還好英國並未對這些「異類」（Dissenters），趕盡殺絕，卻能留下一條活路。一些有個性又有獨立判斷心思的教授及學生，只好遠赴新大陸開拓「新英格蘭」（New England），與舊祖國（England）互別苗頭；更在波士頓（Boston）創辦哈佛大學，出資金錢與書籍最多的就是劍橋大學校友的牧師哈佛（John Harvard）。歐洲尤其英國無統一威權政府，此地不留人，必有留人處。不像支那，不只君權至上，且罷黜百家、獨尊儒術的結果，異類的秀異分子，不只肉體上遭受枷鎖，且精神上也飽受凌辱。膽敢批駁儒學者，都被貶為敗類，即令到了 1919 年五四運動時，力倡白話文也常為文痛批傳統習俗的胡適，都令不少「國學大師」痛不欲生的欲除之而後快。臺灣師大「國文系」的老夫子，閒來無事，到南港中央研究院胡適墳墓上大吐口水，用力踩他的墓。胡適還有段時間是中國國民黨列為暗殺的對象。

以「知」作為「德」之基，這才最具價值，也最含教育意義，無知之德是蠢德。有些「知」，是令人震撼不已的；有些「知」，則瑣碎細節，無關緊要。前者的「知」，該列為教育的重點工作。師大英語學系大師梁實秋，在「東西文化論戰」中「沉思」長時，得出支那文化優點有三，其中以「中國菜比較可口好吃」居首。奇怪，不是有許多支那文人一觸該問題時，就不假思索的得出答案嗎？這位研究莎士比亞戲劇權威的教授卻還為該議題費時甚久，才勉強有該答案；此外，東方文化不是以精神取勝嗎？但試問中菜比較合口味，又哪是精神文明呢？英語系有兩位畢業生，其中之一在 1949 年四六事件被捕，牢房內有一位十多歲的少年不久後被槍斃，原因是這位排印刷字版工人，由於不小心把反共抗俄的「抗」誤排為「投」。另外一位是編寫《新英文法》暢銷書的柯旗化，竟因「旗化」之名而惹上文字禍，被囚外島 10 年，刑期滿時，母親及夫人親自趕到監獄接回家，豈知獄卒竟然說，柯囚坐牢期間紀錄不佳，還得多關 3 年。柯

母及夫人下跪乞求，官方不爲所動，老母及夫人痛哭，盼能見人還在才能安心，獄方終於答允，但只能相隔 500 公尺，但見柯旗化手鐐腳銬的走出牢門；家人相見還不到 5 分鐘而已。當今「轉型正義」口號是「叫爽」的嗎？師大實在該給柯旗化「名譽校友」，才能還給他清白。「臺灣」兩字是「埋怨」之墳場嗎？連師大尤其是英語系的教師對此一系史，都是史盲，這還算什麼「教育」呢？

培根（Francis Bacon, 1561-1626）說，人因有記憶力，故生歷史。歷史是過去的記載。追溯從前，往者雖已矣，卻具有功過性；同時歷史也帶有未來意義。前者反觀，後者前瞻。教師職務之「神聖」，在於目睹不公不義時，非但不袖手旁觀，且挺身而出，打抱不平，「寧結弱少鬥強權」。蔡元培及傅斯年贏得北大及臺大師生之敬愛，就是以校長之尊，出面保護師生。臺灣在美麗島事件時，中國國民黨政府發動數千名大學校長及教授聯名集體譴責，史跡斑斑可考；更公開羞辱政治犯之子女。安慰照顧這些稚齡無辜孩子的，反而是社會上急公好義之士，罕見教師現身，謏諤之士少見。過去的教育愛，只限於經濟上施出援手，今後實在該加強這方面可歌可泣的勇德，這不只是智慧的實質功效，且是勇德的最佳典範！

或許這只是樂觀的企盼吧！衡諸教育史實，教育人員在心態上是極爲保守的一群，改變此種心態，如同斷奶一般，得忍過陣痛（travail）。相較之下，經師易得，人師難求，尤其是「義師」。除了爲善不欲人知的金錢或物質救助之外，就是道德勇氣的展現，這是大智大仁大勇的擔當，此種師，才最夠教育史家的聚焦目標。過去的教育史書對此幾乎一片空白，今後該做爲鑽研的對象。「義」（justice）的屬性（attributes），如「公正」（justice）、「公平」（fair）、「得當」（right）、「平等」（equal），才能早日降臨人間！

在重德輕知的反智風下，不少古訓不只慘酷且極端不合理，不與之斷尾，又哪能永續求生？遺憾的是，數以萬計的「儒生」，還殫精竭慮之爲其理由化；渾渾噩噩的眾生，如同寄居在暗無天日的地窖裡，千年來無睹陽光之普照。「黑暗時代」成爲教育史上的寫實；更令人痛心疾首的是偶有異見者出，卻嘗盡了「虎落平陽被犬欺」的辛酸厄運。消極又被動的「思潮」，只能以「寬心且待風霜退，還君依舊作乾坤」，以自我安慰；十足的

阿 Q 精神！師生變成習慣的奴隸，且在「士」成爲「仕」的朝廷奏文，還自貶爲「奴才」；助紂爲虐、爲虎作倀的「知識分子」，一窩蜂的成爲幫兇；不公不義的慘劇到處可見。今人能享受的學術自由，那是前人赴湯蹈火，以死相許，猶如鄭南榕的火焚，所換來的代價。絕大多數的師資培養單位對此類教育事實渾然不知，史盲、史聾、且失智，又哪能「爲人師表」？改弦易轍，才是教育專業最令人肅然起敬之處，也該是今後廣義教育應特爲關注的所在。

科舉廢了沒？
考試制度的再思考

4

周愚文

國立臺灣師範大學教育學系教授

壹 前言

清德宗光緒 31 年（1905）朝廷頒上諭：「著即自丙午科起，所有鄉試、會試一律停止，各省歲、科考試亦即停止。其以前之舉、貢、生員分別量予出路」（瞿鑫圭主編，1991：533）。換言之，從隋煬帝大業 2 年（606）開始實施的科舉考試，至光緒 32 年（1906）時終於廢止了，時人都以為自此世人不必再受科舉考試的毒害。但是真的如此嗎？又科舉考試真的連續實施了近 1,300 年，其間沒有中斷過？對於這兩個問題，本文將進行探究。

不過，對於科舉考試的性質必須先予以釐清。就明、清兩朝的科舉考試言，具有雙重性質，它既是政府選拔官員的考試，也各級官學的入學考試。

原本自隋唐起，科舉制度與學校制度是並行的，但唐時已發生士子重科舉輕學校的現象而欲廢科舉；至宋則學校更淪為科舉附庸欲改革未成。直到明朝，規定「科舉必由學校，而學校起家可不由科舉」（張廷玉，清／1975：710），換言之，實現了宋仁宗朝所主張「先學校、後科舉」、學校教育與科舉結合、養士與取士合一的理想（周愚文，1985：35-36）。且自明英宗朝起，規定士子要參加鄉試前，必先通過「童子試」（含縣試、府試及院試三級），始具備應考資格（趙子富，1995：46）。如此一來。每三年舉辦一次的科舉考試層級，由宋朝的三關變成六關。而考中「童子試」者，則具備生員資格，可入儒學就讀。換言之，性質上，自此它既是官學的入學考試，也成為科舉的預備考試。此外，在鄉試前，再增加「科考」一級，以控制每科參加鄉試的人數，如此變成正式科舉的資格考，於是整個科舉考試層級變成七關。清沿明制，科舉每三年考試一次，層級包含七關，將「童子試」改稱「童試」，但仍維持縣試、府試及院試三關。然後是「科考」，取得應鄉試資格。再通過鄉試、省試及殿試，始得進士及第（周愚文，2014，56-62）。總之，前三關在性質上是儒學入學考試，後四關則是政府選官考試，流程見圖 1。有此認識，可知道科舉的廢除，不只影響到政府官員的選拔，也影響到各級官學生員的遴選。之後討論，會區分兩種性質。以下依序說明科舉數廢數興、各朝停廢科舉的原因、清朝廢科舉後的新現象、科舉制度長存的原因，最後進行綜合討論。

| 縣試 | → | 府試 | → | 院試 | → | → | 科考 | → | 鄉試 | → | 省試 | → | 殿試 |

童試　　　　　　　　　　　　　　科舉

儒學入學考試　　　　　　　　政府選官考試

圖1　童試與科舉流程圖

資料來源：自繪

貳　科舉數廢數興

　　中國科舉連續實施了 1,300 年嗎？期間難道沒有人批評，而主張要廢止嗎？周愚文（2006）曾針對此進行探究，結果發現事實不然，自唐起曾歷經四度停廢，但最後都又恢復。如唐朝玄宗天寶 12 年（753）朝廷罷鄉貢，亦即廢除科舉考試的第一關鄉試，但是第二關禮部試（省試）仍保留，學生限由國子監及郡縣學生薦送（歐陽修，宋 / 清：1）。目的是要矯正當時士子重科舉輕學校的態度，但是沒多久即恢復[1]（周愚文，2006：122）。

　　至北宋時，曾歷經三次教育改革，都企圖改革科舉。第一次在仁宗慶曆 4 年（1044），主要構想是將科舉與學校教育結合，養士與取士合一，讓士子先入學校受教，規定其在學聽讀日限，一段時間後再應科舉，但並未打算廢止科舉（周愚文，1985：35-38）。第二次改革是神宗熙寧、元豐時，主政者王安石的想法是「以學校代科舉」，但是茲事體大，實際做法是先改革科舉制度，廢諸科只留進士科，以及改變考試內容與方法；再逐步發展教育，擴張太學與州縣學，及實施太學三舍法，並提供由學校直接入仕管道（周愚文，1985：51-60），但是也沒有廢除科舉。直到徽宗崇寧朝蔡京主政後，延續熙豐朝「以學校代科舉」的理念，崇寧 3 年（1104）曾下令「嚴（按罷）州郡發解及省試法，取士並由學校陞貢」（脫脫，元 / 1980：3622）。但是否自此真罷廢？據周愚文（2006）考證發現，之後徽宗朝共七次開科，其中崇寧 5 年（1106）是奉召再開一次，宣和 3 年（1121）及 6 年（1124），則是科舉恢復後所辦，其他大觀 3 年（1109）、政和 2

---

[1] 一說是天寶14年（755），一說是肅宗至德元年（756）。

年（1112）、5 年（1115）及重和元年（1118）等四科，則可能只廢除第
一關解試，但並未依詔廢除第二關省試及第三關殿試（周愚文，2006：126-
127）。

　　至於元朝，當太宗取得中原後，依中書令耶律楚材的建議，9 年
（1237）8 月詔命開科舉士，但因「當世或以爲非便，事復中止。」世祖
以降諸帝數度有朝臣建議恢復，但均未能成功（宋濂，1966：759-760）。直到
仁宗皇慶 2 年（1313）詔命恢復科舉，延祐元年（1314）正式開科，2 年
（1315）春廷試進士（宋濂／明，1966：219-220），換言之，科舉考試前後停
辦了 76 年。

　　至明朝，太祖洪武初時行薦舉、時行科舉，興廢不定。直至洪武 15
年（1382）始恢復。17 年（1384）始定科舉程式，命禮部頒行各省，後
遂永爲定制，而薦舉漸輕（張廷玉，清／1975：720）。儘管明末清初顧炎武（清
／1976：16）《日知錄・擬題》曾批評：八股之害，等於焚書，敗壞人材，
有甚於坑儒，但清朝仍沿明朝科舉與學校舊制。期間對於八股危害人才之
弊，雖有改廢之議，但一直未成。直至晚清鴉片戰爭後，西方列強入侵，
割地賠款，國勢日危，遂希望加以廢除，但是策略上則有「漸廢」與「即
廢」兩途。前者主張逐步減少科舉名額，直到名額完全減盡，在光緒 29
年（1904）朝廷頒布〈奏定學堂章程〉前後，如袁世凱、張之洞等人，就
提出此類主張。但其議尙未實施完畢，光緒 31 年袁世凱、趙爾巽、張之
洞、周馥、岑春煊、端方等督撫大臣，又共同請奏停科舉以廣學校，並謂
外國以此事觀察清廷改革決心來施壓（周愚文，2006：135-136），最後朝廷始
決定廢科舉。

參　各朝停廢科舉的原因

　　由前所述可知，科舉制度在清朝之前，至少歷經四度停廢，但各自
理由不盡相同。例如唐朝是因爲當時士子輕學校而重科舉，玄宗遂希望藉
此扭轉風氣。至於北宋，則是因爲鑒於國家面臨內憂外患，但科舉卻無法
選拔出眞才，遂希望恢復《周禮・地官》所倡「鄉舉里選」的做法，以
學校代科舉，人才由學校晉升（周愚文，1985：109）。而元朝開國初，是因

爲外族入主中土，用人偏於國族勳舊貴族子弟，故漢人之法不行（胡粹中，1986：5）。明太祖初期科舉興而又廢，則是因爲他認爲科舉所取多爲後生少年，能以所學應用政事者寡，遂命官員察舉賢才，而罷科舉不用（張廷玉／清，1975：720）。晚清則是因爲內外交逼、國勢日危，不得不然。雖然唐宋元明四朝都曾試圖廢除或暫停科舉，但是均未成功，最終又都恢復。到了晚清，最後全面廢除科舉未再恢復，周愚文（2006：141-142）曾提出兩種可能理由做解釋：一是科舉廢止後不到 6 年，清朝即覆亡，以致無法恢復；二是當清廷廢止時，對於當時近 150 萬文武生員、監生、舉人的出路，已預做安排，此種配套措施是歷朝廢科舉時所未做的。但是實況並非後者，原本照漸廢的規劃，要到壬子科（1912 年）才完全廢除科舉。如今大幅提前，十年緩衝時間消失，原約有 595,600 名傳統士人（含 2,600 名進士，8,000 名舉人，35,000 名貢生，55 萬名生員），雖 29 年起廣設各級西式學堂，希望這些舊士子能入西式學堂就讀，但根據曾重凱（2007：97-99）指出：2,600 名進士皆可順利進入官場，廢科舉後影響不大，至於近 60 萬生員及貢生，廢科舉後，約有 13.3 萬人（占總數的 22.43%）進入西式學堂就讀，但約有 65.64% 的人卻沒落於新時代中。再者，事實上，光緒 33 年（1907）已有中書黃運藩奏請恢復科舉，而戊戌變法時批判科舉的梁啓超，宣統 2 年（1910）也改變觀點，認爲科舉非惡制（劉海峰，2012：148），但是這些建議都未被採納。如此，可能因來不及再恢復，以致問題延續到民國以後。

肆 清朝廢科舉後的新現象

如前所述，明清以後的科舉考試，同時具備選拔官員及選擇官學生員兩種性質與功能。進入民國以後，無論是政府選拔官員或是學校選擇學生，仍然常看到以考試作爲遴選人才的手段，民國 38 年以後兩岸也是如此。以下分述其情況。

一、考選文官

首先，就政府選拔官員言，民國以後，原本政府選拔人才的科舉制度被廢，南京臨時政府法制局雖依臨時大總統孫中山之命，提出六種文官考試命令草案，其分爲高等文官考試及普通文官考試兩類，但未及實施（謝青、湯德用主編，1995：687-689）。而孫中山曾在〈咨參議院議決文官考試令等草案文〉中揭示：「任官授職，必須賢能；尚公去私，厥唯考試。」（引自劉海峰，2012：166）之後民國 2 年（1913）袁世凱主持的北京政府，批准九項文官考試及任用命令，4 年（1915）及 8 年（1919）兩度修改及新頒，並分別於 5 年（1916）、6 年（1917）與 8 年三次在北京舉辦文官考試，兩次高等文官考試、一次普通文官考試，共錄取 979 人（謝青、湯德用主編，1995：690）。之後未見再舉行。至於南方廣州革命政府，基於孫中山五權憲法理念，於 13 年（1924）8 月以陸海軍大元帥名義發布〈考試院組織條例〉、〈考試條例〉及〈考試條例實施細則〉，考試種類包括文官、外交官、司法官、律師、書記官、警官、監獄官、中小學校教員、醫生等 13 類（謝青、湯德用主編，1995：709-711）。14 年（1925）7 月國民政府公布〈中華民國國民政府組織法〉，實施五院制。17 年（1928）8 月陸續公布〈考試法〉、〈典試法〉、〈襄試法〉及〈監試法〉。10 月國民黨通過〈訓政綱領〉。同月公布〈考試院組織法〉及相關機關組織法。20 年（1931）國民政府公布〈中華民國訓政時期約法〉，其中設立考試院，負責考選及銓敘事宜。當年開始舉辦首屆高等考試。雖然形式上已建立新的文官任用制度，但是實際上舉辦的各類考試，其次數及種類並不太多，在文官任用中，通過考試進入仕途，始終未占主導地位（謝青、湯德用主編，1995：718-721）。據統計 20-36 年間共舉辦 24 次高等考試，含 16 類，及格人員 3,291人；23-35 年間共舉辦 17 次普通考試，共錄取 4,267 人。抗戰以後曾舉辦特種考試，範圍有 30 餘種，至 35 年（1946）底止，共錄取 119,223 人（謝青、湯德用主編，1995：740，745，748），遠高於高普考錄取人數總和。因民國初政局混亂，至 17 年（1928）始統一，之後又遇抗日戰爭，以致無論中央或地方政府用人無法完全透過文官考試取才，仍出現用人唯親、或用人唯鄉的弊端。36 年（1947）元旦開始實施的〈中華民國憲法〉，仍設立

考試院，掌理考選及銓敘事宜，透過國家考試，選拔各級公務員，實施迄今。期間 39 年（1950）開始舉辦臺灣省公務人員考試，58 年（1969）停辦而併入全國性公務人員考試（侯暢，1973：228）。就考試技術而言，現行試卷彌封、試務人員迴避、分省區錄取定額比例、放榜點榜單等作為，均類似昔日科舉的做法。

以上用考試挑選文官做法，不但中國繼續實施，19 世紀以後也有外國採行。例如英國，1850 年代進行文官制度改革。在此以前政府各部會用人，主要是靠恩庇（patronage），由主管自聘。而文官改革問題與行政改革協會（The Administrative Reform Association）攻擊恩庇的活動，以及克里米亞戰敗醜聞連結。1853 年 3 月財政大臣格蘭史東（Williams E. Gladstone, 1809-1898）抱持競爭原則，指示諾斯科特（Stafford H. Northcote, 1818-1887）及財政部常務次長屈維林（Charles E. Trevelyan, 1807-1886）調查整個文官改革，歷時九個月，11 月完成，1854 年 2 月報告出版送交國會討論，即《諾斯科特─屈維林報告》（*The Northcote – Trevelyan Report on the Permanent Civil Service*）（Douglas, 1956: 553-556）。其中第一項建議是在任命文官應建立適當的考試制度，並應成立中央級的「委員會」（Board）負責（Douglas, 1956: 572-574）。亦即透過公開競爭考試，以招募最佳最聰明的大學生畢業生（Leach, Coxall & Robins, 2011: 211-212; Kavanagh, 2000: 300）。報告在國會正遇到行政與文官改革的辯論，雖有人支持，但遭受多方批評，無法法制化。1855 年格蘭史東去職，由接任大臣路易斯（G. C. Lewis）5 月用樞密院令（The Order in Council）指派「文官委員」（Civil Service Commissioners）主持文官任用的考試。該委員會開始逐步掌控各部會的用人考試權。命令規定通過委員考試者，發給資格證書，然後開始實習（Douglas, 1956: 554-555, 578-579）。直到 1870 年 6 月再發樞密院令，才落實該報告主要建議（Douglas, 1956: 603-604）。其制二十世紀以後曾數度改革，但持續實施迄今。因英國採內閣制，故所考選的文官均屬事務官而非政務官。鄧嗣禹、劉海峰等人以為該制是受到中國科舉考試的影響（劉海峰，2005：386-388, 391-392）。

又如日本，十九世紀明治維新後，明治 18 年（1885）12 月實施新官制，首任首相伊藤博文在〈各部省事務整理政綱〉中規定：「任命晉升由

考試決定」，對官吏任用採取考試制度。適用範圍是奏任及委任文官，不包括敕任官（安冈昭男，1996：284）。20年（1887）公布〈文官考試試用及見習規則〉，自次年起施行，考試分普通考試及高等考試（邱創煥，1993：711）。

再者，中國大陸，文革後，1980年9月銀行系統招收幹部，即採錄用考試的辦法。1987年10月中國共產黨第十三次全國代表大會決定建立國家公務員制度。1992年10月第十三次全國代表大會決定儘快推行國家公務員考試。次年8月中共黨中央及國務院公布〈國家公務員暫行條例〉，10月正式開始實施（謝青、湯德用主編，1995：976）。之後每年舉行，2005年正式頒布〈中華人民共和國公務員法〉，次年開始實施。近年（2013-2016）考試狀況，平均每年應考人數約105.4萬人，每年錄取22,621人，競爭比例為46.6：1，錄取率約2.14%，競爭可謂激烈（維基百科，2017）。

由此可知，晚清科舉考試廢除後不到百年，兩岸又先後重新採取以統一考試選拔文官的做法。

二、考選學生

就學校招生方式言，當晚清癸卯學制開始模仿日本學制建立西式教育後，開始努力普及初等教育，甚至推動義務教育，雖然入學人數日漸增加但仍無法普及。至於小學堂之上的中等學堂、實業學堂、高等學堂及大學堂等，數量及學生名額明顯不足。在僧多粥少的情況下，勢必要進行篩選，考試遂成為最常用的方式。民國成立以後，無論大學或是中等學校的招生方式，主要是由各學校辦理入學考試。國民政府成立以後至行憲時，中學、職業學校及師範學校的招生，大體依舊。不過抗戰期間，為提高大學程度，改行聯合招生。民國26年（1937），中央大學、浙江大學、武漢大學試辦聯合招生，27年（1938）實施國立各院校統一招生，29年（1940）年又擴大為公立各院校統一招生（謝青、湯德用主編，1995：564-565）。科舉形式已悄然再現。

民國34年（1945）日本戰敗投降，國民政府接收臺澎後，雖開始實施六年義務教育，但是前期中等教育的機會仍少，屬於選擇性教育，無論

進入初中或初職都需經過入學考試；初中升公私立高中職，或高中升專科、獨立學院或大學，多需經過入學考試。

有關大專院校招生部分，教育部曾訂定〈37學年度公私立專科以上學校招生辦法〉，其中規定各校可採聯合招生、單獨招生、委託招生及成績審查（教育部，1957：496）。民國43年（1954）由教育部指定當時的國立臺灣大學、臺灣省立師範學院、臺灣省立工學院、及臺灣省立農學院四校舉辦聯合招生，其他各校獨立招生；45學年度起試驗公私立大專以上學校聯合招生（教育部，1957：501-502），於是開啓日後大專聯招之門。61學年度起，大學與專科聯招分開辦理。直到91學年度起改實施〈大學多元入學新方案〉，本於考招分離、多元入學目標，入學方式有兩類：一是「甄選入學制」：包括「申請入學」及「推薦甄選」兩管道；二是「考試分發入學制」。形式上，才廢除實施40多年的聯招制度。93學年度修正爲〈大學多元入學方案〉，以期簡化改進，而100學年度再簡化爲個人申請、繁星推薦及考試分發三種（教育部，2012a：155-157，167-168，187-192）。但是以上諸方案的前提，都是以全國一致的考試成績爲基礎，前兩項是依賴「學科能力測驗」成績，後者是依賴「指定科目考試」成績。

有關中學招生部分，升初、高中原本由公私立學校各自辦理。中學聯合招生的構想，於43年（1954）8月令頒的「減輕中小學學生課業負擔實施方案」中，列爲籌辦要項之一，以緩和升學考試競爭（臺灣省政府教育廳編，1984：392）。不過，各地區的實施方式、時間不一；以臺北區爲例，一開始是省立、市立中學分別招生，直到48學年度，始決定省市立中學聯合招生；兩年後分開辦理。57學年度實施九年國教後，因免試入國中，故停辦升初中考試，但高中、高職聯考仍繼續。直到90學年度起廢除高中職、五專聯考，實施「高中與高職多元入學方案」，國中畢業生改依據國中基本學力測驗成績，經由申請入學、甄選入學、分發入學等方式就讀高中職或五專（教育部，2012b：158-159）。原本該測驗是希望作爲學力監測工具，但是最後卻成爲入學的主要評斷依據；且由各地區自辦聯招，90年以後的基測則變成全國性考試。103年（2014）8月開始實施十二年國民基本教育，依〈高級中等教育法〉第35條規定：高級中等學校應採多元入學方式辦理招生，並以免試入學爲主。第37條規定：申請免試入學人數

未超過各該主管機關核定之名額者，全額錄取。超過者，則由各就學區訂定超額比序標準，而其中都包括國中教育會考成績，只是比重不能超過三分之一。如此一來原本會考旨在檢測國中畢業生的能力，如今又被當成入學選擇的關鍵標準，無怪乎一般人以為「換湯不換藥」，只是名稱由「基測」改為「會考」罷了。此外，第 38 條亦規定：「高級中等學校辦理特色招生，應採學科考試分發或術科甄選方式辦理。」

至於 1949 年以後的中國大陸，大學（即高校）招生部分，入學考試一般稱為「高考」。初期曾實施各校單獨招生、部分學校聯合招生、大行政區內統一招生，但基本上 1952-1965 年是實施全國高等學校統一考試。1966 年文化大革命爆發後大學停課，1972 年復課後採「推薦」辦法。文革結束後，1977 年恢復高校統招制度，實施迄今（謝青、湯德用主編，1995：800-807）。2016 年高考人數約達 940 萬人。劉海峰（2012：180）以為過去科舉所採編號、閉卷、密封、監考、迴避、入闈、複查等辦法，為高考所沿用。而過去鄉試分區錄取的做法，也與高考相似。

至於中等學校招生部分，一般稱為「中考」。初期小學升初中，初中升高中或中等專業學校，得採考試。1952 年規定，全國高級中學、技術學校、師範學校，嚴格實施統一招生，由大行政區統一計畫布置，以省（市）為單位進行統一招生工作。文革期間一度廢除高中招生考試辦法，改行推薦與選拔辦法；文革後又恢復考試制度。至於升初中部分，配合初中教育普及與九年義務教育的推行，1984 年以後已逐步取消（劉英杰主編，1993：707-708）。又中等專業學校部分，1952 年起也實施統一招生制度，1955 年可由各校自行單獨招生，或同一地區或同性質學校聯合招生。文革期間停頓。1978 年起恢復實行省、市、自治區統一招生辦法迄今（謝青、湯德用主編，1995：869-870）。

由於學生升學意願強、需求高、想進重點學校，因此儘管招生名額不斷增加，但是考試依然十分激烈，故常以「千軍萬馬過獨木橋」形容之。1990 年代，各界更批評應試教育，指責「考試指揮棒」影響學校正常教學，因此 1993 年中共中央、國務院公布〈中國教育改革與發展綱要〉指示：「中小學教育要由『應試教育』轉向全面提高國民素質的軌道。」（教育部，1995：3）。至於高考改革方向，劉海峰（2012：183）以為是從統一走向

多樣、從考招合一走向考招分離，最後建立以統考為主、統分結合的多元招生考試制度。

　　由上可知，晚清初廢科舉後，民國時無論是在文官選拔及中、大學學校招生上，又陸續恢復類似科舉形式與功能的統一考試。民國 38 年（1949）以後，兩岸仍繼續採取此種方式。有關學校招生部分，雖然都不滿入學考試嚴重影響學校正常教學及升學主義扭曲教育，但都只能在考試方式、科目、內容、命題技術及錄取方式上做改革，而都無法根本廢除統一考試，而代之以他法。

伍　科舉制度長存的原因

　　既然過去中國的歷史上有五個王朝嘗試廢除科舉，但卻又屢廢屢興，原因何在？時至今日，它又再以各種變形出現於世？一般多從科舉的公平客觀角度，論述其存在原因與價值，周愚文（2006：142-150；2008：8-10）曾另從社會學觀點，借用社會選擇、社會控制及社會流動三個概念做分析。首先，就「社會選擇」言，從隋唐以後，中國選拔人才的主要管道除科舉外，尚有學校、制舉及蔭補等。儘管各朝代所用的名稱不盡相同，但是作用是一樣的。科舉的存廢與其他三者間，是相互關聯與消長的。除元朝之外，其餘各朝科舉都是主流。因為從各管道晉用人才多寡看，科舉是最多、最寬的，一旦取消，其他三種無法取代。其次，就「社會控制」言，科舉重要的目的之一是收攬士心，作用是幫政府進行思想控制，而確實也發揮了此一效果。一旦取消，無論從量上或質上，其他三種入仕管道都難以收到同樣的效果。復次，從「社會流動」言，據前人研究估計各朝科舉錄取的總人數介於 9.21-19.97 萬人之間（周愚文，2001：147-148），而占人口總數的比率約在萬分之三至十間（李弘祺，1982：292-293），甚至更低。因此真正能夠向上流動的規模與數量都不大。再者因科舉考試有身分限制，須身家清白的男子始有機會報考，如此更限縮了庶民向上流動的機會。儘管如此，與其他三種管道相比，科舉仍具有三項優勢：(1) 在方式上，它提供準「競爭式流動」，而非漢代郡國察舉或魏晉九品中正的「保薦式流動」；(2) 在數量上，科舉提供的晉升人數都較其他三途多，因此相對寬

廣許多，吸引力也較大；(3) 在選拔過程與方法上，科舉相對較公平與公開。除非學校、制舉及蔭補能同時具備上述優勢中的兩項，否則很難取代科舉的功能。

最後，還有一項選務技術的優勢，據張仲禮（1991：169）推估，清朝每三年一次鄉試，考生總數保守估計有 18.96 萬人，面對這麼多人同時要競爭，其他途徑或方式很難完成選才任務，因此難以取代科舉。

總之，科舉考試過去一直無法廢除而長存的主要原因，是它提供了準競爭性向上流動、入仕管道較寬、選擇方式相對較公平、公開與客觀（周愚文，2006：151），以及能同時處理大量競爭者等四項。

陸 綜合討論與結語

既然科舉廢止至今已逾百年，為何今日所謂「科舉遺毒」仍「陰魂不散」？晚清以來，一直將科舉視為貶義詞，雖然民國以後如孫中山、胡適、錢穆等名人先後肯定其貢獻，但批判其弊者仍多。中國大陸 1980 年代以後，科舉有關史料文獻及研究增多，也開始出現平反聲音。1992 年劉海峰提出「科舉學」一詞，2005 年更出版《科舉學導論》一書，重新肯定傳統科舉的價值，並賦予其現代意義與功用；且視高考及公務員考試為現代科舉（劉海峰，2012：225-229）。因此今日吾人對於科舉的功過，還需要重新評價。

如果先拋開對科舉作為思想控制工具及戕害人心的負面功能及否定的價值判斷，而將它視為一種選擇人才的方式與手段，無論是選拔官員、選擇學生或員工，它具有以下三項特徵：它是以單一且統一的標準來挑選人才，不會因人而異，形式上較「公平」；[2](2) 在人數眾多且同時競爭的情況下，它是一種相對省時、省力、省錢且有效率的選才方式；(3) 它的實施程序較一致化、標準化，相對較客觀，不致受人情主觀因素干擾。

因此，未來無論是公私機關選拔人才或是學校招生，一旦面對的狀

---

[2] 此處一般國人習稱的「公平」，就內涵上更接近英文中的equality（平等），而非equity。

況是：「許多人同時要競爭少數稀有的職位，或是少數名校的入學名額；而且要在短時間內有效率地完成大量競爭者的遴選工作」，選拔方式無形中就被限縮住，而科舉考試所採取的方式，自然會被優先列入考慮，因為它能有效克服大量考生同時競爭施測的技術難題。因為如果要採取面試、實務操作或其他方式，則必須同時有效克服試務上耗時、費力、費錢的難題。更重要的是，需面對社會價值觀念的挑戰。儘管臺灣社會已漸從過去的一元價值觀，逐步朝向多元價值觀發展，但是一旦涉及少數稀有公共資源的分配且競爭激烈時，恐怕多數人潛意識中最在意及優先選擇的價值觀，仍是「平等」（equality）而非「公平」（equity），亦即希望決定錄取與否時，是採取單一且統一的標準，而不能接受不同人用不同的錄取標準。如此一來，科舉的第一項特徵就悄悄顯現而被考量。

再者，重視人際關係與人情因素，長久以來就是華人社會的特徵之一。一旦面對稀有資源的競爭時，一般人心理就會擔心其他應徵者（應考者）會運用人際關係去左右結果，而影響到考試的公平性。於是便容易傾向支持大家都用公開透明的單一標準來挑選，如此一來，自然便犧牲掉多元、適性、多標準的價值觀與做法。

如前述民國 103 年（2014）政府開始推動十二年國民基本教育時，在入學方式上希望能朝免試入學方式走。在 100 年（2011）教育部進行北、中、南、東四場公聽會中，曾對現場與會者就幾種方式進行非正式的意見徵詢。除政策已排除按戶籍分發外，其餘無論採考試、採計學生在校成績或是抽籤，各種意見都未獲在場過半數人的支持。換言之，在此議題上，各利害關係群體間是缺乏共識的。時過數年，以上三種方式中，仍未見到有統計數字顯示何種主張已獲得過半數的支持。此外，在此段期間，筆者曾先後應邀到上海華東師大、香港珠海大學、花蓮東華大學、臺中教育大學等校講演，或是在臺師大中國教育史及教育概論課堂上，以相同的問題請問現場聽眾，「如果將入學機會視為一種稀有資源，該採取何種方式分配」，得到的回應是，贊成採考試者都占八、九成，採計在校成績或抽籤雖都有人支持，但都是極少數。這種聽眾意見一致的現象，明顯與前述更大多數意見不同。有人對此反應的解釋是，支持考試者都是過往因考試獲利的既得利益者。不過這些歷經多元入學的學生們，卻多數支持考試，可

見追求表面形式「平等」價值觀仍存於當前社會臺灣民眾的潛意識中。除非先修正並放棄此價值觀，接受如羅爾斯（Rawls, 1971. 60-61）所倡正義原則中所主張公平價值觀，[3] 否則無法建立真正的多元入學。[4]

　　總之，當面對公務員職位或名校名額此類社會稀有資源分配出現強烈競爭時，如果世人最在意的價值是「平等」，則採單一取才標準的統一考試仍舊會是關鍵的決定方式。換言之，科舉精神仍將繼續縈繞在我們身邊。

參考書目

中文部分

安冈昭男（1996）。日本近代史（林和生、李心純譯）。北京：中國社會科學。（原版出版於1992年）

宋濂（明／1966）。元史。臺北：國防研究院。

李弘祺（1982）。科舉—隋唐至明清的考試制度。收於鄭欽仁主編：立國的宏規——中國文化新論‧制度篇（頁292-293）。臺北市：聯經出版公司。

周愚文（1985）。北宋的三次教育改革。臺北市：臺灣師範大學教育研究所碩士論文，未出版。

周愚文（2001）。中國教育史綱。臺北市：正中書局。

周愚文（2006）。中國歷代停廢科舉制度的探討。收於李弘祺編：中國與東亞的教育傳統(一)中國的教育與科舉（頁119-153）。臺北市：喜瑪拉雅研究發展基金會。

---

[3] 第一個原則強調「一致性」，第二個原則強調「差異性」。前者是平等（equality），後者是公平（equity）。

[4] 因為如果多數國人在價值觀念上，仍堅持進同一個學校或同一個科系，必須用同一個標準（一元）來衡量取捨，如此做法才覺得「公平」，而不接受不同才能、表現或特長的學生，可以有不同的錄取標準（多元），則多元入學方式將很難獲得多數人的支持而順利推動。

周愚文（2008）。科舉制度中三個重要問題的現代分析。教育研究集刊，**54**
　　（1），1-14。

周愚文（2014）。明清科舉報考人數與錄取人數失衡問題因應對策之分析。教
　　育學刊，**42**，39-74。

邱創煥（1993）。文官制度論叢。臺北市：中華民國國家發展策進會。

侯暢（1973）。中國考銓制度。臺北市：黎明文化。

胡粹中（1986）。元史續編。收於文淵閣欽定四庫全書史部。臺北市：臺灣商
　　務印書館。

行政院教育部（2013年8月10日）。高級中等教育法。

張仲禮（1991）。中國紳士—關於其在十九世紀中國社會中作用的研究。上
　　海：上海社科院。

張廷玉（清／1975）。明史。臺北市：新文豐出版公司。

教育部主編（1957）。第三次中國教育年鑑（上）。臺北市：正中書局。

教育部主編（1995）。中國教育年鑑（1994）。北京：人民教育。

教育部主編（2012a）。第七次中國教育年鑑第七篇大學教育。臺北市：編者。

教育部主編（2012b）。第七次中國教育年鑑第五篇高中職教育。臺北市：編者。

脫脫（元／1980）。宋史。臺北市：鼎文書局。

曾重凱（2007）。晚清科舉制度廢除後傳統士人的動向（1905-1926）。政治大
　　學教育系教育哲學組碩士論文。臺北市：未出版。

維基百科（2017）。國家公務員考試，取自https://zh.wikipedia.org/wiki/%E5%
　　9B%BD%E5%AE%B6%E5%85%AC%E5%8A%A1%E5%91%98%E8%80%
　　83%E8%AF%95

臺灣省政府教育廳編（1984）。臺灣教育發展史料彙編（國民教育篇）。臺中
　　市：臺灣省立臺中圖書館。

趙子富（1995）。明代學校與科舉制度研究。北京：燕山。

劉英杰主編（1993）。中國教育大事典1949-1990（上）。杭州：浙江教育。

劉海峰（2005）。科舉學導論。武漢：華中師大。

劉海峰（2012）。劉海峰講演錄。武漢：華中師大。

歐陽修（宋／清）。新唐書。清乾隆武英殿刊本影印。臺北市：藝文印書館。

璩鑫圭主編（1991）。中國近代教育史資料匯編‧學制演變。上海：上海教育。

謝青、湯德用主編（1995）。中國考試制度史。合肥：黃山書社。

顧炎武（清／1976）。日知錄集釋。臺北市：臺灣中華書局。

英文部分

Douglas, D. (Ed.) (1956). *English historical documents XII(1), 1833-1874.* London: Eyre & Spottiswoode.

Kavanagh, D. (2000). *British politics continuity and change* (4th ed.). Oxford: Oxford UP.

Leach, R., Coxall, B., & Robins, L. (2011*). British politics* (2nd ed.). London: Palgrave Macmillan.

Rawls, J. (1971). *The theory of justice.* Ma: The Belknap Press of Harvard University Press.

道德是吃人的還是助人的？

5

但昭偉 臺北市立大學教育學系教授

長久以來我傾向於支持低限度要求的道德，也就是「類似」英國十九世紀自由主義健將彌爾（J. S. Mill, 1806-1873）在其名著《自由論》（*On Liberty*）中，以自由原則（principle of liberty）為軸心所設定的道德主張。[1] 我主張：在社會生活中或人際互動間，我們應儘量的減少社會生活及人際互動的道德要求，或降低既有道德要求的標準，在不損及他人重大權益的前提下，個人應有最大限度的自由。[2] 我之所以有這樣的主張，主要是基於一套繁瑣嚴密、包山包海、既管內心狀態、又管外在行為的高道德要求，會讓生活在有如此道德要求社會中的個人，一輩子忙於應付如此道德對於自己的要求，於是活得緊張兮兮、喘不過氣、身心都不得舒坦。當我提到如上述般的道德要求時，心中浮現的就是中國傳統的儒家道德。

　　從先秦起，儒家對生活在人倫及社會網絡中的個人，就有全面廣泛的高標準要求。例如在《論語‧學而第五》，孔子就說：「弟子入則孝，出則弟，謹而信，汎愛眾，而親仁。行有餘力，則以學文。」簡單的幾句話就把一個人裡裡外外的生活做了編排。而儒家不僅要求每個人要扮演好自己的人倫角色或社會角色（就是所謂的君君、臣臣、父父、子子；士士、農農、工工、商商），更要求一個人要養成各種美德，也就是要修鍊穩定的心理狀態（settled disposition），一旦外在環境有所呼喚或要求，就可以隨時將內心的動能轉換為合宜的道德行動。儒家深知我們內心狀態與外在行為之間有緊密關係（也就是「誠於中，形於外」的道理），所以一部《大學》就簡潔的告訴我們，先要：「格物、致知、誠意、正心、修身。」[3] 之後還要去「齊家、治國、平天下。」[4] 簡單的說，在扮演好自己不

1　有關彌爾的《自由論》可參見我的譯述《重讀彌爾的自由論》，臺北：學富文化，2002。
2　我的這個主張可以有很大的彈性，假如地球暖化的結果會損及個人重大權益，我們個人的自由就會受到限縮。有關這方面的問題可參見我的著作《社會倫理關懷》，臺北：空中大學，2017。
3　儒家為了要求正心與修身，於是主張儘量節制我們的欲望（人欲及私欲），因為欲望與天理往往衝突，對美德的養成和道德行為的開展不利。
4　此地的「家」指的是古時候的宗族大家庭，人數不少，關係也複雜。

得不扮演的人倫角色和社會角色的同時，儒家要求我們要成為「仁者」，也就是內心要處於「仁」的狀態，[5] 也要求我們不能只滿足於人倫角色和社會角色的扮演，更要進一步地依自己的能力去服務他人，最好是去做個有事功的聖人。對儒家而言，成「聖人」或成「仁者」都是高難度的事，孔子在《論語‧述而第三十四》裡說：「若聖與仁，則吾豈敢，抑為之不厭，誨人不倦，則可謂云爾已矣。」就清楚表示了不敢擔當「仁」與「聖」之名。但「仁者」與「聖人」的難成，不表示我們就可以不努力以赴地成為仁者與聖人。曾子在《論語‧泰伯第七》的一句話最能反應儒者的這種為所應為的精神，這句話是「士不可以不弘毅，任重而道遠。仁以為己任，不亦重乎？死而後已，不亦遠乎？」

　　在我短淺的人生閱歷中，我觀察到，凡是勤勤懇懇，拳拳服膺傳統儒家道德要求的人，無不活得辛苦異常。代表儒家的人物如孔子，就過了一個如我之前大致勾勒出來的苦日子。有關孔子生平，讓我印象特別深刻的是孔子的求官及周遊列國。孔子當官時年齡已不小，約 50 歲出頭，他官當得也不錯，但終究不敵當時齊國的離間之計及魯侯與大夫之間的不和，約 56 歲時開始周遊列國。這趟求官之旅並不順遂，有好幾次遭到生命的威脅、他人或弟子的侮辱，也曾斷糧過。將近 70 歲回到魯國，他並沒去過閒散的日子，轉而專注於教育及古籍整理。

　　在孔子當官、周遊列國及後來回到魯國的日子裡，有幾段記載值得關注。一是孔子被圍在陳蔡之間時，孔子與子路、子貢及顏淵之間有針對同一問題而發的三段對話。根據《史記‧孔子世家》的文字，孔子被圍時，「不得行，絕糧，從者病，莫能興。孔子講誦弦歌不衰。」此時孔子弟子中最直白坦率、有話就說的子路首先發難，他生氣的問孔子：「君子亦有

---

5 仁是諸德的總稱，仁者能勇、能智、是三達德之首。參見但昭偉〈智仁勇與道德行為產生的關係：從勇德概念的分析再出發〉，《市北教育學刊》，第36期，2010.08，頁75-95。

窮乎？」孔子回答：「君子固窮，小人窮斯濫矣。」孔子知道隨行的弟子心有忿悶之情（有慍心），於是分別召子路、子貢、顏淵前來，要他們回答同一個問題。孔子的問題是：「詩云：『匪兕匪虎，率彼曠野。』吾道非邪？吾何謂於此？」面對這個問題，子路的回答是「意者吾未仁邪？人之不我信也。意者吾未知邪？人之不我行也。」孔子在面對子路的回答時，並不同意他的見解，於是辯駁道：「有是乎？由，譬使仁者而必信，安有伯夷、叔齊？使知者而必行，安有王子比干？」[6]

在面對孔子同樣問題時，子貢的回答是：「夫子之道至大也，故天下莫能容夫子，夫子蓋少貶焉？」孔子聽到子貢的想法及建議，委實有些生氣地回應道：「賜，良農能稼而不能爲穡，良工能巧而不能爲順。君子能修其道，綱而紀之，統而理之，而不能爲容。今爾不脩爾道而求爲容。賜，而志不遠矣！」

在子貢挨罵之後，顏淵對孔子的回答是如此的：「夫子之道至大，故天下莫能容。雖然，夫子推而行之，不容何病，不容然後見君子！夫道之不脩也，是吾醜也。夫道既已大脩而不用，是有國者之醜也。不容何病？不容然後見君子！」顏淵的回答讓老夫子窩心極了，於是開了顏淵一個玩笑，「有是哉？顏氏之子！使爾多財，吾爲爾宰。」

《史記‧孔子世家》的這段話大致與《孔子家語‧在厄》的文字相符。有人認爲這三段對話並沒有眞正的發生過，是後人編造出來的結果，[7]但即使如此，如此的對話大致反映了孔子一生的作爲。他辛辛苦苦的修養自己，然後想經世致用與造福天下，雖然屢遭橫逆，但仍不改初衷，不變其道地屢敗屢試，直至窮盡一切方法而不行之後，才告老還鄉。他在外十多年，大概沒有幾天的好日子。即使回到家鄉後，根據孟子和司馬遷的記載，仍然孜孜矻矻的修《春秋》，要讓「亂臣賊子懼」。他少年貧賤，一生忙碌，即使老年，在自覺衰老、很久沒有夢到周公之時，仍然自

---

6 伯夷與叔齊是大家共認的「仁者」，但卻自願地餓死於首陽山；比干是大家共認的「智者」，卻死於紂王之手。

7 參見陳少明〈什麼是思想史事件〉，臺灣大學2005年11月「傳統與現代對話講座」。網路資料，2016年12月30日擷取。

憐地發出「甚矣！吾衰也，久矣吾不復夢見周公。」的感嘆。[8]總結而言，這位中國儒者的代表人物，一輩子鞠躬盡瘁，死而後已。

　　自孔子之後，凡是大家公認是儒者的人，大致也都過著勞苦的生活。雖然他們勞苦的程度在表面看來不如墨者的「摩頂放踵」，但他們身心受煎熬的程度和公私之間的衝突次數，應該會比墨者還要來得大才對（這是因為墨者大致已放棄了家庭角色）。在此，我還可以隨手舉幾個例子，曾子（505-435 B.C.）的一生也可算是典型儒者的寫照。根據《論語‧泰伯第三》，他在重病時，召他的門人弟子來到病榻，同他們說：「啟予足！啟予手！《詩》云『戰戰兢兢，如臨深淵，如履薄冰。』而今而後，吾知免夫，小子！」另一則更讓人嘆為觀止。有關曾子死前的故事是《禮記‧檀弓》中的「曾子易簀」。曾子明明要死了，躺在一張魯大夫送的蓆子上（這蓆子製得頗為華麗，但與曾子的身分不稱），在僕人不經意地讓曾子知道他躺的是與他身分不合的蓆子後，他堅持要換張蓆子，換完蓆子後，還沒躺好，就去世了。有關曾子的這兩段故事，反映了曾子一生過得拘謹小心、緊張分分的不痛快。

　　另外可以提的是寫〈岳陽樓記〉的范仲淹（989-1052）。范仲淹一生出將入相，為北宋用心甚力，〈岳陽樓記〉一文的最後，他描寫「古仁人」的居心，那就是：「……不以物喜，不以己悲，居廟堂之高，則憂其民；處江湖之遠，則憂其君；是進亦憂，退亦憂；然則何時而樂耶？其必曰：『先天下之憂而憂，後天下之樂而樂歟！』微斯人，吾誰與歸。」范仲淹的文字雖然勾勒的是「古仁人」的心情，但這大概也是范夫子的自況之辭。讓我們仔細想想，假如一個人一心放在民生疾苦、天下興亡之上，究竟哪一天他才能樂呢？如此的人難道不是終身處在憂心的狀態嗎？他可能有好日子過嗎？我在這裡強調的重點仍然是：假如我們信守儒家的道德要求，那麼終身都會辛勞，幾乎沒有哪一天能夠鬆口氣，因為格物、致

8　《論語‧述而第七》。

知、誠意、正心、修身、齊家的工作是時時刻刻的工作，即使沒有出仕，也仍然要以天下興亡爲己任的用心用力。證諸中國歷史上的典範人物，大多都是如此。民國史上的梁漱溟被稱爲中國歷史上的最後一位儒者，[9]綜觀他的一生，也是爲國爲民的忙成一團。

　　我在之前舉了一些歷史人物來說明：假如我們採取了一套既高又遠、既求內又求外的綿密道德要求，就像是儒家道德那樣的系統，我們的日子必然會陷於終身勞苦的境況。爲了支持我的這個說法，我在以下要交代從明末以來在民間流行的「功過格」。功過格（有時又稱「百過格」或「善過格」）是一種檢討自己善惡的修身方法。大略的講，「功過格」是由一組數目不等的道德規訓所組成，製作「功過格」者可依據不同的原理原則（如不同的信仰、不同的時代、不同的社會、不同的強調重點）而有不同的內容。但不管其內容的或繁或簡、或深或淺，「功過格」所要求我們遵循的不僅是外表行爲的合乎規範，更是內在心理狀態的中正端莊。

　　我以手頭上有的幾套「功過格」來做進一步的說明。這些「功過格」是我隨手而得的東西，有些是朋友所贈，有些是公共電話旁的善書，有些是網路上蒐得。

　　《弟子規・功過格》是淨宗的淨空法師依據《弟子規》製作而成，[10]依《論語・學而第五》的「弟子入則孝，出則弟，謹而信，汎愛眾，而親仁，行有餘力，則以學文。」而分爲「入則孝、出則弟、謹、信，汎愛眾、親仁、餘力學文」七事，一共有 113 則。比如說，在「入則孝」一事上，依《弟子規》原文，就要求我們在與父母相處時，乃至過世後，要做到「父母呼，應勿緩；父母命，行勿懶；……冬則溫，夏則清；晨則省，昏則定；……親有過，諫使更，怡吾色，柔吾聲；諫不入，悅復諫，號泣

9　這是美國學者艾愷（Guy S. Alitto）的認定。參見他的 *The Last Confucian: Liang Shuming and the Chinese Dilemma of Modernity*, UC: UC Berkeley, 1986。

10　華藏淨宗學會（編），《弟子規・功過格》，臺北：世樺，2006，網路可取得此筆文獻。

隨，撻無怨；親有疾，藥先嘗；晝夜侍，不離床，喪三年；常悲咽；……喪盡禮，祭盡誠，事死者，如事生。」綜觀全部條文，大致可記的有幾點。一、這份「功過格」，因為依循《弟子規》，沒有要求使用的人去檢討作為國家公民應盡的責任，它也沒有明列夫妻或男女的相處之道；換言之，它著重的只有父子、兄弟、朋友的三倫，而沒有關照君臣及夫婦二倫。二、在父子及兄弟兩倫的關係上，很顯然的偏向於子對父及幼弟對兄長的義務，而忽略了父對子及兄長對幼弟的義務。三、這「功過格」也沒有在個人作為地球生態系統一分子或國際社會一分子上有任何的著墨。四、即使這份功過格的內容顯得有些狹隘，它仍然在個人的內心狀態及外在行為上都有相當繁複及嚴格的要求。[11]

讓我們再看看另一份「功過格」。這份功過格是由廖榮尉先生所作，有兩個版本。第一個版本由「妙音淨宗學苑」所印行（2000年），累計印行號稱110萬冊，發行量之大可見一斑。[12]另一版本《百過格創命之學》可在網路取得。兩個版本的內容有重疊之處，但也有相異處，在此以網路版為主來做說明。廖先生的「百過格」取法袁了凡《了凡四訓》的精神，但內容與時俱進的做了大幅度調整。這個「功過格」有十個主軸，分別是：

甲、生活起居與禮儀（共7則，如「日常作息、生活起居異常；於飲食運動等，未養成良好習慣。」）

乙、環保與守法（共6則，如「製造汙染、汙染環境或濫墾濫伐、破壞生態、危害人類之生存。」）

丙、勤勞與節儉（共7則，如「通電話未能長話短說，水、電、瓦斯未能節約使用。」）

丁、家庭與學校倫理（共12則，此軸主要是與親子、夫婦、手足、師生、及其他家庭親屬間有關的相處之道，如「對父母、師長、上司或家人不坦誠，常有明欺暗騙之行為。」）

戊、待人處事（共14則，規範的範圍甚廣，如「講話速度音量不恰

---

11 我手頭上另有一份「淨宗」的《百過格》，內有100條道德上不允許的事，系統性不如《弟子規‧功過格》，內容兼重佛教信仰及一般人的行為及內心準則，條文的規範較廣泛。參見網路資料：www.amfteb.org/introduce/handbook-loofaulth.htm。
12 《百過格》（人文教育版）

當或拐彎抹角；輕言不實，話多且無好話。」）

己、惡習與惡行（共 11 則，如「不讀書，不習藝，畏苦怕難，貪圖享樂，虛度光陰，自毀前程。」）

庚、淫色之惡（共 7 則，均有關性道德）

辛、取財之道（共 14 則，與追求財貨有關，如「投資理財，心存投機僥倖，急功近利，好高騖遠，不務實際。」）

壬、品德涵養（共 16 則，多強調內心的修養，其中一條與當今時事頗切合，「學識博地位高，未守倫常道德，涵養品德，未能肩負『學為人師，行為世範』之中流砥柱，反隨世間塵緣而隨波逐流。」）

癸、誠心改過（共 3 則，強調須思己過，能痛改前非。）

綜觀廖先生製作的《百過格》，可說者有下列：一、雖然只有百條的戒律，但可說包山包海，舉凡我們的行為及內心狀態、待人接物、乃至各種人倫角色及社會角色的規範均在其中，只是細膩程度不如依《弟子規》所製之「功過格」。二、與時俱進的與今天社會問題緊緊扣牢，還包括我們對環境生態所負的責任。三、其中條文均為負面表列，也就是陳述我們不應為者。

另一份我蒐集到的「功過格」則是綜合三份功過格而成，分別是蓮池大師《自知錄》、太微仙君《功過格》及雲谷禪師授袁了凡《功過格》而成。[13] 由於有集大成的意味，這份功過格的體例頗大，所規範之項目可說是鉅細靡遺。特色之一是何者為善及何者為惡的陳述並列。用很簡單的方式來交代，此功過格一共分五類，每大類又分有數項，每項之下再分善惡之細則。第一類為「倫常」。「倫常」之下分為八項：（一）國家和單位（3善，4過）；（二）父母（8善，9過）；（三）兄弟（4善，8過）；（四）夫妻（4善，6過）；（五）子、侄、徒（6善，8過）；（六）宗族親戚（6善，6過）；（七）師友（9善，8過）；（八）雇員、下屬、家庭服務人員（6善，6過）。第二類為「三寶」，也就是與佛教有關的態度及作為，

---

13 佛陀教育基金會（印贈），《功過格，了凡四訓功過格精編》，網路資料，2016年12月15日取得。

一共有 17 則善事，21 則惡事。第三類爲「仁愛」，下又分爲有兩項：（一）人類（11 善，17 惡）；（二）〔動〕物類（11 善，13 惡）。第四類爲「勸化」，下又分爲兩項：（一）助善（7 善，5 惡）；（二）阻惡（8 善，11 過）。第五類爲「敬愼」，下又分爲數項：（一）存心（4 善，6 惡）；（二）應事（8 善，9 惡）；（三）出言（6 善，11 惡）；（四）敬天事神（4 善，7惡）；（五）氣性（也就是人際之間相處時是否和善厚道，6 善，6 惡）；（六）衣食（5 善，10 惡）；（七）財貨（8 善，14 惡）；（八）女色（9 善，10 惡）。

這林林總總的功過，眞的會給人「漪歟盛哉」之感。但印贈這功過格的基金會告訴我們，大善大惡並不在此功過格之中。此外，這善惡的輕重有別，有些善的「功」比其他「善」來得大，有些惡的「過」也比其他的「惡」來得嚴重。**14**

我花了一些篇幅來介紹「功過格」（百過格，善過格），主要是想指出：不管是什麼樣的功過格，它對個人的內心狀態或外在行爲都有要求；而且這些要求的標準都很高。除了這個特點外，一般推動以功過格來修養自己的人，也通常會強調兩點。

第一，以功過格來檢視品德修爲是每天要做的事，功過格的製作者會作一些表格，要求修爲者每晚依表格上的細目來檢視自己，有些功過格還會提醒使用者所做善事或惡事的輕重程度，依輕重程度而有不同權衡的加減分，由此我們可知每日、每月乃至每年的道德積分。這種做法有量化的概念，專爲日常生活而設計。

第二，自明末以來的功過格推動者（如袁了凡）都會強調，透過功過格的實踐乃至遷善改過的結果，修行者可達成「聖賢可成，神明欽敬，有

---

14 我手頭上另有一「功過格」，其製作原理乃依清朝史潔珵（史玉涵）所輯之《德育古鑑》（又稱《感應内鈔》）而成，内有孝順格、和睦格、慈敎格、寬下格、勸化格、救濟格、交財格、奢儉格、性行格、敬聖格、存心格。同前一「善過格」一樣，其格律兼具善惡，且内容頗豐富，惟其較缺時代意義，在此不詳細說明。有興趣者可參考佛陀教育基金會（印贈），《德育古鑑》，臺北：財團法人佛陀教育基金會，2002年。

願必得，無福不臻」的地步。[15] 稍微仔細的說，先秦在福德是否合一的問題上採福德分離的立場，也就是有德者不見得有福，有福者不見得有德，這可見諸「為富不仁，為仁不富」的說法，[16] 前述《史記‧孔子世家》中，孔子與子路的對話也有此意。但明末以來的「功過格」推動者在這問題上採取了不同的見解，有可能是他們受了佛家因果報應的影響，所以他們多持「德福一致」的觀念。從另一個角度言，我們也可以說，與先秦儒家相較之下，近代「功過格」的倡導者比較能以「因勢利導」、「平易近人」的行銷手法，來誘使一般人履行各式各樣（既高遠又廣泛）的道德要求。所以我們也可以說，近代功過格的提倡者是以普及化或平民化的方式推動了儒家道德，可說是推動儒家道德的助手。[17] 功過格的推動當然沒有普及到今天，我們從臺灣社會中的大部分人對「功過格」都一無所知可以來證明這一點，但提倡的人還是有。整個社會對個人高標準的道德要求大致也沒有改變。

我以上對「儒家道德」及「功過格」的介紹，主要是想指出，我對儒家道德不以為然的主要因素，是因為這套道德的要求既高遠又廣泛，使得奉行這套道德的人活得備感艱辛，有時甚至到達「殺身成仁，捨身取義」的地步。[18] 除此之外，我對一套嚴密要求的道德體系還有其他的不安。這不安是：假如這套道德要求不只是個人做自我要求的規範，更是社會中用來要求個人的規範，那麼這個社會中的每一個人就會活在「十目所視，十手所指」的高壓氛圍之下，也就是活在「道德的暴虐」（the tyranny of morality）之下。我舉幾個例子來說明這一點。

---

15 此處可參考《了凡四訓》之〈立命之學〉。這段引文則來自前提之《德育古鑑》，頁208。
16 這是《孟子‧滕文公上》的話。
17 當然，功過格的內容大多摻了佛教的元素。
18 這當然是我的評價，但自願接受這套道德體系的人，或已將這套道德體系內化的人，覺得他們的人性有所提升，依此觀點，這套道德有解放的功能，它能讓奉行者脫離獸性。賈馥茗師即有道德不是整人，而是解放人的看法。

東漢末年的陳蕃是個胸懷大志的人，《世說新語・德行》一開始就是有關他的故事，說他「言行士則，行爲世範，登車攬轡，有澄清天下之志。」他可說是儒家代表之一。在《後漢書》的第六十六卷中有他的生平傳記。其中一則是他任官時，轄下有一百姓趙宣，葬親不閉墓道，住在墓道中服喪，長達二十多年。由於鄉中的人敬佩他的孝行，把他推薦給陳蕃。陳蕃試著了解趙宣的家庭狀況，發現他有五個兒女均是在服喪期間所生，於是大怒，指控趙宣欺世盜名，迷惑群眾並汙辱鬼神，最後還法辦了他。

另外一個故事也與古人的孝順有關。魏晉時代有所謂「鄉邑清議」的辦法，也就是要當官之前一定要經過相關的人評品，如果有不孝的汙點，這一關就通不過。《世說新語・任誕》就寫道，阮簡在守父喪期間，行遇大雪，到旁人家中避寒，主人爲其他賓客準備了一些肉食菜餚，阮簡爲了驅寒，吃了一些肉羹，被人知道了，使得他就通不過考核，近三十年不得敘用。

我在以上舉了兩個例子來說明，用一套高遠且廣博的道德要求作爲標準來要求社會當中的個人會產生的惡果。我用了中國古代的兩個例子，證據很明顯的單薄，似乎無法用來支撐我的論點。但假如我們願意多花一點時間找歷史證據，一定比比皆是，不可勝數。[19]

其實也不需在浩瀚的歷史典籍中找證據了。在我們的日常生活中，當我們和別人能和睦相處時，我們似乎也感受不出有太多的道德壓力，一旦我們與原來和好的人爲了各種不幸的理由交惡，我們很快地就會發現，我們原來的朋友就會利用我們所承載道德體系中的各種規範來攻擊我們、評價我們。[20] 而在這一套道德體系的評價之下，沒有哪一個人不是道德上的侏儒；在高標準的道德要求下，沒有哪一個人經得起檢驗。換個說法，在華人的世界中，當人際之間無紛擾時（或沒有利益衝突時），儒家這套細密高遠的道德要求就像一套隱形的羅網；但當人際有紛擾時，這套道德要

---

[19] 這一點可參考林麗真〈魏晉人對傳統禮制與道德之反省〉，《臺大中文學報》，4期，1991，頁121-144。

[20] 有句諺語大致如此：當朋友變成敵人時，會比敵人更可怕。就正突顯了「了解我們的人，一旦與我們交惡，他們就有更多的武器來對付我們。」

求就化身爲一組兇猛無比的攻擊性武器（道德武器）。別人以此攻我，我也以此攻人，天際形成一片道德火網，人際之間於是成爲道德上的殺戮戰場，沒有哪一個可以毫髮無傷地撤出。

我們如上述般的日常生活經驗也是許多公衆人物的經驗。當公衆人物備受愛戴時，我們一般人就不會在他們身上做道德文章。但當他們失寵，或他們有爭議性的言行時（如失言或行爲失當），我們就會傾向於用道德的羅網來鋪蓋他們，讓他們成爲道德的獵物。此外，即使公衆人物沒有表現出什麼爭議性的言行，一旦他們成爲道德鎂光燈下的焦點（也就是成爲狗仔隊注意的對象），同樣也逃不掉嚴格檢驗，而呈現出道德上的破綻。在另一種情況下，同屬公衆人物中的政治人物在彼此鬥爭競逐時，他們使用的往往也是道德的武器。在雙方（或多方）各擁一套道德武器的情況下，任何一方都會被攻擊的體無完膚，諸多例證可參考坊間流行之週刊或日報。

一套包山包海、管內管外、標準甚高的道德要求可以是，也經常是，一套讓人喘不過氣來的統治工具。傳統中國社會有這種情形，基督宗教的國度裡（如十九世紀的英格蘭，或十八、十九世紀的蘇格蘭）也曾發生有類似的情況。活在有如此道德要求的社會的人，往往會養成一套陽奉陰違的虛僞本事：大家表面上會用這一套道德武器或道德規矩來彼此要求，但在暗地裡，卻清楚地知道自己不願意也不喜歡這套道德要求。[21]

陳之藩《旅美小簡》中的一篇散文〈悠揚的山歌〉，就正好反映了我上述的觀察。這篇短文一開始介紹明末清初文壇上的馮夢龍。陳之藩告訴讀者，馮夢龍的成就在整理村婦村夫隨口而發的俗文俗歌。陳之藩說，讀了馮夢龍所輯（或所作）的山歌，整整一年心情都不平靜，其中陳之藩記得最清楚的是這一首：「結識私情不要慌，捉著了姦情奴自去當。拼得到官雙膝饅頭跪下從實說，咬釘嚼鐵我偷郎。」陳之藩在文中說：「記得我

---

21 這一點可參考王岫林，《魏晉風俗十一講》，臺南：成大出版社，2015，第二講。

當時讀到這首山歌時，爲之目瞪口呆良久，在書頂上寫上一段小註。」這段小註是：「二千年的名教所施出的萬鈞壓力，竟產生這樣一個冷酷的回答。我如生在明朝，身爲衛道的儒者，當我聽到這首山歌以後，我一定改一行職業，因爲二千年努力建造的行業成績不過如此，這個行業不會有前途的。」呼應這個當時的小註，陳之藩在文章中寫道：「雖然這個名教的大防，殘喘了三百年才開始崩潰，但是由那首山歌的宣告，可以說大局已定了。」

陳之藩的反省帶出來的問題是：雖然儒家道德的要求高遠深刻，鉅細靡遺，但其功效又如何？我之前論述了三點：第一、對自願遵守這套道德要求的人而言，這套道德要求的遵守會讓他勞苦不堪，終身有憂，甚至以死殉道；第二、對有權力的人、處於鬥爭中的人、想對付他人的人而言，嚴密詳盡的道德要求是種鬥爭的工具；第三、對被迫遵守這套要求的人，他們則往往只能虛僞敷衍一番，這套東西並不會讓社會變得如它所設定般的那麼理想。

這個觀察也可讓我在這裡與魯迅唱個反調。魯迅在他的名著小說《狂人日記》中，描述一個患有被害妄想症的人，時時擔心別人吃他。小說裡寫著這狂人的自言自語，「古來時常吃人，我也還記得，可是不甚清楚。我翻開歷史一查，這歷史沒有年代，歪歪斜斜的每頁上都寫著『仁義道德』幾個字，我橫豎睡不著，仔細看了半夜，才從字縫裡看出字來，滿本都寫著兩個字是『吃人』！」這段話就是「禮教吃人」的源頭。

「禮教」或「道德仁義」（尤其是一套高深細密的道德要求）的確可以吃人，尤其是對那心甘情願接受的人或被鬥爭、被對付的人而言。但若陳之藩和我的觀察是對的話，那麼一套會吃人的禮教也可能是隻紙老虎。它的普遍而長久的實施，只是一種虛張聲勢，實際上並不起太大的全面積極作用。更糟糕的是，這套虛有其表的東西讓許多信以爲眞的人，把他們的精力消耗在那很難達成的事業之上，以致他們沒有多餘的時間來從事求眞、求美和追求一己興趣的活動上。在求眞、求美和追求一己興趣滿足的活動上，由求眞活動而發展成的科學及科技影響到了一個國家或社會的興衰；求美和求一己興趣滿足的活動讓社會多采多姿，也讓人一生過得有趣。很不幸的，儒家文明導引了處於其中的人民把精神耗費在那不容易求

5 道德是吃人的還是助人的？

到的「善」之上，徒然造成近代中國或華人社會在國際競爭上的劣勢及個人生活的枯槁。

在另一方面，當儒家這套嚴密且高標準的要求成為社會的主流價值標準之後，強制性地要求每一個在其社會中的人都要遵循這套要求，在無力遵循之下，大家卻都要裝成一付戮力以赴、但實際上只是敷衍應付的虛矯外貌（不如此會遭到道德壓迫），而更糟糕的也是消減了一般人的求真、求美、乃至求一己興趣滿足的力道，使得社會容易陷於呆滯與動能不足的窘境。

當我們問：道德究竟是「吃人的」或「助人的」？在前述的討論架構下，我的回答是：假如我們社會的主流道德要求是我所說的那一套高標準道德，那麼對「信奉這套道德的人」和「被當作鬥爭對象的人」而言，這套道德的確會吃人，但對一般人而言，如此道德要求尚不至於到吃人的地步！頂多只是妨礙著他們欲望的滿足及逼著他們虛偽而已！這套道德要求會是助人的嗎？從它會促發一些人「努力的修養自己並貢獻自己」而言，它的確是有助於社會的，也因此會是助人的（如曾國藩平定太平之亂、孫中山先生致力於民主共和國的建立就是例子，許多知識分子終身勤懇的貢獻也是實例），但從上述我的評估來看，這種助人的功效在算個總帳之後，其實並不大。

但我的上述回答不應讓我們忽略一個事實，那就是：一套高深細密的道德要求系統在我們日常生活中固然會讓我們感到一些困窘，但這套系統卻也是我們日常生活中樂趣的主要來源。我們不妨稱這種樂趣為「道德的樂趣」。這道德的樂趣主要分為兩類。

第一是符應道德要求之後所得到的樂趣，也就是一種行善的樂趣。在日常生活中，假如我們幫助了別人，不管別人知不知道或有沒有表達對我們的謝意，我們通常都會產生一種喜滋滋的感覺。這是因為我們知道我們做的好事會讓他人獲益，而我們可以透過同理心來分享他人的獲益，這種同理也連帶地會使自己處於替他人高興的愉悅狀態。除了因為同理而產生

的助人樂趣之外，我們還可以由我們的作爲或內心狀態符合道德要求而對自己產生滿意的感覺，這種滿意的感覺是一種對自我的良好感覺。試想，在一套頗爲嚴密繁複的道德系統之下，我們固然在許多方面不會符合這套系統的要求，但我們究竟也會在某些方面符合道德的要求。我們終究是社會的動物，爲了我們的生存及生存的舒適，我們在社會生活中終究會表現出一些得當的行爲（即使不是好兒子，也可能是別人的好朋友），即使不是太多，但終究也會有。也就是這種情形之下，假如我們每天替自己算一算道德的總帳，也總會從道德系統的評價中，得到一些道德上的肯定，這種肯定被我們不自覺地放大之後（也就是之後會提到的「待己從寬」的心理傾向），會讓我們覺得自己很不錯，於是會產生類似於志得意滿的快感。也就是說，當我們以這套道德系統來寬鬆的檢驗自己時，就會發現自己其實很不錯，於是也會產生許多自我感覺良好的樂趣。

另一類的道德樂趣則是以一套綿密高遠的道德系統來衡量或要求他人而產生。讓我們不要忘記，儒家道德通常會要求我們「嚴以律己，寬以待人」。也就是說：當我們用道德來評量或要求別人時，我們最好用寬鬆的標準；但當我們用道德來評量或要求自己時，我們最好用嚴格的標準。儒家如此的要求可以說是相當高貴，但不幸的，「道德要求」反映的往往是現實生活的對立面。也就是說，我們實際生活不易做到「弟子入則孝，出則弟……」，所以儒家道德才會聲嘶力竭地要求我們「入則孝，出則弟……」。我們由此可以推知，在現實生活中，我們在運用道德時，實際的狀況是「寬以待己，嚴以律人」，而不是眞正的「嚴以律己，寬以待人」。當我們運用一套包山包海、高遠深刻的道德規範來觀察和評量別人時，我們會看到什麼？難道不是看到別人無法達標的窘狀嗎？難道不是發現滿街沒有一個聖人嗎？當我們用一套包山包海又嚴格深刻的道德規範來衡量他人時，我們會覺得別人很不行，相對的我們就很行（因爲我們會寬以待己）。如此地發現難道不會帶給我們相當的愉悅嗎？尤其是在閒暇之餘，一套嚴密高遠的道德系統提供了我們一籮筐的道德武器和軍火，使得我們可以盡情的品評別人，而由於道德武器的精良和軍火的豐沛，我們可以盡情地徜徉在對他人的道德評價上，而不怕找不到事做。我們日常生活中的「八卦」和「在背後說人壞話」（也就是用道德來品評他人的一種表

現）難道不是我們生活中樂趣的主要來源嗎？

由此可知，一套如儒家嚴密高遠的道德系統的確可以助人，它可以讓我們一般人在日常生活中找到許多樂子，也使我們不用擔心找不到娛樂活動。就這一點來說，道德可以助人，雖然如此方式的助人，會讓人覺得有些啼笑皆非。為什麼如此？當我們發現高遠深刻的道德要求竟是我們日常生活中的樂趣主要來源之一，難道我們不會因為如此的吊詭而莞爾一笑嗎？或當我們發現我們的樂趣主要來源之一竟是道德扭曲使用的結果，難道我們不會因此覺得有些變態嗎？畢竟，我們可以從求真、求美、求一己興趣的滿足，乃至求一己的成德達材（或擺脫獸性），得到較高貴的樂趣！而這種較高的樂趣追求，對整個國家、民族、社會也會有更好的結果。相較之下，個人主義式的道德系統，類似彌爾在《自由論》一書中所提倡的低限度道德，就可愛多了。

學校教育害我一生？

6

鄭英傑　國立體育大學師資培育中心助理教授

壹 前言

　　2010 年 5 月 28 日下午，國中畢業但未繼續升學、才剛要滿 18 歲的少年廖國豪，在臺中槍殺了角頭翁奇楠，當廖國豪遭到警方逮捕時，他說：「臺灣的教育害了我，老師不喜歡我的答案！」（沈珮君，2010 年 8 月 29 日）當時這番言論，引發社會眾多討論。廖國豪的國中老師們，紛紛跳出來宣稱，廖國豪因為家庭不健全（父親吸毒坐牢、父母離異、隔代教養），學校對他已經做了很多輔導。不管怎樣，凶殺案是事實，廖國豪覺得學校教育害了他，也是事實。所以，不免令人深思，何以原本該幫助學生的學校，在某些學生心中，反而是害人的？尤其，當學生的家庭失能時，為何學校無法適時發揮功能？或者，當廖國豪覺得老師不喜歡他的答案的時候，什麼答案才是老師喜歡的？又或者，臺灣這個社會，期待學生要怎麼回答？其實，種種問題，都應與臺灣一個很重要的現象有關──「升學主義」。

　　臺灣應仍是一個瀰漫升學主義氛圍的社會，此或可從臺灣政府所頒布的教育政策看出端倪。例如，早在 1996 年的時候，行政院教育改革審議委員會（1996）就發表過《教育改革總諮議報告書》，其中「暢通升學管道」，就被視為是舒緩學生升學競爭壓力、落實社會正義的基礎。因此，緊接而來者，即為一連串的升學制度改革行動，如於 2001 年廢除高中聯招、實施「多元入學方案」等等。目前，教育部推動十二年國民基本教育，目標之一也在於降低升學壓力（教育部，2016）。

　　只是，從過去聯招到多元入學方案的實施，乃至於現今的十二年國教，是否真的降低了學生的升學壓力？是否真的幫助了弱勢學生，促進教育公平？更具體一點來說，當廖國豪犯案時，時值 2010 年，約莫是教育部推動多元入學方案的第 9 個年頭，何以學校老師仍不喜歡某些學生的答案？當然，廖國豪事件或許是個特例，但對於教育工作者，應該也是一個很重要的警訊。因此，本研究的主要目的，即以廖國豪所處的時空背景為架構，整理以「聯招」與「多元入學方案」為題之相關研究成果，分析臺灣考試制度的變革及其成效。全文包括四個部分，第一，從鉅觀角度分析臺灣考試制度之轉變及其衍生問題；第二，從微觀角度說明教育場域內的

行動主體（如教師、家長、學生）對此考試制度的回應方式；第三，從中探討有形制度（鉅觀）與無形制度（微觀）之間的串結，檢視學校考試制度的影響；最後，則輔以結論。

臺灣考試制度之轉變及其衍生問題

「升學主義」是臺灣很常見的教育現象，如何建構一個合理且公平的入學制度，始終成為討論的焦點（簡成熙，1999）。例如，以高中聯招為例，其雖然扮演了四十餘年篩選學生的角色，且不少學者也認為聯招有公平性與客觀性（李奉儒、詹家惠，2002；林生傳，1999），但是，背後所衍生的問題，包括升學競爭激烈、一試定終生等等為人詬病的負面效果，也常常是學者與社會大眾撻伐之處，因此，無不希望廢除聯招，建立一個讓學生發展多元性向與能力、降低學生升學壓力的入學制度，俾以端正學校教學生態。

為此，教育部於 1995 年提出《中華民國教育報告書》，揭示「改進高中入學制度，建立多元入學管道，導引國中教學正常發展」之教育願景（教育部，1995）。在 1996 年時，行政院教育改革審議委員會也在《教育改革總諮議報告書》中，闡述「推動高級中等學校多元入學方案」。爾後，教育部於 1998 年 7 月與 9 月相繼公布「高級中學多元入學方案」與「高級職業學校多元入學方案」，並於 90 學年度正式實施，再於 2001 年，將二者統整為「高中及高職多元入學方案」。至此，高中聯招時代正式畫上句點，取而代之者，則是眾人矚目的「多元入學」時代。

只不過，多元入學實施之後，聯招時代既存之沉痾，是否獲得紓解？更甚者，是否反而引發其他問題？為求更進一步了解，以下以「高中及高職多元入學方案」（以下簡稱「多元入學」）的實施為分界點，回顧過去以臺灣考試制度為題之相關討論與實徵研究。首先，針對實施「高中職聯招」（以下簡稱「聯招」）的時代，說明其立意與相關問題；次再說明廢除聯招後，實施「多元入學」的立意及其相關問題；最後，再試圖從中檢視此結構性轉變，是否解決了舊問題，或者，造就其他新問題，茲分述如後。

一、「聯招」實施之立意、問題與評析

過去聯招採「學區報考」制，秉持的原則爲「統一考試、統一分發」，透過統一辦理，一方面，簡化技術層面，追求效率；另方面，則達到客觀與公平，如避免人情關說等等人爲問題。大抵而言，聯招時代的公平性與客觀性具有說服力，因此，低社經地位的子弟，透過此考試機制，有往社會上層流動之可能性。只不過，此種看似公平的考試制度，卻也讓學校教育付出極大代價（蔡文山，2005）。以下，即分從「學校教育生態面」、「社會運作邏輯面」與「社會正義面」三個面向，說明高中聯考制度對學校教育所造成的負面影響。

(一) 學校教育生態面

聯招對學校所帶來的影響甚廣，其中，最爲人所詬病者，在於將教育目的窄化爲獨尊「智育」之現象（簡成熙，1999）。因此，學生終日奔波於學校與補習班之間，變成「解題的技術工」，斤斤計較於分數（楊朝祥，2001）；教師則成爲教書匠，教學專業受到剝奪，因爲，教學最重要的任務，在於幫助學生應付各種考試、考高分，「考試領導教學」之情形，屢見不鮮（吳俊憲，2001）。種種現象，都使得學校教育生態「荒腔走板」，違逆教育本意。

(二) 社會運作邏輯面

再者，聯招制度立基於「功績體制」，透露著一種「不問出生背景，只要肯努力用功讀書，即能有所成就」的社會價值觀，每個人皆能透過自身的努力，獲致相對應的教育成就與社會地位和報酬。若社會大眾不假思索地接受此法則，內化爲價值觀，具體實踐於日常生活中，此種「優勝劣敗」的生存法則，就會被哄抬成整個社會運作的最主要邏輯。只是，就怕資源上的不對等，會使得競爭一面倒，如過去研究指出，因爲家庭社經地位不同，導致各種機會有差異（諸如入學機會差異、教育年數不同、入公／私立、高中／高職的機會不均等），其中，低家庭社經背景者，始終是處於不利的位置（林大森，1999；孫清山、黃毅志，1996；陳怡靖，2001；鄭燿男、

陳怡靖，2000）。若推敲背後更細緻的影響因素，過去研究顯示，因為高社經地位的家庭擁有較多的經濟資本（張善楠、黃毅志，1997；孫清山、黃毅志，1996）、文化資本（孫清山、黃毅志，1996；鄭燿男、陳怡靖，2000）與社會資本（巫有鎰，1999），因而提高子女的學業成就。

(三) 社會正義面

當學校與社會瀰漫著「功績體制」邏輯思維，標榜著靠個人努力就能成功，但往往事與願違，原因之一，在於立足點不同，使得競爭的資本有差距，因而連帶影響了教育機會與資源的分配。就臺灣而言，公立高中、高職在師資、設備、學校經費、補助款等各方面，均比私立學校有利，且學費亦較便宜，因此，「明星高中」多為學生的第一選擇，學校呈現出「階層化」（stratification）現象（朱敬一、戴華，1996；譚光鼎，1992）。若再加上就讀擁有較多教育資源的公立高中職之學生，又多來自於較高社經地位的家庭，很明顯地，實不符合「社會正義」的精神，而是一種不變的階級再製。

二、「多元入學方案」實施之立意、問題與評析

因為前述種種問題，為了解決聯考弊端，教育工作者紛紛集思廣益，希冀找出紓解國中生升學壓力、暢通升學管道與端正學校教育的策略。在眾聲呼喚下，教育部於 90 學年度全面實施多元入學方案，正式廢除聯招制度，主要目標有四項：(1) 多元評量學生學習成就，使學生適性發展，以培養五育並重之國民；(2) 重視學生之學習歷程，尊重學生之性向及興趣，以激勵學生之向學動機；(3) 輔導高中及高職辦理招生，提供學生多元入學途徑，以建立符合學校及學生需要之入學制度；(4) 結合社區資源發展學校特色，引導國中畢業生就近升學。而入學管道主要包括三大類：(1) 甄選入學；(2) 申請入學；(3) 登記分發入學（教育部，2006）。從這些論述，可發現重點擺在「多元」上（包括發展學生多元性向、學生與家長多元選擇學校、發展學校多元特色），希望落實「因材施教」、「適性揚才」等等符合教育機會均等與社會正義精神之原則（吳清山、高家斌，2006）。

只不過，多元入學方案的實施，還是讓人喜憂參半，引發的爭議與問題仍多。據此，以下同樣從「學校教育生態面」、「社會運作邏輯面」與「社會正義面」等三個面向，歸納過去相關研究成果，分述如後。

(一) 學校教育生態面

隨著多元入學方案的實施，入學管道由單一轉而多元，其中不僅僅以登記分發爲主，學生更可透過甄選入學以及申請入學晉升高中職，只不過後兩者需伴隨特殊才藝以及在學綜合表現。也因爲這樣，使得人爲因素極易涉入，舉例言之，學校爲了幫助學生在甄選與申請入學的「帳面成績」好看，會舉辦各種琳瑯滿目的活動或盡可能提供各式各樣幹部的機會 (吳俊憲，2001)。

(二) 社會運作邏輯面

聯招時期的社會運作邏輯，傾向於「功績體制」色彩，此種「優勝劣敗」的競爭法則，在實施多元入學方案之後，似仍未撼動，畢竟教育階層化的現象，還是難以扭轉 (黃新民，2004)，如何擠進「明星高中」，始終是學生與家長關心之處，因此，免不了年年上演「機會」與「資源」的競逐戲碼。除了「功績體制」外，多元入學方案更隱入「市場經濟」論述 (李奉儒，詹家惠，2002)，所謂「市場經濟」法則，係指講求「教育鬆綁」與「教育體制的多樣化、彈性化」，學校可依照顧客需求，發展自身特色，以招徠顧客；顧客（家長與學生）則依自己的需求，購買所喜歡的教育商品 (張建成，2004)。此種新右派（the New Rightist）的思維，在臺灣近年來的教育改革之中，都可見其蹤跡，「多元入學方案」即爲明顯例子。但是，此種在表面上宣稱重視學生與家長的選擇機會，衍生的老問題在於，若過度將教育視爲「私有財」，個人雖能憑自己的資本與消費能力，進入教育市場中「採買」，但實質上仍獨厚於資源豐厚的優勢階級，資本不足的弱勢階級，只能「乾瞪眼」或是「撿剩下的」。

(三) 社會正義面

從前述分析中，可看出多元入學方案實同時夾雜了「功績體制」與

「市場經濟」運作法則於內，在此種架構底下，所產生的社會價值觀，將為「個人的選擇，由個人自行負責」。換言之，各種機會皆攤在前，能否拿取，端賴個人本事，拿不到者，只能自怨技不如人。Turner（1960）就曾批評過此種邏輯，其指出在一個講求競爭性流動的社會中，背後的假設，在於每個人都有無窮希望與晉升菁英之可能性，也因為這種想法，使社會成員認同此套機制而不反動，遂達到「社會控制」的效果。Turner 的說法實發人深思，因所謂的競爭性流動，主要前提之一，是植基於「公平」上，而前提之二，則搭架於前提一上，係指將視野帶到虛幻的「未來性」上，如此一來，將可能模糊焦點，導致原本的「公平」似乎真的變成無庸置疑的前提，導致性別、階級、種族等等不平等因素被稀釋掉。此種透過煙幕彈所創造出來的中立迷思，不無疑義。

　　另一個可議之處，在於「弔詭的要求」。根據李奉儒與詹家惠（2002）的分析，多元入學方案雖然追求入學管道多元，但實質上仍有逐漸回歸一元的趨勢。例如，雖然宣稱學校要發展出特色招攬學生，但「明星學校」是否發展出特色仍未知，卻始終吸引眾多學子；且學校若真發展出自身特色辦學，最終測驗仍是全國齊一式的標準化測驗內容。因此，雖然重視學生的多元發展，但仍舊是以「智育」為重。是以，當教育改革理念碰到既有社會價值觀時，可能無法扭轉原有的社會價值觀，甚至，會被原有的社會價值觀所吞噬。因此，若光只是改變形式層面（或技術面），而不改變價值觀，終究徒勞無功，更造就一種「將各種不公現象，予以華麗包裝」的非預期結果。

　　多元入學方案另一個受人詬病之處，在於「為優勢階級另闢蹊徑」，提供其子女捷足先登、先行卡位的獨享管道——甄選入學與申請入學（李奉儒、詹家惠，2002；劉正、陳建州，2004；鄭勝耀，2002），主要原因在於甄選入學與申請入學重視特殊才藝的培養與相關競賽成績，而通常擁有較多資源的優勢階級，才有砸重資培養子女各項才藝之本錢，因此，多元入學亦被批為「多錢入學」（楊思偉，2001）。而且，涉及的不僅僅是經濟資本，更重要者，在於「文化資本」的問題。「文化資本」（cultural capital）概念是 Bourdieu（1986）思想的主要核心，其係指世代相傳的文化背景、知識、性情傾向、語言、行為習慣，或與文化品味相關者（書籍、音樂與美術作

品）皆屬之。Bourdieu 認爲文化資本具有以下幾種類型，包括：(1) 具體化形態（the embodied state）：例如人的人格類型、行爲習慣、言談與行事風格；(2) 客觀化形態（the objectified state）：主要以各種文化商品形式存在，如書籍、繪畫、音樂等等；(3) 制度化形態（the institutionalized state）：制度化形態的文化資本是透過教育的資歷而顯現出來，如各種文憑、證照。其中，中產階級家庭通常有較高的「文化資本」（陳順利，2001；陳珊華，2004）。因此，從小生長於具有豐厚文化資本的家庭之學生，在外顯的行爲言談以及內隱的文化品味上，皆與學校所奉行的主流文化價值有所連結。今在多元入學方案的推波助瀾之下，標榜要發展學生的多元才能，更以此當作篩選學生的依據，遂使得「文化資本」議題被突顯了出來，畢竟聯招時期，考試過程主要以筆試爲主，不包括才藝表現。是以，相較之下，優勢階級學生更能獲得拔擢的機會。

參　在「似變未變」的結構變遷底下：學校行動主體之回應方式

從「學校教育生態面」、「社會價值觀面」以及「社會正義面」三個層面檢視從聯招到多元入學方案的實施，所各自衍生的爭議與問題，不難發現二者無甚差異，仍有許多存在已久、難以拔除的沉痾。就三個層面來說，若加以歸納，包括學校教育內部仍疲於應付考試、社會仍舊充斥「優勝劣敗」競爭法則與教育階層化現象、社會正義的理念仍舊是空轉。而且，嚴格說來，多元入學方案造就了許多聯招時代未見的新問題，諸如多元入學程序複雜難懂之技術層面問題，以及突顯出文化資本不公的問題，無形之中，更添加了「排斥」（exclusion）的作用。此種改變，確實可稱之爲「不變的再製」（黃新民，2004）。

如今，在外部此種「似變不變」的學校考試制度結構變遷底下，仍將牽動著學校教育內部的行動主體做調整。此可以許殷宏（2004）之研究爲例，該研究針對國中的美術班與普通班做比較，發現兩種班級在教學實踐上有很大的不同，因美術班是以「升學」爲導向，若就資源分配來說，美術班學生享有豐厚資源與特殊照顧。在知識傳遞方面，任課教師會調整知

識的深度與廣度，運用完全不同的教學策略。在身分認同方面，美術班老師會不斷肯定美術班的特質與表現，給予較高的期望與評價，進而影響學生的未來發展與身分認同。總之，學校提供美術班與普通班學生不同的教學資源，傳遞不同類型的知識，給予不同的行為管理，兩班學生的受教機會因此有明顯的差異。其中，若深入考究美術班的學生家庭背景條件，不難發現傾向於以中產階級家庭背景為主，因此，優勢階級遂假藉以「藝能編班」為名，透過學校教育進行再製之實，其中所悄悄然實施者，為一種「無形」之能力分班。

從該份研究中，可以大致看出學校內部成員為應付此套結構，會發展出各種精緻性的回應策略，大抵而言，包括：(1) 追求成績的效益最大化：係指教師會針對學生平常的成績表現，給予相對應的建議，讓學生很精準地選擇於己有利的策略，如此一來，方能使學生的成績在各種利益組合的考量下，獲得最大化的回饋。(2) 對學生進行分類：當形塑出「成績效益最大化」的價值觀之後，無可避免地，將於無形之中對學生做分類，而此種分類方式，往往導致學生發展出相對應的成就動機。(3) 無形的區隔方式：當學生受到分類後，學校所給予的各種物質（硬體設備）或是非物質（機會、照顧、期望）的資源，往往有所差異，甚至會透過各種「冠冕堂皇」的名目，行使能力編班之實，其中受惠者，往往是中產階級背景的學生，因此，再次造就了教育機會不均等的情形。

肆 鉅觀與微觀：論有形制度與無形制度之串結

一、層層關卡的串結

如前文所述，臺灣考試制度變革，從鉅觀的結構變遷來看，是一種「換湯不換藥」的變遷過程；至於微觀的學校內部行動主體回應方式，成為以「分數至上」為首要考量。因此，就鉅觀結構面來說，不同教育階段之間，串結成一套嚴謹的「由下而上」的學校考試篩選機制。根據前面的討論，在篩選過程當中，不同的階級，擁有不同的「資本」，一般而言，勞動階級子女在面臨此套升學機制結構時，因為各種資本的不足，可能會

使得求學過程異常艱辛與困苦，如 Boudon（1974）就指出，低階層子弟在人生的每個階段，一直都是處於不利的地位，且這些劣勢會不斷的長期累積，如入高中時，低社經背景者可能有二比一的劣勢，然進入大學後，其劣勢可能變成八比一，甚至更高。換言之，低社經地位學生努力衝破一層結構，緊接著又要面臨另一個更深厚的結構。

就微觀層面來看，學校內部行動主體在回應此套結構時，可能對學生進行各種無形的區隔。具體言之，就教室層次來說，在教師平日的班級管理與師生互動之中，將可能不成比例地給予不同學生不一樣的學習機會與教育期望；就學校層次來說，學校將可能實施「隱然」的能力分班，給予差別對待。只是，無論是教室層次或學校層次的無形區隔，中產階級學生較容易受到「內包」（inclusion），而勞動階級學生則易受到「外斥」（exclusion）。此種情形，或可稱為學校內部行動主體為求回應外在學校考試制度結構，所實施的「由內而外」（即由教室層次到學校層次）之無形制度區隔。

今若結合「由下而上」的有形結構篩選過程以及「由內而外」無形區隔方式，會進一步串結成一個由「微觀」至「鉅觀」、由「無形」至「有形」、「由內而外」至「由下而上」的強大教育篩選機器（如圖1所示）。每個

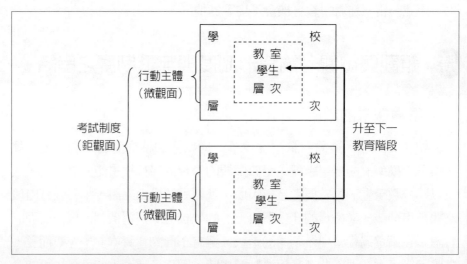

圖1　學校考試制度與學校內部行動主體回應二者之串結

學生來到學校時，都會面臨到一連串嚴謹的篩選過程，其中，因為學生原生家庭背景的不同，遂在各個環節的突破，有了不同的結果。

二、遊戲規則的改變與雙重壓迫的不利處境

「多元入學方案」秉持著讓學生「適性發展」的精神，鼓勵學生依其興趣與能力，選擇適合的學校就讀，乍看之下，似乎顧及學生個別差異、賦予家長與學生選擇權，光環可謂耀眼奪目，所以學校、教師以及社會大眾可能不加思索地跟隨。然而，根據本研究的發現，「多元入學方案」雖打著「適性發展」與「自由選擇」的口號，聲稱平等地讓學生依其能力與興趣選擇學校，但卻忽略家庭社經地位的不平等，而此不平等，具體顯現於「遊戲規則的改變」上。具體言之，「多元入學方案」充其量只是改變遊戲規則，代表要花更多金錢「發掘」、「培養」小孩的興趣；此外，更要花時間為小孩蒐集、準備各學校的資料。基於此，同樣是學生，一個來自於優勢階級、一個來自於勞動階級，在不同的經濟資本、社會資本及文化資本的作用下，最後得勝者為誰，實毋須贅述。可見，很諷刺地，折騰了半天，無奈勞動階級學生不僅才藝比不上，考試也不一定考的贏優勢階級學生。在這「雙重壓迫」下，形勢反更不利於過往，因此，對於社會公平、正義的落實，還是差了一大截。

伍 結論

在臺灣讀書的學生，究竟開不開心？答案當然見仁見智。但是，對於犯下凶殺案的廖國豪而言，一定是不開心的，而導致不開心的重要原因之一，或許是臺灣升學主義下的考試制度使然。據此，本研究以廖國豪當時身為學生身分的時空背景下，分析臺灣考試制度的變遷（從聯招時期到多元入學時期），是不是讓學生的考試壓力減低了些？是不是公平了些？是不是還是不喜歡某些學生的答案呢？透過整理過去文獻，本研究認為答案應該是否定的。因為，在有形制度部分，雖然改變了聯招時期的一元現象，但多元的背後，不僅未讓升學壓力降低，更衍生了其他不公平的情

況，如遊戲規則改變後的「多錢入學」與「為優勢階級另闢蹊徑」等等；再者，於無形制度部分，當實施多元入學制度後，學校教師可能給予不同學生不對等的學習機會與教育期望，其中，較可能忽略或犧牲掉勞動階級學生。因此，或可推論，當出身於較低社經家庭的廖國豪來到學校，在面對到此套有形制度與無形制度串結而成的篩選機器時，似仍難突破重圍，因而教育失敗，最終步上歧途。

那該怎麼辦？可不可以改變這套結構？目前教育部於 2014 年推動十二年國民基本教育，意欲透過「免試入學」來端正這一切（至少在國中升高中階段），但是，政策才剛起步，成效仍難斷定。因此，此套社會結構，似乎還要持續發揮作用，仍牢不易破。既如此，或可換個角度，先從改變學校行動主體的作為著手，而其中的關鍵，即為「學校教師」。例如，當教師面對如廖國豪這種情況的學生時，首先，應該拋棄自身中產階級優勢地位的姿態，與之平等相處；再者，使用較積極的「行動轉化」，而非是「事後輔導」，也就是說，雖然外在社會的運作邏輯或是學校考試制度較有利於優勢階級，但教師就更必須要以教導弱勢階級學生明白與學會此套「遊戲規則」為首要之急，爾後，再循序漸進地引導弱勢學生學習突破此種結構障礙所需的「本領」。這樣一來，就算有形制度與無形制度串結而成的機制有多綿密而牢固，但至少「家庭背景」因素不會再是導致弱勢學生教育失敗的最大原因，而教師，也不會再成為學生眼中的「幫凶」。

參考書目

中文部分

朱敬一、戴華（1996）。教育鬆綁。臺北市：遠流文化。

行政院教育改革諮議委員會（1996）。教育改革總諮議報告書。臺北市：作者。

巫有鎰（1999）。影響國小學生學業成就的因果機制——以臺北市和臺東縣作比較。教育研究集刊，**43**，213-242。

吳俊憲（2001）。高中多元入學的爭議與檢討。臺灣教育，**605**，49-53。

吳清山、高家斌（2006）。臺灣中等教育改革分析：1994-2007年。教育資料集刊，**34**，1-24。

李奉儒、詹家惠（2002）。檢視高中多元入學方案——批判教學論觀點。教育研究月刊，**101**，60-71。

沈珮君（2010年8月29日）。聯合筆記／殺手考題。聯合新聞網。取自：http://city.udn.com/54543/4143536?raid=4143635

林大森（1999）。臺灣地區家庭背景對中等教育分流的影響：「高中／高職」與「公立／私立」差異的探討。東吳社會學報，**8**，35-77。

林生傳（1999）。臺灣教育改革的新趨勢：探索與評析。教育研究，**7**，7-17。

孫清山、黃毅志（1996）。補習教育、文化資本與教育取得。臺灣社會學刊，**19**，95-139。

張建成（2004）。批判的教育社會學研究。臺北市：學富文化。

張善楠、黃毅志（1997）。「1997臺灣教育長期研究」之先期研究。國家科學委員會研究彙刊：人文及社會科學，**7**（4），577-596。

教育部（1995）。中華民國教育報告書。臺北市：作者。

教育部（2006）。高中及高職多元入學方案。取自http://www3.cnsh.mlc.edu.tw/~aao/96jumia/7-1.htm

教育部（2016）。十二年國民基本教育實施計畫。取自：http://12basic.edu.tw/Detail.php?LevelNo=43

許殷宏（2004）。藝能編班方式下的教學實踐：國中美術班與普通班的比較（未出版之博士論文）。國立臺灣師範大學，臺北市。

陳怡靖（2001）。臺灣地區高中技職分流與教育機會不均等性之變遷。教育研究集刊，**47**，253-282。

陳珊華（2004）。小學生文化資本之累積與作用（未出版之博士論文）。國立臺灣師範大學，臺北市。

陳順利（2001）。原漢青少年飲酒行為與學業成就之追蹤調查：以臺東縣關山地區為例。教育心理與研究，**24**，67-98。

黃新民（2004）。不變的再製——以我國高中職入學制度之轉變為例。臺灣教育社會學研究，**4**（1），77-111。

楊思偉（2001）。高中職多元入學方案的再檢視。師友月刊，**1**，5-14。

楊朝祥（2001）。高中職多元入學變革六面向總檢討。國家政策論壇，**1**
（7），147-152。

劉正、陳建州（2004）。論多元入學方案之教育機會均等性。教育研究集刊，
50（4），115-146。

蔡文山（2005）。臺灣高中職與大學升學機制之教育社會學探究。國民教育研
究集刊，**12**，147-161。

鄭勝耀（2002）。教育改革的願景：一個考試社會學的分析。教育研究資訊，
10（2），165-182。

鄭燿男、陳怡靖（2000）。臺灣地區家庭背景對就讀公／私立學校與受教育年
數的影響：並檢證文化資本論、財物資本論、社會資本論之適用性。國民
教育研究學報，**6**，103-140。

簡成熙（1999）。我國升學競爭的機制與變革：以近年來高中入學制度為例。
教育研究資訊，**7**（6），61-84。

譚光鼎（1992）。臺灣地區國中升學狀況之研究：中等教育選擇權之探討（未
出版之博士論文）。國立臺灣師範大學，臺北市。

英文部分

Bourdieu, P. (1986). The forms of capital. In J. G. Richardson (Ed.), *Handbook of
theory and research for the sociology of education* (pp.241-258). New York:
Greenwood Press.

Boudon, R. (1974). *Education, opportunity and social inequality*. New York: Wi-
ley.

Turner, R. H. (1960). Sponsored and contest mobility and the school system.
American Sociological Review, 25(6), 855-867.

家庭好，小孩一定好？

7

許殷宏

國立臺灣師範大學教育學系副教授

壹 前言

　　近年來，受到產業變化與不平等稅制的影響，使得臺灣社會貧富差距愈趨嚴重，不同社經背景家庭資源落差的問題也經常占據新聞版面，顯見階級不平等的現象已經引起各方高度關注，成爲政府和民間亟待解決的重要議題。試想爲什麼家庭資源分配的問題值得給予特別關注呢？過去許多教育社會學的研究成果已經提醒我們，家庭若無法提供足夠的資源讓子女接受教育，子女很容易在學習過程中處於劣勢，影響到未來職業地位的取得，如果再加上不同背景家庭形塑的親職態度與教養方式，更會直接反應在子女的學習成就表現上。

　　長久以來，教育社會學界對於家庭背景、地位成就取得及社會流動的議題不斷給予高度關注，同時也已經累積豐富的研究成果。綜觀影響教育成就取得的因素，不外牽涉到個人、家庭、學校和社會等層面，而其中家庭因素又明顯受到各方關注。誠如 Coleman 等人（1966）在《教育機會均等》（*Equality of educational opportunity*）報告書裡所述，影響學生學業成就的變項包括學生家庭背景、學校教師的素質、學校課程、物質設備等，但是家庭背景的影響大於學校因素。駱明慶（2002）在〈誰是臺大學生？——性別、省籍和城鄉差異〉中探討大學聯考的篩選效果，這一篇被喻爲近年來網路最廣泛引用的學術論文，提及父母教育程度愈高，考上臺大的機會就愈高，顯見家庭社經地位扮演決定性角色。因此，不同階級背景出身的孩童，究竟如何受到家庭環境的影響，進而形塑其教育成就，一直以來都是教育社會學者亟欲深究的重要課題，而這當中牽涉到許多因素複雜交錯的過程。

　　事實上，關於家庭背景與教育成就的探討，1970 年代以前比較集中於結構或人口特質的分析，包括性別、家庭社經背景、家庭結構等，後來逐漸關注家庭歷程的分析，因爲各種客觀的條件乃是在這些歷程中發揮影響力。家庭的歷程可視爲是一個「移轉過程」（processes of transmit），父母親在社會階級中的優勢／劣勢條件及相關特質，係透過家庭生活經驗傳給下一代，並且影響學生在學校裡的學業成就表現（譚光鼎，2016）。因此，我們在看待家庭對子女學習成就的影響時，恐怕不能僅是像先前學者將階

級化約爲給定的結構位置，或預設階級習性（habitus）的跨代延續，而是必須關注父母親實際運用資源與發揮影響的複雜過程。

　　基於上述的理論關懷與實務考量，我們可以清楚發現家庭在地位成就取得所扮演的重要角色，「家庭優勢」儼然已經成爲學生教育成就的發動機，但是究竟父母親的優勢是否就等同是子女學習成就的保證呢？套句Anyon（1981）曾經說過的話：「沒有任何階級可以獲得確切的勝利」，家庭優勢在成就子女學習表現的過程中，也絕非是成功的保證，因爲在這歷程中存在許多複雜因素的糾葛和折衝。是故，本文希冀重新思考家庭社經地位與子女學習成就之間的關係，藉由拋出「家庭好，小孩一定好？」的議題，透過相關文獻的歸納與分析，嘗試回應以下幾個問題：優勢家庭是如何對子女的學習成就發揮助力？學校教育的各個層面是如何將家庭的資源繼續「增值」，以維持其子女的優勢地位？學校教育是如何和家庭背景相互接合，以起到階級再製的力量？優勢家庭對子女學習成就的鞏固過程中，存在哪些「鬆動」階級再製的可能性？本文一方面想要重新整理衝突理論對於優勢家庭子女學習成就表現的論調，另一方面試圖想要打破教育社會學再製理論的觀點，思索階級和教育的其他可能性，並且期待學校教育可以獲得更多不一樣的關注。

貳　家庭對學生學習成就的影響

　　談到學生學習成就，就不能不提家庭的影響力。家庭環境的影響在學童初入學時就已存在，家庭資源使他們呈現不同的「準備狀態」（preparedness），並且影響後續在學校中的學習歷程與人際關係。多數學者均表示，家庭社經地位與教育成就具有高度相關性，家庭社經地位可透過中介變項影響學業成就（周新富，2006；孫清山、黃毅志，1996；陳建州、劉正，2004；蘇船利、黃毅志，2009；Becker, 1993; Ermisch & Francesconi, 2000; Haveman & Wolfe, 1995）。以臺灣學界而言，針對家庭社經地位與子女學習成就的探討，多數皆採量化取徑爲之，常見將家庭社經地位、性別、家庭結構及居住地等當成「背景變項」，再結合一些家庭及學校的中介歷程機制，探討對教育取得或學業成績的影響，其中家庭中介機制主要包括經濟資本、文

化資本和社會資本三個概念。至於學習成就則常見學者將主科或特定科目的考試成績當成依變項，以了解家庭背景如何透過中介變項影響學生的學習成就。以下本文便針對影響學生學習成就的三個主要中介機制進行說明：

一、經濟資本

若論及經濟資本的內涵，歸納現行相關研究可分為三大類：第一類是指家庭收入，也稱為「有形物質資源」，相關實證研究常將家庭收入當成家庭社經地位的測量指標；第二類是指父母運用金錢在子女教育的投資上，包括直接或間接與學習相關的支出，例如才藝班、安親班、補習班、請家教、參加課後輔導、購買書籍、旅遊等，也被稱為「無形物質資源」；第三類是家庭的物質設備，這部分被稱為經濟資本的間接指標，也可稱為「客觀化形式的文化資本」。

儘管孫清山和黃毅志（1996）發現良好的教育設施對學業成績有正向影響，不過在其他呈現正相關的研究結果中，經濟資本的直接影響力鮮少能獲得證實。然而，臺灣學界受到 Teachman（1987）「教育資源」（educational resources）概念指標的影響，常加入補習教育作為家庭經濟資本的指標，並證實經濟資本愈高，教育成就愈高（孫清山、黃毅志，1996；張善楠、黃毅志，1999；陳怡靖、鄭燿男，2000；陳順利，2001）。由於補習在臺灣的升學制度一直扮演相當吃重的角色，對於學業成績和升學結果的影響備受關注，也因此相關研究紛紛把補習的成效一併納入考量。

二、文化資本

臺灣學界運用此項資本概念主要受到 Pierre Bourdieu 的影響，指的是上層階級所具有的高層次文化活動，包括一些品味與行為，例如喜好藝術和古典音樂、觀賞戲劇、參觀博物館、閱讀文學作品等。而受到國外學者（Farkas, Grobe, Sheehan, & Shuan, 1990）的影響，臺灣學界後續的研究常見將文化資本的定義加以擴充為「文化資源」（cultural resources），增添的內涵包括每月上圖書館的次數、學生的曠課率以及老師對學生學習習慣、搗亂

行為與外表的判斷等，這些生活及學習上的習性，雖然與學業成就無直接相關，卻會影響教師的評分。

　　整體觀之，臺灣學界證實家庭文化資本對子女的學業成就有顯著影響的研究居多。例如周新富（1999）以父母文化資本作為中介變項，探討家庭背景與教育成就或學業成績的關係，發現社經背景可以透過父母的文化資本對教育成就產生影響力。陳建志（1998）、巫有鎰（1999）與楊肅棟（2001）等人以「文化資源」為概念，進行文化資本與學生學業成績表現的相關研究，發現教師對學生外表的評判，不但會影響學生作業成績高低，而且對學業成績也具有預測力。翟本瑞（2002）以質性研究的觀察方式，發現高教育家長具有較高的精緻文化資本，對於學童在校學習成效的影響，很可能遠超過師資、圖書、設備等因素。

　　值得注意的是，當前有關文化資本理論的研究對於文化資本內涵的界定較不一致，常依研究者自身的觀點或仰賴資料庫的數據來加以界定，也因而牽動到文化資本對教育成就的解釋力。基本上，文化資本的中介效果存在與否，經常與採用的文化資本變項定義有密切關係，如果純粹使用參觀文化機構、聽音樂會、看畫展等文化活動作為文化資本指標的調查，其作用力通常不高。但是，若擴及閱讀習慣、才藝課程的其他文化資本指標，或是改用「教育資源」取代文化資本，相對效果則較為顯著（巫有鎰、黃毅志，2009；鄭文鵬，2014）。

三、社會資本

　　關於社會資本的概念，臺灣學界常見引用 James Coleman 的觀點，主張在現實生活中，人們追求的目標經常受到與其他行動者的關係，即「社會網絡」之影響，並且往往透過關係以實現目標；「社會資本」即存在這些行動者彼此之間的社會網絡中，能動員起來以實現目標者（Coleman, 1988）。若將 Coleman 的論點與臺灣學界相關研究中社會資本的層面相對照，可明顯發現目前多偏重「家庭層面」的探討，大致可區分為「家庭內部的社會資本」與「家庭外部的社會資本」，前者包括家長參與孩子教育、教導或監督子女功課、家長因孩子的問題而與教師聯絡、家庭規範、獎勵

與處罰措施、父母對孩子的期望、購買課外讀物或報紙等；後者包括親師合作、家長在學校擔任義工、參與學校家長會、社區親友往來、家長送禮或安排班級、家長認識子女同學及其家長等。

　　臺灣學者的相關研究中，多數都證實家庭社會資本對於子女的學業成就有顯著的預測力。例如父母對子女的教育期望愈高，有助於提高成績；父母教導或監督子女的功課，更是將父母的人力資本藉由社會資本轉移給下一代的具體做法，有助於提高成績。陳怡靖和鄭燿男（2000）發現在國中時期的家庭社會資本高，對於國中後的教育年數有顯著的有利影響。李鴻章（2006）的研究發現，父母社經變項會透過父母有無參與子女功課，進而影響子女學業成就。謝志龍（2014）發現母親的教育地位愈高，帶動較多的家長彼此交流與互動，此時透過代間封閉性網絡的連結，將讓其子女取得較佳的學業評價與導師的肯定，最後將導致這些學生有較高的機率進入學術分流。因此，在臺灣影響學業成就的中介變項探討過程中，發現主要並非透過 Bourdieu 所強調的文化資本，而是憑藉社會資本以及西方社會少見的補習教育。

學校對學生學習成就的影響

　　儘管《柯爾曼報告書》（*Coleman report*）主張家庭環境是影響學生學習成就的主要因素，然而在後續的幾十年當中，教育社會學家也不忘關注學校的因素，1970 年代新馬克思主義學者提出再製理論，用以批判公立學校教育制度延續家庭社經地位的不合理性，強調學校是再製社會階級的主要工具。勞動階級學生的家庭背景往往成為教育成功的阻礙，不管是勞動階級學生反學校文化的趨勢（Willis, 1977）、語言表達方式與學校中產階級型態的衝突（Bernstein, 1977），抑或是家庭所培養的習性與學校教師中產階級的期許或課程安排有所落差（Bourdieu & Passeron, 1977）。基本上，由於受到不友善學校結構的影響，勞動階級學生容易被貼上標籤，或是被分流到較差的學習環境裡，這也符應他們未來在勞動市場裡被壓迫的階級地位（Bowles & Gintis, 1976; Anyon, 1980）。由此可知，學校教育歷程則狀似一個過濾器，篩選不符主流文化所期待的群體，把學生依據社經背景導向不同位

階的職業。以下分別從課程內容、評量方式、教師角色以及能力分班等四種面向，說明學校如何發揮「增值」的功能，協助優勢階級學生繼續鞏固原本的有利地位。

一、課程內容

Apple（1979）認爲學校基於特定的意識型態，選擇採用或排除某些教材，甚至隱藏某些現實以適合「社會控制」的需要。Gramsci（1994）也指出，統治團體藉由立法途徑取得道德、文化與知識的領導權，因而得以文化霸權（cultural hegemony）的型態出現，並透過表面性的普遍共識來驅使社會大眾。由於主流文化是中上階級建構與運作的產物，因此負責學校課程內容與知識篩選人員常據以界定課程內容範疇及定義，大幅反映出中上階級的文化特性，此種過程顯示學校課程內容與知識並非自然的產物，而是社會與人爲建構而成（Young, 1971）。關於課程內容的篩選過程偏向中產階級文化，Bernstein（1996）指出此種過程存在再脈絡化（recontextualization）的特性，亦即此種選取不是移植，而是以重組的手段改變外貌與內涵形式，所以無法從外表看出課程內容與中上階級文化的對應關係。此種再脈絡化足以開啓「相對自主性」，使課程內容取得更大的合理性，以及贏得多數社會成員的信賴與推崇，因而更有利於達成隱藏於課程內容中的政治意圖（姜添輝、陳伯璋，2006）。

衝突論者主張，學校課程內容與知識結構呈現出高度中上階級色彩，此種情況已經產生學習的篩選架構。姜添輝（2002）認爲此種中上階級取向的內容往往是社會價值觀主導的產物，致使學校課程轉向「學術導向」，大幅反應中上階級的生活模式、文化內涵、價值體系與思維模式，學校課程明顯排拒「實務導向」，轉向邏輯關係的學術型態。此外，姜添輝和陳伯璋（2006）針對國中小社會領域教科書進行內容分析，結果發現儘管不同版本各有特色，卻與中產階級價值觀存在密切的呼應關係。由於受到不同管教方式的影響，中上階級的學童所具備的語言型態、抽象推理、思考能力與學習態度等，自然能協助其在學習過程中占據有利的學習位置，因爲學校課程內容、知識結構、價值觀等皆與自身既有條件相容，因而學校課程對他們而言具有相當程度的熟習性。換言之，學生的習性已經直接影響

到學業成就的表現，勞動階級孩童的先備條件與學校課程要求的條件之間存在相當程度的差異性，致使他們無法精通學校課程內容與知識結構，因而大幅降低學習成效（姜添輝，2005；Bernstein, 1990, 1996）。

二、評量方式

　　學校的評鑑方式與內容具有高度的抽象性與推理特性。姜添輝（2005）在課程知識社會學中指出，語文科的作文不僅需要運用抽象文字與語詞符碼來表達情意，更牽涉到時間與空間的區分、運用、安置與連貫，這些都需要具備高度心智思考與推理能力。數學科的抽象推理思考特性更是不容置疑，對該中小學年齡層的學童而言，皆已非是生活周遭的具體事物，而是極具抽象性的符號認識、理解、運用與運算。潘幸玫（2006）針對國小校園考評制度的探究中，也提及國語、數學、自然、社會等智育類的科目，不僅和升學、就業息息相關，同時也屬於官方認可的文字與知識，具有抽象、非實體性質的符號，學生必須運用心智思維學習而非偏重感官經驗。而這些學校抽象知識的學習，也正好符應中產階級家庭教養的特色，常見透過閱讀、問答、書寫等方式來激發孩童的抽象心智運思的能力。

　　此種學校評量的抽象思考特性建構出另一種篩選規則，此種方式是精熟於抽象推理活動者較能吻合學校評量的內在特性，因而他們能占據更有利的位置來通過此種篩選。特別是關於主科知識學習成效的考評，不僅代表擁有被認可的抽象心智思維能力，更是成為社會篩選個人能否取得晉升資格的機制（潘幸玫，2006）。由於學校評量主要在於鑑別學生對既有課程內容的精熟度，因此除了能吻合前述的抽象推理活動規則之外，學生的既有學力亦扮演對等重要角色。正如同學校課程知識與內容的篩選原則，中上階級學生的家庭管教方式、語言型態和學校文化相互連通，因而大部分這些背景的學童得以通過學校的評量測驗；反觀勞動階級學童處於不利位置，顯而易見家庭、學校、教師、課程等交織而成的重重阻礙，將會對其學習表現造成負面影響（姜添輝，2005）。

三、教師角色

　　近來一項研究（Rivkin, Hanushek & Kain, 2005）分析 3,000 所學校中的 40 萬名學生資料之後，歸結出教師素質是影響孩子學習最重要的學校因素。另外，Viadero（2000）則發現若是連續三年讓素質差的老師教，可能對孩子的學業帶來長久的傷害。這對勞動階級孩子來說更是如此，因為他們的家庭可能缺乏資源來減低學校造成的負面影響。如果我們用證照、經驗或專業主修等面向來評量教師的素質，可以發現基本上低社經背景孩童相較於高社經背景孩童來說，接觸的教師素質較差（Downey & Condron, 2016）。另外也有研究顯示，如果分配到素質高的教師，學生的成績表現會比分配到素質差的教師改善 10 個百分點（Gordon, Kane, & Staiger, 2006）。由此可知，教師角色在學生學業成就表現上扮演相當關鍵的角色，值得進一步深入探究。

　　相關研究顯示，教師不論在教育訓練、價值觀與職務皆呈現中上階級特性（唐宗清譯，1994），同時教師受到自身成功經驗的影響，對教育流動往往傾向正面的觀點（許誌庭，2000）。教師的中上階級特性更加強化學校文化的中上階級色彩，中上階級學童較能契合學校的規範、行為禮儀。而新式教學法著重於學生參與的特性，亦進一步與中上階級學童好奇、探索事物真相的動機契合，因而大幅提升他們在學習過程的學習機會（姜添輝，2005）。此外，Rist（1970）在探究教師期望、學生行為與家庭社經地位之間的關係時，發現教室中存在著一種階級系統，教師眼中所謂的理想學生，其樣貌是來自於其所相信的成功特質，這些參照的標準就是來自於「受過良好教育的中產階級」，也正好符合教師自身所處的社會位置。而根據長時間的觀察，社經地位較高的學生都被分配到程度較佳的組別，反之來自貧困或不利家庭的學生則多被分配到程度較低的組別，由於學生不同的社經地位和分組，所受到的對待也不相同。教師對高社經地位學生展現高度期望，相反的對於低社經地位學生則將其標示為學習緩慢者，鮮少和老師有所互動，也經常受到同儕嘲笑。

四、能力分班

　　大部分關於學校教育進行課程分流（curriculum tracking）的文獻都指出，能力分班會反映與強化社會階級的不公平（Hallinan, 1994; Oakes, 1985, 1994; Rist, 1970）。一般來說，來自低收入、黑人與拉丁裔學生通常被安置在基礎或補救的課程中，而來自中產或中上階級的白人與亞裔學生則經常被安置在榮譽課程中，此間存在著明顯的社會階級與種族失衡的問題（Oakes, Gamoran, & Page, 1992）。研究人員發現課程分流會導致階層化與社會地位固著，他們指出學生之間原本主要存在的社經背景的些微差異，會隨著持續不斷的組織選擇過程而日漸惡化（Alexander, Cook, & McDill, 1978）。課程分流實施半個世紀以來，引發許多不同層面的爭議與效應，甚至被視為是傳遞或維持教育機會不公平的主要機制（Oakes, 1985; Page, 1991）。

　　許多課程分流的研究（Gamoran, 1986; Oakes, 1985; Oakes et al., 1992; Rosenbaum, 1976）特別關注教學品質差異的重要性，這些研究指出任課教師在高階課程班級的教學步調較快，學生所接受的教學內容較具啟發性與嚴肅認知意涵，而在低階課程班級的教學步調較為緩慢，而且學生較偏向機械式的背誦。Oakes（1985）發現高階課程班級學生通常擁有較佳的機會，他們通常花費較多的時間在學習活動上，較少時間於紀律、社會化與班級例行活動上。高階課程班級的教師往往會花費較多時間準備教材，有系統的組織教學活動，提供學生各種不同類型的學習活動。此外，Crosby 和 Owens（1993）指出，高階課程班級的學生通常擁有較富教學熱忱與最佳訓練的教師，而且教室設備良好，班級人數也比低階課程班級學生來得少。不論是師資、設備、班級人數等各方面，高階課程班級學生都享有較為豐沛的資源。

　　綜上所述，中上階級學童占據明顯的特權學習位置，而勞動階級學童則是處於不利的學習，明顯可見的現象是學校教育中的課程內容、評量方式、教師角色、能力分班交織形成的重重障礙，將會大幅阻礙勞動階級學童的學習成效，最終導致和中上階級學童的課業表現漸行漸遠。

肆 家庭與學校接合對學生學習成就的影響

　　家庭文化與學校文化的連續與否，攸關學生的發展甚鉅。Lareau（2000）強調擁有高地位的文化資本並不會自動產生社會利益，需要個人有效地「動用」這些文化資源，透過社會行動來將優勢轉化爲利益，家庭生活與學校生活之間的「制度間連結」便是一個重要的行動場域。因此，家庭文化若能連通學校文化，則學生的適應較佳，成就較高，未來發展也較順暢。而先前教育社會學已有相關理論提出類似主張，其中最著名的當推英國社會學家 Basil Bernstein。

　　Bernstein（1977）針對社會結構、家庭型態語言、教育之間的關係提出重要的論述。他認爲中產階級家庭重視成員的個別差異，溝通方式較爲開放有彈性，屬於個人取向家庭（personal family）。反之勞動階級家庭係以成員明確的地位權威爲基礎，不鼓勵成員表達個人意見及溝通討論，屬於地位取向家庭（positional family）。個人取向家庭由於重視成員彼此的溝通與了解，因而形塑出精緻型符碼（elaborated code）的語言型態。說話的字彙豐富且複雜，語句型態常有變化，喜愛使用分析與抽象的語言，說話語意明確。至於地位取向家庭則較仰賴權威對成員的控制，因而形塑出限制型符碼（restricted code）的語言型態。說話內容較簡單，語句型態單調重複，偏重敘述性說法。根據 Bernstein 的理論，勞動階級的子女在家庭和學校之間比較可能經歷一種文化的不連續，進而產生學習適應的問題；反之，中產階級和個人取向家庭、精緻型符碼及學校文化之間的連續性，則存在著可預期的關係（戴曉霞，2005）。

　　關於家庭背景與學校教育兩者接合的具體事例，Lareau（2000）提出極爲有力的論證，認爲勞動階級家長和中產階級家長同樣希望孩子能夠成功，這也意味著家庭背景與教育期望之間存在著非直線相關（周裕欽、廖品蘭，1997；陳正昌，1994）。Lareau（2000）認爲不同階級的父母，由於經濟、社會、文化資本的落差，推動子女學習的方式大相逕庭，也衍生不同的方式與學校互動。Lareau 指出在家長職業以專業人士爲主的普雷斯科特小學

（Prescott School）[1]中，具備高等教育及成功專業的中產階級家長，較有能力及正當性介入學校運作，人脈中也不乏老師、教授等教育工作者。父母不僅批評學校的政策，也訓練小孩採取類似做法為自己爭取更多的資源與機會，家庭的文化資源因而得以轉換為孩子在教育場域中的優勢。整體觀之，中產階級家長視教育為一個與學校共同經營的事業，需要持續監督、與老師溝通聯繫，母親經常透過擔任志工及參與班級活動，以維持與學校的緊密關係。

伍 思考「鬆動」階級再製的可能性

針對家庭社經地位與子女學習成就之間的關係，前述內容已概要說明優勢家庭如何對子女的學習成就發揮助力、學校教育如何將家庭的資源繼續「增值」，以及學校教育如何和家庭背景相互接合，以起到階級再製的力量。然而，本文試圖要打破教育社會學再製理論的觀點，思索階級和教育的其他可能性，特別是優勢家庭對子女學習成就的鞏固過程中，存在哪些「鬆動」階級再製的可能性。以下分別從個人、家庭和學校三個方面加以論述。

一、個人方面

Willis（1977）早在《學習做勞工》（*Learning to be labour*）中便指出，小夥子（the lads）因為體悟到未來的前景很難逃脫勞動階級的範疇，以及和學校教育潛藏價值之間格格不入，因而透過各種抗拒行為來表達內心的不滿，而非僅是乖乖被動的消極順從。雖然 Willis 眼中的小夥子最終仍是步上父母親工作的後塵，但是已經突顯出學校生活的複雜性，以及存在其中的矛盾、對立和抗拒。儘管抗拒不必然會成功，我們的確不應該有過度浪漫的期望，但是個人自主性的彰顯卻是不容忽視的事實。

後來的抗拒論者，也紛紛提出學校生活中存在抗拒和反思的可能性。

---

1 普雷斯科特小學（Prescott School）係以化名為之，家長主要都是專業人士，學校超過90%是白人，其餘是亞洲人或黑人，此分布反映周圍社區的人口結構。

Apple（1982）認為學校中是矛盾和再製並存的，學生並非被動地接受學校傳遞的價值和規範，他們拒絕學校的顯著和潛在課程，也和師長產生衝突和鬥爭。根據Giroux（1981）在《意識型態、文化與學校教育過程》（*Ideology, culture and the process of schooling*）的說法，學校擁有相對自主性，學生生活並非像再製論者所說的，完全被外在的經濟和社會制度所支配，他們擁有某種程度的自主性。正如同黃鴻文和湯仁燕（2005）在關於「學生課程觀」的研究中，指出學生會從自身的詮釋角度，決定課程的意義、價值及重要性，教師不能一味地將他們視為課程內容的被動接受者，而應將學生視為文化與意義的創造者，是課程發展上的要角。

Anyon（1981）研究五所不同階級背景的小學，發現父母為高層菁英的某些學生表現愛耍酷、不想讀書、使用街頭式語言、質疑愛國主義等作為，顯然這些上層階級學校也有部分學生形成與學校文化衝突或對抗的文化，只是衝突或對抗的不是別的階級，而是相同階級的文化。Anyon（1981）認為「完全的再製」是不可能的，學生文化不僅可能對抗其他階級，也可能對抗所屬階級的成人文化。Anyon的結論是，沒有任何階級可以獲得確切的勝利，意識型態霸權並不可靠。上述觀點充分顯示出學生在整體學校結構下所具有的能動性和自主性，他們不僅順從課堂師長的規定，同時也試圖創造屬於自己的生活空間，透過某些象徵或行為來表達內心的主張，掙脫既有制度的束縛，甚至衝擊或改變原有的權力結構，跨越階級再製的藩籬，開啟新的可能性。

二、家庭方面

(一) 資本的動用與追求

過去再製論者常將階級化約為給定的結構位置，或預設階級習性的跨代延續，忽略文化優勢實際傳遞的歷程和影響，才是真正發揮階級再製作用的關鍵。Lareau（2000）強調擁有高地位的文化資本並不會自動產生社會利益，需要個人有效地「動用」這些文化資源，透過社會行動來將優勢轉化為利益。藍佩嘉（2015）在《家庭優勢》（*Home advantage*）一書的導讀中，提及相較於勞工階級的家長，臺灣的中產階級父母可能與老師的關

係較爲疏離，即便內心不贊同老師的做法，但基於「尊師重道」的儒家傳統、群體主義的文化氛圍，多數人傾向避免與學校直接對立衝突。加上臺灣教育體制的規格化程度較高，針對孩子設計契合個人學習需求的空間相對有限，家長若向老師討價還價，也擔心造成負面的效果。

至於勞動階級家長則常見運用社會資本來彌補原本家庭的劣勢。藍佩嘉（2015）指出，臺灣勞工階級父母反而更傾向與學校老師「搏感情」，透過建立私人化關係的方式，來幫助孩子學習，例如擔任學校志工、協助班級活動、提供物質支援等，藉以彌補在經濟資本與文化資本方面的不足。而且臺灣的親師關係受到人脈模式以及文化脈絡的影響，也與美國有所差異。熊瑞梅（2014）的研究提到，比起其他東亞國家，臺灣民眾的人際網絡或社會資本較爲多元，認識和接觸大學教授、中學老師的情況相對常見。值得注意的是，對於出身背景較爲不利的學生而言，社會資本的效益可能會格外明顯，因爲妥善運用社會資本，可以克服文化資本不足的負面影響，增加個人向上流動的機會（Lauglo, 2000）。

Andrew Sayer 在《階級的道德意義》（*The moral significance of class*）中批評 Bourdieu 把社會行動化約爲利益競逐或資本積累，他用「益品」（goods）[2] 的概念來指稱人們欲求的生活方式，除了符應資本積累邏輯的「外部益品」之外，也存在道德價值定義下的「內部益品」，像是父母希望孩子擁有快樂童年，或相信孩子應該自然發展（陳妙芬、萬毓澤譯，2008）。藍佩嘉（2015）認爲，內外益品概念的區分，可以幫助我們分析父母的不同親職價值與欲求標的，而不全然化約爲資本或利益的追求。換言之，中產階級家庭的教養觀不全然以追求學業成績爲單一考量，同時也並存著多元價值的發展。此種情況符合高階層者屬於多元雜食類型（cultural omnivores）的論述，而且根據國內學者的研究（李文益、黃毅志，2004；蘇船利、黃毅志，2009），此種文化的多樣性愈高對於學業成就愈有負面影響。

2　此處的益品（goods）係採取較為廣泛的意義，不僅包括消費品，也涵蓋受到重視的事物，而人們對於不同類型益品的投入將會帶來不同的滿足、技術與成就。

(二) 資本運用的負面效應

　　儘管家庭與學校相互依存的模式有許多益處，卻也對孩童、家庭及教育工作者帶來顯著的負面影響。Lareau（1987）在討論家庭與學校關係的社會階級差異時表示，並不是全部的家長參與都是那麼正面，家長與學校的夥伴關係有其黑暗的一面。中上階級家庭的父母認為學校與家長如同一個夥伴關係，家長有權力和責任提出選擇的問題，甚至去評判教師。此外，Lareau（2000）發現在某些中上階級小學的家庭裡，家長參與孩子的學校教育對孩子本身及家庭的動態關係，都帶來負面影響。在學業表現低於同年級孩子的家庭中，緊張關係最為明顯。藍佩嘉（2014）也提醒，個別家庭的教養與個別孩子之間的競爭，背後有著當事人未必認知到的結構條件，尤其是階級差異與不平等；父母的教養方式可能衍生「非意圖的後果」（unintended consequence），例如，中產階級父母的規劃栽培可能造成孩子的痛苦學習，甚至創造力與自主性的削弱。

　　Waller（1961）在《教學社會學》（The sociology of teaching）中稱家長與教師互為「天敵」。的確，由於教師和家長擔任的角色不一樣，家長與孩子的關係異於教師和學生的關係。家長通常只關心自己的孩子，老師則需要一視同仁對待所有學生，也因此家長和教師之間往往存在觀念和做法上的不一致，甚至產生嚴重的對立衝突（Katz, 1980）。在家長高度參與的學校任教的教師，他們經常要挪用教學時間去協調、溝通及安排家長投入相關活動，而家長對於學校和教師的批評，也往往會隨著他們參與程度的提高而增加。在中上階級學校任教的教師，時常要面對家長對其專業能力的檢視與挑戰，特別是當中上階級家長為了擴張自己孩子的教育利益所發動的策略或作為，最終將可能會對於孩子的學習造成負面影響。

三、學校方面

　　社經背景的差距基本上是在入學之前便已形成，而學校可能是減緩這些落差，而非使其惡化。過去衝突論者的觀點往往將學校視為階級再製的發動機，扮演惡化階級不平等的角色，忽略學校原本所具有的多重面貌，特別是「補償性」（compensatory）角色，更是目前教育社會學文獻的不

足之處（Downey & Condron, 2016）。事實上，我們應該以更平衡的方式來理解學校與教育不均等之間的關係，不論是中立的、惡化的和補償的可能性，都一併列入考量。

美國教育人類學者 Spindler（1976）很早就提到教育對受教者的限制。他認為，教育是一種文化壓縮（cultural compression）的過程，學生本來就有多方面的學習潛能，進入學校之後，將時間與精力投注於學校要求學習的文化範疇，相對「壓縮」其他文化學習的可能性（轉引自黃鴻文，2011）。這種說法也印證「夏季失落」（summer loss）研究的結論（董子毅、王麗雲，2007；Downey, von Hippel, & Broh, 2004）。此類研究認為，暑假是不同階級學生學業成就落差擴大的重要時間點，學校像「水龍頭」一樣，平日開放期間可以讓不同階級的學生雨露均霑，階級間的學業成就差異縮小；然而暑假期間學校是關閉的，中高階級的學生在家庭資源的挹注下持續進步，低下階級的學生則往往原地踏步，兩者之間的差距逐年累加終究積重難返。綜言之，家庭影響不同階級學生的成就差異擴大，學校則縮小其間的差距，進而促進教育機會均等。

關於學校扮演的補償性角色，黃鴻文（2011）主張學校體制會「限制個人發展」，不論學生的身分背景為何。以中小學是義務教育為例，學生被迫進入學校體制，想升學就必須讀書、參加考試，幾乎無人例外。每個階級的學生都必須進入學校接受教育，也必須接受學校生活的限制。每天在學校所待的時間、經歷的課程、參與的活動、考試的內容等幾乎都相同，當此種對每位學生共同的限制超越因身分背景而產生的差別待遇時，學校就具有促進平等的功能。Downey、von Hippel 和 Broh（2004）也提醒，由於教師集中精力於提高通過基本能力的比例，忽略持續發展來自中高階級成績優異學生的潛能，才能讓不同階級學生的成就差距縮小，這也是為了促進平等所付出的代價，可謂是對成績優異學生的一種「限制」。

 結語

家庭社經地位好，小孩的學業成就是否也會比較好呢？長久以來，臺灣學界相關研究多偏重家庭因素的探討，對於學校教育過程的分析明顯

較爲不足。事實上，根據過去多數研究的發現，家庭社經地位及中介因素對教育成就的聯合解釋量皆低於四成，顯見各項資本因素對於學業成績的影響力的確不高。儘管這樣的解釋變異量偏低，但大致符合臺灣與國外相關研究結果，卻也暗示除了家庭會影響子女的教育成就之外，尚有許多重要因素亟待關注（許殷宏，2015）。由於絕大部分學者都指出家庭對於子女教育成就扮演重要角色，當我們強調父母親的影響力愈大時，學校的角色似乎就顯得更加微弱。然而事實上，學校是學生主要的學習場域，所花費的時間與精力也鮮少有其他機構能相提並論，那麼學校究竟是社會文化再製的工具，抑或能促進教育平等？這些應該是教育社會學必須持續加強關注的重要問題，它們並不是「非此及彼」的「是非題」，以往過度簡化的思維似乎應該重新檢討（黃鴻文、鄭英傑、王俐蘋，2016）。我們必須承認，群體之間的不均等已形成強大的軌跡，而且是在學生入學之前便已存在。因此，誠如 Downey 和 Condron（2016）的提醒，我們必須了解更多關於學校如何「折射」（refract）學生的成長軌跡，在過去半個世紀裡，我們對於上述問題的努力還不夠，接下來應該要更仔細去權衡學校教育所扮演的重要角色，進而重新調整教育政策與資源分配，讓學校教育成爲促進社會公義的有力槓桿。

參考書目

中文部分

巫有鎰（1999）。影響國小學生學業成就的因果機制——以臺北市和臺東縣作比較。教育研究集刊，**43**，213-242。

巫有鎰、黃毅志（2009）。山地原住民的成績眞的比平地原住民差嗎？可能影響臺東縣原住民各族與漢人國小學生學業成績差異的因素機制。臺灣教育社會學研究，**9**（1），41-89。

李文益、黃毅志（2004）。文化資本、社會資本與學生成就的關聯性之研究——以臺東師院爲例。臺東大學教育學報，**15**（2），23-58。

李鴻章（2006）。臺東縣不同族群學童數學學業成就影響模式之探討。臺灣教育社會學研究，**6**（2），1-41。

周新富（1999）。國中生家庭背景、家庭文化資源、學校經驗與學習結果關係之研究。國立高雄師範大學教育學系博士論文，未出版，高雄市。

周新富（2006）。Coleman社會資本理論在臺灣地區的驗證──家庭、社會資本與學業成就之關係。當代教育研究，**14**（4），1-28。

周裕欽、廖品蘭（1997）。出身背景、教育程度及對子女教育期望之關連性研究。教育與心理研究，**20**，313-330。

姜添輝（2002）。社會階級的意義與要素及其在教育研究上的運用性與原則。初等教育學刊，**8**，81-106。

姜添輝、陳伯璋（2006）。社會領域教材內容的階級取向與合理化的轉化策略之分析。當代教育研究，**14**（4），29-61。

姜添輝（2005）。課程知識社會學。載於臺灣教育社會學學會（主編），教育社會學（頁221-256）。臺北市：巨流圖書。

唐宗清（譯）（1994）。K. Harris著。教師與階級。臺北市：桂冠圖書。

孫清山、黃毅志（1996）。補習教育、文化資本與教育取得。臺灣社會學刊，**19**，95-139。

張善楠、黃毅志（1999）。原漢族群、社區與家庭對學童教育的影響。載於洪泉湖、吳學燕（主編），臺灣原住民教育（頁149-178）。臺北市：師大書苑。

許殷宏（2015）。臺灣近20年（1994-2014）教育研究的回顧和比較──家庭背景與教育成就之間關係的分析。比較教育，**79**，97-134。

許誌庭（2000）。國小教師對「文化再製」現象的知覺性之研究。國立臺南師範學院國民教育研究碩士論文，未出版，臺南市。

陳正昌（1994）。從教育機會均等觀點探討家庭、學校與國小學生學業成就之關係。國立政治大學教育研究所博士論文，未出版，臺北市。

陳妙芬、萬毓澤（譯）（2008）。A. Sayer著。階級的道德意義。臺北市：巨流圖書。

陳怡靖、鄭燿男（2000）。臺灣地區教育階層化之變遷──檢證社會資本論、文化資本論及財務資本論在臺灣的適用性。人文及社會科學，**10**（3），

416-434。

陳建州、劉正（2001）。重探學校教育的功能：家庭背景的影響效果消長之研究。臺東師院學報，**12**，115-144。

陳建志（1998）。族群與家庭背景對學業成績影響模式——以臺東縣原漢學童作比較。政大教育與心理研究，**21**，85-106。

陳順利（2001）。原、漢青少年飲酒行為與學業成就之追蹤調查——以臺東縣關山地區為例。政大教育與心理研究，**24**，67-98。

黃鴻文（2011）。抗拒乎？拒絕乎？偏差乎？學生文化研究中抗拒概念之誤用與澄清。教育研究集刊，**57**（3），123-154。

黃鴻文、湯仁燕（2005）。學生如何詮釋學校課程？教育研究集刊，**51**（2），99-131。

黃鴻文、鄭英傑、王俐蘋（2016）。為何不傾聽學生的聲音？學生課程觀及其對課程研究的啟示。臺灣教育社會學研究，**16**（1），127-152。

楊肅棟（2001）。學校、教師、家長與學生特質對原漢學業成就的影響——以臺東縣國小為例。臺灣教育社會學研究，**1**，209-247。

董子毅、王麗雲（2007）。夏季失落？1440小時大作戰。中等教育，**58**（2），114-121。

熊瑞梅（2014）。社會資本與信任：東亞社會資本調查的反思。臺灣社會學刊，**54**，1-30。

翟本瑞（2002）。家庭文化資本對學校教育影響之研究：以農業縣山區小學為例。教育與社會研究，**4**，181-195。

潘幸玫（2006）。學校評量系統、知識類別與社會階層繁衍——臺灣中部一所國小個案研究。臺灣社會研究季刊，**63**，95-141。

鄭文鵬（2014）。文化資本影響學業成就之研究：以臺灣地區為例。國立臺灣師範大學教育學系博士論文，未出版，臺北市。

駱明慶（2002）。誰是臺大學生？——性別、省籍和城鄉差異。經濟論文叢刊，**30**（1），113-147。

戴曉霞〈2005〉。社會結構與教育。載於臺灣教育社會學學會（主編），教育社會學〈頁57-95〉。臺北市：巨流圖書。

謝志龍（2014）。家長參與對國中學生教育成就之影響：社會資本的觀點。臺

灣教育社會學研究，**14**（1），93-134。

藍佩嘉（2014）。做父母、做階級：親職敘事、教養實作與階級不平等。臺灣
社會學，**27**，97-140。

藍佩嘉（2015）。導讀：學校教育是階級翻身的踏腳石，或家庭優勢的發動
機？載於李怡慧（譯），A. Lareau著，家庭優勢（頁VII-XII）。新北市：
群學出版社。

譚光鼎（2016）。教育社會學（第二版）。臺北市：學富文化。

蘇船利、黃毅志（2009）。文化資本透過學校社會資本對臺東縣國二學生學業
成績之影響。教育研究集刊，**55**（3），99-129。

英文部分

Alexander, K. L., Cook, M. A., & McDill, E. L. (1978). Curriculum tracking and educational stratification: Some further evidence. *American Sociological Review,43*(1), 47-66.

Anyon, J. (1981). Social class and school knowledge. *Curriculum Inquiry, 11*(1), 3-42.

Apple, M, W. (1979). *Ideology and curriculum.* London: Routledge.

Apple, M, W. (1982). *Education and power.* London: RKP.

Becker, G. S. (1993). *Human capital: A Theoretical and empirical analysis, with special reference to education*(3rd ed.). Chicago: University of Chicago Press.

Bernstein, B. (1977). *Class, codes and control* (Vol. 3). London: RKP.

Bernstein, B. (1990). *The structure of pedagogic discourse.* London: Routledge.

Bernstein, B. (1996). *Pedagogy, symbolic control and identity.* London: Taylor & Francis.

Bourdieu, P., & Passeron, J. C. (1977). *Reproduction in education, society, and culture.* Beverly Hills, CA: Sage.

Bowles, S., & Gintis, H. (1976). *Schooling in capitalist America: Educational reform and the contradictions of economic life.* New York: Basic Books.

Coleman, J. S. (1988). Social capital in the creation of human capital. *American Journal of Sociology, 94*, 95-120.

Coleman, J. S., Campbell, E. Q., Hobson, C. J., McPartland, J., Mood, A. M., Weinfeld, F. D., & York, R. L. (1966). *Equality of educational opportunity*. Washington, DC: U.S. Government Printing Office.

Crosby, M. S., & Owens, E. M. (1993). The disadvantages of tracking and ability grouping: A look at cooperative learning as an alternative. *A Series of Solutions and Strategies, 5*, 2-9.

Downey, D. B., & Condron, D. J. (2016). Fifty years since the Coleman Report: Rethinking the relationship between schools and inequality. *Sociology of Education, 89*(3), 207-220.

Downey, D. B., von Hippel, P. T., & Broh, B. A. (2004). Are schools the great equalizer? Cognitive inequality during the summer months and the school year. *American Sociological Review, 69*(5), 613-635.

Ermisch, J., & Francesconi, M. (2000). *The effect of parents' employment on children's educational attainment*. UK: University of Essex UP.

Farkas, G., Grobe, R. P., Sheehan, D., & Shuan, Y. (1990). Cultural resources and school success: Gender, ethnicity, and poverty groups within an urban school district. *American Sociological Review, 55*(1), 127-142.

Gamoran, A. (1986). Instructional and institutional effects of ability grouping. *Sociology of Education, 59*(4), 185-198.

Giroux, H. A. (1981). *Ideology, culture, and the process of schooling*. Philadelphia: Temple University Press.

Gordon, R., Kane, T. J., & Staiger, D. O. (2006, Jan.). *Identifying effective teachers using performance on the job: The Hamilton project*. Discussion paper. The Brooking Institution, Washington, DC.

Gramsci, A. (1994). Hegemony, intellectuals and the state. In J. Storey (Ed.), *Cultural theory and popular culture* (pp. 215-221). New York: Harvester Wheatsheaf.

Hallinan, M. T. (1994). Tracking: From theory to practice. *Sociology of Education, 67*(2), 79-84.

Haveman, R., & Wolfe, B. (1995). The determinants of children's attainments: A review of methods and findings. *Journal of Economic Literature, 33*, 1829-1878.

Katz, L. G. (1980). Mothering and teaching: Some significant distinction. In L. G. Katz (Ed.), *Current topics in early childhood education* (Vol. 3) (pp. 47-63). Norwood, NT: Ablex.

Lareau, A. (1987). Social class difference in family-school relationship: The importance of cultural capital. *Sociology of Education, 60*(2), 73-85.

Lareau, A. (2000). *Home advantage: Social class and parental intervention in elementary education*. Lanham: Rowman & Littlefield Publishers.

Lareau, A. (2003). *Unequal childhoods: Class, race, and family life*. Berkeley: University of California Press.

Lauglo, J. (2000). Social capital trumping class and cultural capital ? Engagement with school among immigrant youth. In S. Baron, J. Field and T. Schuller (Eds.), *Social capital: Critical perspectives* (pp. 142-167). Oxford: Oxford University Press.

Oakes, J. (1985). *Keeping track: How schools structure inequality*. New Haven: Yale University Press.

Oakes, J. (1994). More than misapplied technology: A normative and political response to Hallinan on tracking. *Sociology of Education,67*(2), 84-89.

Oakes, J., Gamoran, A., & Page, R. (1992). Curriculum differentiation: Opportunities, outcomes, and meanings. In P. Jackson (Ed.), *Handbook of research on curriculum* (pp. 570-608). New York: Macmillan.

Page, R. N. (1991). *Lower-track classrooms: A curricular and cultural perspective*. New York: Teachers College Press.

Rist, R. C. (1970). Student social class and teacher expectations: The self-fulfilling prophecy in ghetto education. *Harvard Educational Review, 40*(3), 411-451.

Rivkin, S. G., Hanushek, E., & Kain, J. (2005). Teacher, schools and academic achievement. *Econometrica, 73*(2), 417–458.

Rosenbaum, J. E. (1976). *Making inequality: The hidden curriculum of high school tracking*. New York: Wiley.

Teachman, J. D. (1987). Family background, educational resource, and educational attainment. *American Sociological Review, 52*(4), 548-557.

Viadero, D. (2000). Students in dire need teachers often get the least qualified or less experienced. *Education Week*, March 22.

Waller, W. (1961). *The sociology of teaching*. New York: Russell & Russell.

Willis, P. (1977). *Learning to labor: How working class kids get working class jobs*. New York: Columbia University Press.

Young, M. F. D. (1971). An approach to the study of curricula as socially organized knowledge. In M. F. D. Young (Ed.), *Knowledge and control* (pp. 19-46). London: Collier-Macmillan.

教育改革能改革
教育嗎?

蘇永明

國立清華大學教育與學習科技學系教授

壹 緒論

　　教育改革應該是隨時都有。而臺灣的教改自從解嚴（1987年）之後，更是風起雲湧。但是這麼多年的改革之後，卻讓人愈看愈不懂。簡單講，教育改革不能偏離教育原理。可是，我們的教改卻愈偏愈遠，等於是倒洗澡水連嬰兒也倒掉了！所以，本文的主題是要指出，如果教育改革已偏離了教育的本質，那麼它就不會達到改革教育的目的。

　　問題的根源在於，解嚴以後的教育改革，為了追求自由，都一直往「鬆綁」（deregulation）的方向在走，而且已經走過頭了！改革者對自由的認知就是要排除權力。但是，這種馬克思（Karl Marx, 1818-1883）的權力觀是不切實際的。反而是法國哲學家傅柯（Michel Foucault, 1926-1984）認為權力無法排除比較切合實際。所以，本文先說明權力的本質，然後再來看教育活動中該有哪些權力運作。再來檢討近年來的教育改革是否偏離了教育的原理。

貳 權力的本質

　　在此，有必要再對權力做個界定。根據 Robert Dale 著名的界定是：「A 有權力於 B，在於 A 可以令 B 做出 B 本來不會做的事。」（引自陳森譯，2015：47）。而行使權力的依據有各種分類方法，在此以武力、守則（規範）、遊說和回報（報酬）來說明（陳森譯，2015：55-56）。從教育的觀點來看，武力是體罰，已被禁止。金錢上的報酬除非是有獎學金，否則也是不談錢的。即使有，比例也很低。然而，學生學習的成績也有報酬的成分。剩下主要的就是道德規範，即傳統的權威，然後用遊說的方式來運作。

　　所以，教師所能使用的權力是以教育本身所具有的道德正當性，再靠團體的壓力，包括家長的強化來引導。試想，如果在一個團體中，領導者沒有權力，或沒有使用適當的方法來行使權力，那等於領導者不具有權威（authority），這類似於無政府狀態，就不可能達到團體所設定的目的。因此，在教育活動中，教師除了要具有權力之外，還要知道如何有效的去應用，才能達到教育目的。可是，權力的運作也要依對象、情境等因素而

改變。有時要強勢運作，有時要用軟性隱微的方式。

臺灣的教育在戒嚴時期，在權力的應用上可說是採用較高壓的方式。教師比較是高高在上，以至於有些人對於教育中的權力行使產生反感。在解嚴以後，以往的措施也一一被檢討。可是，解嚴後的教育改革，卻又走過頭了。認為自由就是不斷的將各種限制排除。筆者認為，這種看法是持著馬克思的權力觀，不切實際。反而應該對權力持著比較中立的看法，它是有利也有弊，要適當的行使才會有好效果，這是傅柯的觀點。以下分別加以說明。

馬克思認為權力都是不好的，是壓迫性的。權力會扭曲真理。所以，應該將權力排除。但他又很天真的將權力當作是商品，即某些人擁有較多（資產階級），某些人沒有權力（無產階級）。有權力的人就會去壓迫沒有權力的人。因此，他所主張的共產社會要排除權力的運作，才能是沒有剝削、沒有壓迫的社會。而推翻了資產階級之後，只能由原先的無產階級來主政，因為他們在資本主義社會中是被壓迫者，主政之後應該不會去壓迫別人。他對共產主義的理想是：「各盡所能，各取所需」，也不必有權力的運作，所以是烏托邦（Utopia）。

傅柯對於權力則採取微觀的角度，認為有權力關係才會發生權力的作用，即所謂的「不怕官，只怕管」，只要是管不到就不用怕。權力並非全是壞事，權力也有生產性。試想，如果完全沒有權力運作，那才是無政府狀態。傅柯認為權力是無所不在，不可能排除的，它像毛細孔原理，滲透到所有場域。而且，有權力就有反抗，等於每個人不管權力大小，都有一些反抗的空間，而這些空間就是其自由度。因此，也就沒有完全的自由這回事。

就權力的分類，他指出，在西方自從工業革命以後，暴力逐漸減少，規訓權力（disciplinary power）取而代之。因為暴力所引起的工人反抗，將使得資本家得不償失。規訓權力主要分成三種：監視、正常化的機制和考試，它們之間會有互相重疊的地方。監視有空間的監視和時間的監視；正常化的機制是劃出所謂「正常」的範圍，讓偏離者受到壓力而回歸，讓人們知道他所處的相對地位；考試則是指各種考核、評鑑與取得各種證照的要求。也就是有權力者用這三種權力的運作方式來控制，這是很難逃避

的。所以，沒有人是絕對自由的。

在社會的場域，規訓權力普遍的被應用，包括學校、醫院、軍隊、工廠等各種組織。當然，規訓權力的應用不等於教育，因為師生之間最好的關係應該是尊師重道，心悅誠服的來受教。可是，這是理想情況。但這種情況假設教師永遠是對的，這也不可能，這樣的假設是有風險的。在一般中小學的教育情境中，規訓權力是普遍在用，如果不用的話，可能將無法正常運作。可是，我們的教改卻唱高調，偏向馬克思的權力觀。

參 各種教育改革措施的商榷

事實上，各種教育措施沒有絕對的正確與否，因為要因材施教，不能一概而論，一體適用。而且，任何措施有優點就有缺點，只能取其優點較多的。所以，以下所談的都不是一刀切，完全的對與錯的對比。這也是教育的難處，沒有萬靈丹。

一、所謂的「免試」入學

解嚴以來的教育改革，針對入學考試已有多次的改革，有些人恨不得完全把它取消。我們升大學的入學考試，從原先完全的紙筆測驗（還有術科），到多元入學，用資料審查和口試等方式。國中升高中也改為基本學力測驗，但還是紙筆測驗。到了十二年國教，終於是「免試入學」了！事實上，還是包括會考成績。只是，為何宣稱是免試呢？或許是申請時，考試成績比重較低。然而，這麼多改革的結果，補習班也沒減少，學生的負擔依舊。

從今天的角度來看，考試是不可能消除的。在企業管理手法普遍應用到社會的各個角落之後，除了學校要考試，各行各業都有無數的考試、評鑑、業績的壓力、政治人物的滿意度調查等等。在教育上，考試原先是教學成效的回饋指標，是整個過程裡面的一環，有其正當性。當然，考試也是控制的方式，它是三種規訓權力的完美組合，傅柯說：

考試是將層級監視與常規化的判斷結合在一起，以確保規訓功能中的分配和分類，最大限度地榨取力量與時間，連續的生產和累積，結合最適當的個性，以塑造出個別的、有機的、富生產性和統整的個體。經由考試的儀式化，規訓權力可以一言以蔽之，就是使個別差異成為重要因素的權力形式。

（Foucault, 1977: 192）

也就是在考試的要求下，對於個體做了嚴格的控制。他必須學會考試所要求的能力，這常常是漫長的過程，而持續的動力就是預懸的考試目標。今天各種用人單位總是要求各種證照，從學歷、經歷、語文能力、電腦能力等不一而足。而且這還只是基本的資格，等於只是第一關。從這個角度來看，在今天的社會，考試已是一輩子擺脫不掉的。各種升遷也依樣要有考核，那也是考試。大概只有退休以後才可免除。所以，考試已是人生中無可迴避的事。

然而，考試也有其正面功能。傅柯就指出規訓有其生產性的一面，也就是在考試的壓力之下，形成了學習的動力，而考試也驗證了學習的成果。當然，考試也是控制的方式。所以，被控制的人並不喜歡，除非他可以考高分。

既然考試是無可迴避的，那就要認真面對。從教育工作者的立場，應該去改進考試的信度（reliability）與效度（validity）。可是，我們的考試是非常畸形，常是「為了信度而犧牲效度」（蘇永明，2015：18）。信度是指客觀性，凡是不易客觀評量的就不考，如考駕駛執照只在教練場的模擬情境考，最近才加入實際道路的測試。以往沒有考道路駕駛，常使得拿到駕照的人不敢上路。升學考試的英語科，也沒有聽、說、讀、寫都考，因此在效度上都會打折扣。這些真正的能力因不太能夠客觀評量，長期以來是不考的。

另一個致命傷是，為了公平起見，常把考試的範圍限制的小小的，還要明說哪些不考。照理，是要考出能力，只要是不超出能力範圍的題目照理都可以考，而不是考試的內容要限制在教科書內或是只能考哪些單字。這樣的考試好像在辦家家酒，假裝你只要把範圍內的學會，該有的能力就

有了。事實上，應該是顛倒過來，在不限範圍的情況下，屬於某一項能力的都會，才算真正擁有該能力。

而這種限制範圍的考試只會使得學生讀得愈來愈無趣。因為他們只能將範圍內的內容讀 N 次，而不是去觸類旁通。就像開車只能在教練場就分解動作不斷的重複，而不是真正去兜風。這也助長了無數的模擬考試，變成是把考生當考試機器，對於考試的內容要熟悉到像是制約反應，看到了就要會寫，甚至於是背公式等機械式的反應。因此，我們的考試在方式與內容上，都還有許多改善的空間。

如果考試的內容能夠更接近實質的能力，真正測出學生的實力，那麼將會減少惡性競爭，不需要整天考，也比較不會把學生當考試機器。這才是應有的改革方向，而不是將入學考試為了公平性而做各種的扭曲。考試本來就不可免，今天十二年國教的做法是用各種比序，來稀釋會考的比重。可是，會考成績仍是決戰的關鍵點，無法擺脫的。因此，筆者同意傅柯的看法，認為考試仍不可免的，還是要回歸傳統的考試。

二、頭髮與服裝儀容的爭議

監視是主要的規訓方式。今天到處裝設了監視器，就代表權力所能到達的地方，犯罪常常發生於死角。對學生服裝儀容的規定就在於方便監視，很快就能辨識。在戒嚴時期，對於中學生的服裝儀容確實有過於嚴格的規定和處罰；解嚴後也不斷的放寬；可是，我們已經放寬到頭髮不能管，制服可以混搭。事實上，服裝儀容有多方面的意義，除了儀容和制服的規定可能不夠美觀之外，從規訓的角度來看，是有增強規訓的效果。因為從髮型、制服就可以判斷為學生的身分。一旦身分被辨識，那有很多事就不方便做了，這也是學生反對管制的主要原因。

而各國對中學生幾乎都是採取要穿制服以及對儀容的管制，但對小學生和大學生則少有這方面的規定。如果從教育理論來解釋，中學生可說是處在比較危險的階段，所以有較嚴格的管制。小學生能出的亂子有限，大學生是已經過篩選，也已是成人，比較能知所進退。唯獨中學生，可能自以為長大了，也對各種事物不斷的在試探。所以，為了安全起見，而有較

多的規訓。

若未規定穿制服，像美國曾經讓學生自主，結果是有的學生爭奇鬥艷，穿戴名牌來炫耀。後來，柯林頓總統只好下令一律穿制服，不要把太多的心思用在外表的打扮。穿不穿制服各有利弊，要看時機及必要性，也還不算是非常嚴格的規訓。目前，我們採取可以混搭的方式來穿，[1]算是某種程度的妥協。只是對學校的執法人員會產生很大的困擾。

三、對於學生住校的非議與規訓的難以實施

要學生住校，不可隨意外出，三餐都在校內，這種寄宿學校（boarding school）是最嚴格的規訓。它的原型是天主教的修道院（monastery），其一言一行都受到嚴格的管制，等於是在空間和時間兩方面都受到監視。但是，不可否認的，這也是最有效的方式。傅柯有以下說法：

> 規訓有時需要封閉空間，標示出一個與眾不同的、自我封閉的場所。這是一種整齊劃一的保護區。在這方面有對流浪漢和窮人的大「禁閉」，也有其他更謹慎但也更明顯和有效的禁閉措施。在這方面還有大學、中學：它們逐漸採用了修道院的模式，寄宿制變成了即使不是最普遍的也是最完美的教育制度。（劉北成等譯，1992：141）

我們在解嚴前的軍事院校、警察學校、師範專科學校都採取這種方式。解嚴後師範院校已不再採用，而且還認為這是為了意識型態控制，是落伍的教育方式。當有人提議師資培育要恢復住校時，就會受到這樣的指控。

我們現在有一些私立中學也採用寄宿制。一般大學的宿舍管理已鬆到連門禁、熄燈、網路管制都難以執行。照理，宿舍也是學習的地方。英國牛津、劍橋大學的 College 是指宿舍。每個學生都要住宿，而且宿舍還有導師，也聘專人來教導功課，每個 College 之間針對學生的學業成績還有評比。其私立的貴族學校幾乎也都是寄宿學校，每週只有週日才可以出校

1　如果從美的角度來看，混搭是後現代美學的特徵。

園。這種寄宿制到今天都還存在，畢竟它是有效的教育方式，而且是實施在一流的學府。我們現在只是嘗試在大學宿舍從事通識教育，如清華大學在清華學院下所設的「住宿學院」。

事實上，寄宿學校不等於意識型態控制。如果是的話，那些強調自由的國家早就把它取消了！反而是，寄宿學校才能將學生脫胎換骨，它不一定只強調學業成績，生活教育才是其重點。尤其，當許多貴族或上層社會的子弟進入就讀之後，他們期望的是能學會各種社交禮儀及日常食衣住行的舉止儀態。這都需要長時間培養，尤其是講話的腔調。由於寄宿制將學生與外界隔離，才不會有「一傅眾咻」的現象。所以，它能夠延續到今天還在採用。可是，我們卻棄之如敝屣，認為是落後的方式。

四、鄉愿：不敢給學生負面評語

所謂正常化的機制，是要遵守規範，也就是要和大多數人一樣。這也是一種個人化的做法，將個體分等級，以相對於團體的表現，借由團體的壓力，個人必須趕上團體的進度。所以，「規訓是一種等級排列藝術，一種改變安排的技術」（劉北成等譯，1992：145）。傅柯舉的學校例子如下：

> 在十八世紀，開始用「等級」來規定人在教育制度中的地位分配形式：即學生在課堂、走廊、校園的座次或位置；每個學生完成每項任務和考試後的名次；學生每週、每月、每年獲得的名次；年齡組的序列；依據難度排成的科目序列。在這套強制性序列中，每個學生依照其年齡、成績和表現有時處於某一等級，有時處於另一等級……這種系列空間的組織，是基礎教育的重要技術變動之一……它通過逐個定位使得有可能實現對每個人監督並能使全體人員同時工作。它組織了一種新的學徒時間體制。它使教育空間既像一個學習機器，又是一個監督、篩選和獎勵機器。（劉北成等譯，1992：146-147）

傅柯又指出等級安排有兩種功能：「一是標示出差距，劃分出品質、技巧和能力的等級；二是懲罰和獎勵。」（劉北成等譯，1992：181）以團體中的相對位置來判斷，那就是獎懲的主要依據。一直以來，這都是教育上使用的

基本原理。

可是，臺灣的社會卻逐漸走向偽善，除了政治上的漫罵和網路上的不負責言論外，凡是對他人的負面評論動不動就要上法院提告，即使是事實的陳述也要擔風險。因此，真話也不敢說。臉書上只能按「讚」，不能有負面的反應。在教育上，也開始不能有全班排名的成績單。甚至營養午餐怕有些繳不出錢的學生會有負面標籤，不惜花大錢，變成全面免費。在教育的過程中，不敢給學生挫折。我們國立大學的退學比率平均不到 3%（2010-9-10 自由時報），等於只要進得去大概就出得來，淘汰的很有限，我們的大學生有這麼優秀嗎？

從教育的原理來看，我個人絕對同意鼓勵要多於懲罰。全班性排名的成績單在小學階段應該避免。可是，上了中學就應該讓他知道其成績表現的相對地位，不應該再存著鴕鳥心態。我們目前的做法是在教育的過程對學生百般呵護，怕學生受到任何傷害，即使是犯錯也不敢太責備，也設計各種抵免辦法來除過。對學生負面的評論也會引來家長的抗議，那只好寫一些不痛不癢的評語。這樣的教育讓學生自我感覺良好，等到出了社會發現不是這麼一回事，等於學校是在騙他。

我們的大學不斷擴張，學生水準是愈來愈低落。但由於對學生權的重視，使得我們對大學生幾乎所有的標準都一再降低，各種退學門檻、畢業門檻也都守不住。很多學校都訂定英文能力的門檻，事實上，許多過不了關的也就以多上幾堂英文課充數。各種規訓措施也難以執行，只能不斷放寬。學生犯錯或達不到標準只能不斷的輔導。所以，大學畢業了也學不到多少本事。

由於對學生權的強調，連「犯錯的權利」都講的名正言順，任何對他們負面的評論都變得沒有正當性。殊不知，給學生負面反應也是教育原理之一。孟子說：「教亦多術矣！予不屑之教誨也者，是亦教誨之而已矣！」（《孟子》告子下／朱熹，1990）。懲罰也是教育過程中必要的措施，有些學生只要瞪他一眼，他就知道錯了而改正；有的要費九牛二虎之力還不一定改得過來。但一味的給予學生正面的反應卻是害了他，也不符合教育原理。

五、中小學生參與審查課綱

　　傅柯認為權力與知識是一體的兩面，主張權力／知識（power/ knowledge）。他說：「權力在運作時不可能沒有用到知識，而知識也不可能不產生權力。」（Foucault, 1980: 52）而課綱正是用來產生權力、控制思想的，它取代了以往更嚴厲的「課程標準」。可是，在臺灣卻有驚人的發展，讓學生來參與制定課綱。

　　在 2016 年新舊政府交替之際，關於高中歷史課綱的爭議，造成學生入侵教育部。在新政府上臺後竟然找高中生擔任課綱委員。這樣的做法不但是民粹，也是反智主義（anti-intellectualism），是在顛覆教育。這在課程決定上，應該要好好記一筆。課綱的決定有它知識上的成分，有爭議照理還是要從學者專家的遴選去改進，而不是找中學生進來就有正當性，這等於是對知識的不敬。試想，高中生有什麼智能來決定課綱的內容？

　　就大學生參與校務來看，他們已超過 18 歲，可算是成年人。但他們所參與的校務會議、系務會議及各種委員會，絕大部分是行政事務，少有純學術的討論。更何況，知識上的對錯也不是用投票就可以決定。而高中生擔任課綱委員，要討論的卻是學術內容。理論上，他們都還沒有學會，憑什麼做決定呢？如果他們已經學會了，那也不必再接受教育了。所能解釋的，就是要打擊學者專家的權威，討好年輕人，把他們捧上天。

　　最後選出高中生擔任的代表有「審議大會學生代表」4 人和「各分組審議會學生代表」18 人。教育部認為學生的參與，「亦可給予學生參與公共事務之空間，使學生有學習自主與獨立思考判斷的機會，並得增進學生民主參與之經驗。」（教育部全球資訊網，2016 年 7 月 20 日即時新聞）。在遴選代表完成後，所發布的新聞是：

> 　　這次的課審會學生代表遴選，可以視為青年世代參與重大教育公共事務的里程碑，在這3次學生代表遴選委員會召開過程中，所有委員們不僅展現高度民主法治素養，熟悉議事規則及行政程序，且在選舉過程中表現可圈可點。後續教育部將規劃辦理課審會學生代表培力研習，以利課審會的組成及課綱審議作業。（教育部全球資訊網，2016年7月28日即時新聞）

這裡用以正當化的是遴選委員的表現，而被選出的學生還要接受培力研習，才知道怎樣去參與委員會。他是用民主的運作來合理化，但這只是必要條件，委員的學術素養才足以勝任，這部分卻看不出來。不知他們將如何自主的行使職權。筆者認爲，此一現象就像是當前對素人政治人物的迷信一樣，有的時代就是會走回頭路，就像人偶爾會生病，相信一旦理想幻滅，也就會回歸正常。

六、自由化後的私人興學

臺灣在解嚴後的私人興學，在高等教育方面，就是大學快速增加。根據教育部的「教育統計」，大專院校（包括大學、獨立學院和專科）從80學年度的123所增加到99學年度的163所。但是新設或是升格後稱爲「大學」的卻是從80學年度的21所變成99學年度的112所，增加了將近100所大學（教育部全球資訊網，教育統計）。現在開始因爲學生來源減少，要逐年關掉不少大學。雖然這中間有少子化的因素，但也突顯了無條件的自由化，會助長盲目的成長，然後留下爛攤子。

在自由化時，常常難以顧及公平性的問題。而十二年國民基本教育的實施，讓公私立學校自由競手。但是，公立學校要擔負社區高中的角色，也就是必須招收學區內一定比率的學生。而私立學校卻可以技術性的來篩選學生，而且，其國中部直升高中部的比率也較公立學校來得高。因此，這三年來私立中學的入學已愈來愈搶手。其可能造成的結果就是原先的明星高中將轉移到私立中學，這對教育機會的均等將有不利的影響（蘇永明，2012）。

然而，這項證據要到明年（2017年）升大學的統計才會出現。根據第1278期的《商業周刊》（2012年5月21日出版）報導，2011年考上臺大的比例，建國中學爲45%，而私立高中分別是薇閣中學（21%）、復興中學（17%）、延平中學（9.4%）、東山高中（6%），該文預測實施十二年國教之後建中可能降到15%都不到（頁123-124）。這只是參考數據之一。但根據筆者對於比較教育和英國教育的研究，是持著悲觀的態度，明星高中往私立學校轉移已是無可抵擋了！這常常也是各種自由化之後必然的結果。

肆 結論

本文是針對解嚴以來，學校對各種規訓措施不斷退卻感到憂心。若再這樣繼續下去，教育將喪失它應有的功能。本文採用傅柯的規訓權力概念來檢視國內解嚴以後的教育改革，認為已偏離了教育的原理。免試入學不可能，考試或各種評鑑已是社會的常態，無可迴避。對於服裝儀容的規定是應逐步放寬但不應棄守。對於寄宿學校這種嚴格規訓的方式不應被汙名化，它不等於意識型態控制，仍可適度採用。由於講究個人的權利，整個社會鄉愿的態度，使得教育不敢給學生負面的批評和挫折，這造成學生只是自我感覺良好，而未能確實去努力。高中生擔任課綱委員可說是創舉，但卻是反智，打擊既有的權威。最後，私人興學的自由化卻造成了大學過多而又要關門的窘境，私立學校的特殊地位也使得明星高中往私校位移。權力的適當行使是必要的，不可一味的放任，扣緊教育的本質和原理才是應行之道。

或許是時代變了，本文的觀點已是不合時宜的想法。但就個人對國內外教育的觀察以及對教育學的研究，仍覺得有必要做出上述的評論。

參考書目

中文部分

自由時報（2010.9.10）。大學退學率不到3% 政大講座教授錢致榕老師失職。陳怡靜、林曉雲。

朱熹（1990）。四書集注。臺北市：世界書局。

商業周刊。1287期〈12年國教殘酷真相：小六開始衝刺大學〉。黃亞琪著。

教育部全球資訊網，即時新聞，http://www.edu.tw/，2016年9月27日下載。

教育部全球資訊網，教育統計，http://depart.moe.edu.tw/ED4500/，2011年9月5日下載。

陳森（譯），Moisés Naim著（2015）。微權力。臺北市：商周出版。

劉北成、楊遠嬰（譯），Michel Foucault著（1992）。規訓與懲罰——監獄的誕生。臺北市：桂冠圖書。

蘇永明（2015）。當代教育思潮。臺北市：學富文化。

蘇永明（2012）。十二年國民基本教育可能造成明星高中的位移，刊於通識在線，41期，2012，七月號，頁31-34。

英文部分

Foucault, M. (1980). *Power/knowledge: selected interviews and other writings 1972-1977*. Edited by Colin Gordon. New York: Harvester Wheatsheaf.

Foucault, M. (1977). *Discipline and Punish: the birth of the prison*. Trans. A. Sheridan. New York: Pantheon.

教育競爭必然帶來進步嗎？

林秀珍 國立臺灣師範大學教育學系教授

9

壹 前言

　　當前在全球化潮流的衝擊下，國際間的經濟競爭日益激烈，人才培育也成為各國教育的重點。依據我國教育部官網（2016）所示：「十二年國教是一個世紀教育工程，透過這個世紀教育工程，將為我國的青少年打造一個適性發展、多元學習、又具競爭力的學習環境。」此外，教育部編印（2013）的《轉型與突破：教育部人才培育白皮書》也明確指出：「應藉由教育來培育社會需要的多元優質人才，這樣國家才會有源源不絕的向上提升力量，才能強化國家的競爭力。」現實的國際局勢考驗著一個國家的「競爭力」，「競爭力」的高下攸關經濟前景，所以學校教育重視學生「競爭力」的培養，也是自然而然的事。雖然「競爭力」的內涵難以明確界定，不管競爭的對象為何，在比較中能夠勝出，這是對「競爭力」的通俗說法，把「競爭力」連結至個人利益與國家發展，也成為社會共識，從民間補習班的招生廣告、學校的教育宣導，乃至國家政策的宣示，皆可見端倪。「競爭力」顧名思義是競爭的能力，大力宣揚「競爭力」的重要性也會在無形中強化「競爭」的意識，認為競爭與進步息息相關，通過競爭的環境試煉，更能培養出卓越的競爭能力。由此觀之，當前我國學校教育普遍存在著競爭的現象，也就不足為奇了。

　　競爭與進步或許高度相關，但是學界大概沒有人敢斷言：競爭是進步的充分條件，也就是說競爭「必然」帶來進步。因為只要經驗世界存有反例，這種說法就會被推翻。事實上，學術界對於競爭之惡早有批判，英哲羅素（B. Russell）（1932）曾為文指陳教育中的競爭惡果，歐陽教的《德育原理》（1986：384）也對教育上把競爭當作無所不能的手段，提出深刻反省。既然競爭與進步沒有邏輯上的必然性，教育中的競爭就不能，也不應該被視為理所當然，慎思明辨其利弊得失，才能確保教育的品質。職是之故，本文以「教育競爭必然帶來進步嗎？」的提問出發，分從教育競爭的合理性、過度競爭的問題，以及超越競爭的互利共生等，來加以探究。

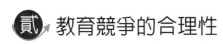 **教育競爭的合理性**

無論在生態界或人間世界，競爭隨處可見，其存在應該有合理的原由，教育中的競爭也不例外。

一、競爭是因應生存的需要

自然世界彷彿充滿著競爭。從生物演化的觀點來看，在不斷變化的環境中，個體面臨競爭求生存的壓力，適於環境者較易存活，並且將優勢特性傳給下一代，不適合者則容易被淘汰而死亡。生物的本能是自我保存，延續生命，當維繫生存的資源不足時，個體間的競爭也會益趨激烈。人間社會也不例外，人際、群體以及國家之間的競爭無所不在，尤其當前隨著全球人口急遽膨脹，與生存直接相關的資源爭奪，例如水、糧食與能源等等，已成為各國不敢忽視的課題，一旦個人、群體或國家生存受到威脅，最慘烈的殺戮爭奪也極可能發生。

二、競爭促進學習

現代學校的體制運作深受工業時代影響。相較於農業社會日出而作，日入而息的穩定型態，工業時代的機械化生產模式，以前所未有的速度大量產出整齊劃一的產品，也帶來社會的急遽變遷。特別是工商業活動蓬勃發展之後，企業面臨現實的生存危機，不能與時俱進地改變創新，就會被淘汰出局。競爭的現實壓力促成企業的革新發展，也影響學校以「目標管理」的企業思維，模擬工廠生產線的標準化流程，希望透過系列的考試和測驗，以確保「產品」的品質和績效。工業革命隱含的「競爭帶動進步」觀，不僅被企業組織奉為圭臬，也成為學校教師的潛在信念。誠如聖吉（P. Senge）所言，工業時代模式的學校觀念認為，競爭加速學習，學生接受考試檢驗，彼此間相互競爭，以決定自己的成績有多好。他對工業時代遺留下來的學校包袱多所批判，不過對於學校中的競爭，則持中肯立場，只要不過度競爭，在正確的情況下，他認為競爭是可以促進學習的（Senge, 2000: 48）。

競爭促進學習與進步，可以從當代的個體心理學（Individual Psychology）得到說明。個體心理學的代表學者阿德勒（A. Adler）主張，人人身上普遍存在著力爭上游的動力，當個人感到處境卑微時，爲彌補卑微的感覺，於是努力向上，從克服困難中表現出自己的力量，這種爭取優越成就以減少卑弱感的動力，使人格向上發展，不但改進自己，也會帶動社會的日新又新（Adler, 1992: 66-67；賈馥茗，1997：56-58）。競爭提供比較的參照點，讓個人得以覺察自身的弱點和不足，從而激發積極向上的鬥志，加速學習的成效。以商業競爭爲主的生活型態，印證「不進則退」的道理，身處其中只有不斷的精進成長，才能免於淘汰出局的厄運。鄔昆如指出，古希臘的海島文化以航海經商爲生活條件，由於經商必須競爭，人與人之間發展出競爭關係，其具體表現在奧林匹克運動盛會，也推動希臘以積極進取的哲學，來面對宇宙與人生問題（鄔昆如，2004：70、205）。競爭的環境充滿挑戰刺激，不允許停滯不前的安逸怠惰，如果不能積極向上，就難以回應變化萬千的現實局勢。古希臘的哲學、藝術與科學成就輝煌，多少反映出競爭文化是促進個人學習與社會進步的力量。

三、教育競爭的公平制度有「化民成俗」的效應

兩千多年前，荀子曾言：「人生而有欲，欲而不得，則不能無求。求而無度量分界，則不能不爭。爭則亂，亂則窮。」（〈禮論〉，王忠林註譯，1989：284）人與生俱來就有自然的欲望，如果欲望的追求滿足沒有分際，人際間不免爭奪傾軋，讓社會陷入混亂的困窮局面。所以荀子提倡禮制來調節人欲，因爲「制度」具有「度量分界」的規範力量，是保證秩序所以可能的重要機制。當前社會學研究也認爲：「在日常生活中，人們爲人際互動之間有一定的秩序，以合理分配與運用社會資源，常會自設一些規範與價值來約束行爲。此一價值和規範一旦形成，行之一久就成爲制度。」（葉啓政，1991：76）由此可見荀子的真知灼見。客觀的制度運作排除特權介入與循私舞弊，保障人人有公平機會，憑藉各自的努力來爭取有限資源。把競爭納入公開透明的制度中，不僅消弭資源分配的爭議，同時也因爲遊戲規則明確，可以免除不確定性所產生的猜疑、憂慮和恐懼，化解人際相

爭的衝突對立。

　　制度是一套形式化的運作規則，當社會成員對制度規範有共同的理解和接納時，透過制度得以建立秩序（林秀珍、徐世豐，2006：191）。教育職司「化民成俗」的社會責任，教育競爭的制度設計不離人文教化，藉由制度背後潛在的價值取向與認知模式，可以形塑學生正向的價值意識和行爲模式，避免未來面對複雜多變的社會競爭時，淪爲生物本能的爭鬥，失去人之所以爲人的「人味兒」。學校中的運動盛會即爲一例。根據動物行爲學家勞倫茲（K. Lorenz）研究，人類與生俱來就有保存生命的攻擊本能，表現在運動上的爭鬥性超過其他動物的嬉戲行爲，運動競技其實隱含著攻擊的動機。學校的運動會以「公平競爭」爲準則，可以爲人類的攻擊衝動置入健康且安全的活門（Lorenz, 1966: 280-281）。在運動競賽中，學生必須謹守遊戲規則，即使面對最強烈的刺激，也不能直接反擊，就連任意發脾氣的宣洩也會受到制裁，嚴重者甚至被判出局。運動賽會的制度設計，提供人性非理性衝動的合法出路，教導學生有意識的自我控制，從中認知理性與責任的承擔，攻擊衝動被公平的競賽制度約制，進一步轉化提升爲運動家的君子之爭，同時也實現了人性教化的目的與價值。就此而言，制度化的教育競爭如果設計得當，確實有其正面的效益。

四、凝聚團隊合作的向心力

　　競爭有促進群體內部團隊合作的功能。莫里斯（D. Morris）從動物學的觀點指出，在人類社會中，外部威脅的存在會把團體內部的成員緊密地聯合起來，尤其對外戰爭更是強而有力的內聚力量，可以讓群體內部的紛爭因爲外部的共同敵人而平息（Morris, 1996: 32-33）。教育中的競爭也有類似的作用，無論是國際、校際，學校中的年級間、班級間，或班級內部的分組競賽等，都可藉由外在的競爭對象來強化內部成員「共同體」的統一意識，讓原本分散獨立的個體因爲「我們」的集體認同而團結凝聚，發展出合作互助的團隊精神。

　　善用教育競爭促進團隊合作，不僅強化群體意識，也有助於矯正自我中心、自私自利的「個人主義」。許倬雲指出，西方的宗教革命和啓蒙

運動讓歐洲人擺脫天主教會的神權統治，開始尋找自己，因為個人理性自覺而產生的「個人主義」，是現代文明的重要基石。不過，原本是人類自覺的個人主義，演變至今已逐漸變成只顧自己的自私自利（許倬雲，2014：19-20）。賈馥茗也有相似的憂慮，他提到二十世紀後五○年代的「個人自我」觀念甚囂塵上，「自我」的觀念受到矚目，原本就容易形成「個人主義」，經過大肆強調以後，則趨向於「極端」。以「我最重要」而「我行我素」，進而要求「別人」同意自己的重要和優先（賈馥茗，1992：281）。面對「個人主義」走向自我獨大與自私自利的極端發展，教育中的團體競爭，無論是班級分組競賽、班際、校際或國際賽事，都可以讓人走出自我封閉與孤立冷漠，體認合作的團隊力量遠勝過個人的孤軍奮鬥，同時促成人際間的溝通交流和溫暖的互助情誼。

參 教育中的過度競爭

競爭固然有其正面的功能和效應，但是當前教育中的過度競爭，甚至惡性競爭，也讓有識之士感到憂心忡忡。

聖吉以美國學校為例，他認為雖然有許多教育工作者關切過度競爭的問題，注意到互助合作（collaboration）的重要，但教育界的實際做法仍然充滿矛盾，很多情況顯示，教育工作者未能洞察學校裡的競爭是多麼的根深柢固（Senge, 2000: 49）。東亞各國的教育為了急速趕上歐美的現代化腳步，教育競爭激烈，尤其是我國和韓國，在短短 50 年就達成教育的現代化，佐藤學稱之為「壓縮的現代化」，其特徵之一就是過分激烈的考試競爭（黃郁倫、鍾啟泉譯，2012：42-43）。根據《天下雜誌》報導，2013 年臺灣的升學文理補習班家數是 10,626，其中八成的招生對象為國中小學生。以 2012 年來看，升學文理補習班就比前一年暴增近 600 家，升學補習班的數量和超商數量幾乎可以並駕齊驅，可謂臺灣教育「奇蹟」。儘管 2000 年開始，臺灣教改廢除高中聯考，採多元入學，13 年來國中、小學生人數也減少約三成，但是補教產業仍然不斷擴充膨脹，其中文理補習班的總數量增加 3.3 倍，成為籠罩教育體系的巨大陰影（林倖妃，2013）。升學補習班的蓬勃發展，多少印證了佐藤學對我國教育競爭激烈的觀察。

羅素（B. Russell）對教育中的競爭持審慎保留的態度，他認為過度競爭造成過度教育（over-education），讓學生的身心與道德上皆蒙其害（Russell, 1932: 160-177）。由於篇幅所限，以下主要以國內升學考試競爭為例，來論述過度競爭之弊。

一、「特化」（specialization）的危機

長期以來，臺灣的中、小學深深受到升學主義影響，家長害怕孩子輸在起跑點上，從國小甚至幼稚園開始，就積極地培養孩子的「競爭力」。「望子成龍」、「望女成鳳」的殷切期盼也在無形中左右學校辦學，讓校園充滿競爭的氛圍。競爭涵蓋目標對象、競爭對手、策略方法、競賽規則和比較指標等多元面向，無論是名利或權力之爭，人際或群體間的競賽，總要有彼此認同的比較標準和規範，才能讓人心服口服，接受結果的公平性。以考試取材的升學制度崇尚「分數」，世俗潮流也多以考試成績作為「競爭力」的指標，身處其中的教育人員、家長和學生，都很難避免自己的思考和行為不受牽動。

當前生物學的演化論告訴我們，生物演化的過程是「物競天擇」、「適者生存」。生物體達到「最適」的過程涉及許多步驟和條件，例如鹿角在堅硬程度、吸震、重量和生長速率等方面都需要考慮，才能達到最適當的狀態。這些變項中只要任何單一的條件推到最大極限，即生物學上稱之為「特化」的現象，生物體會喪失應變力，一旦環境改變就可能因為缺乏應變的彈性而滅絕（葉蓉樺、黃俊霖編譯，2004：72）。文化人類學家李亦園則提到，對人類學家來說，「文化」就像「體外器官」（external organ），我們有種種的文化設施、科學發明，人類的身體不需要非常發達，善用文化就能讓我們適應環境。不過，大部分的人並未覺察到，我們的文化已經出現特化現象，例如沒有跳開自己的文化立場看問題，造成種族之間的矛盾衝突，反過來會限制人類的發展，甚至可能造成滅絕的命運（李亦園，2003：16-29）。特化的最終結局是毀滅性的，當前我國的升學競爭將校園文化導向名利爭逐，也出現令人憂心的特化現象。

(一)「數量」凌駕「品質」的偏鋒發展

競爭必須客觀公平，才能讓人心服口服。當教育資源有限，升學競爭的公平性也備受矚目。紙筆測驗的量化方式兼具客觀、可操控、確定性與效率高的優點，能排除人為主觀好惡的偏執，建立較高的公信力，所以幾十年來，我國的升學競爭仍以紙筆測驗為主，雖然教育改革標榜多元或免試入學，還是無法完全脫離考試取才的社會慣性。而且為了公平客觀，升學考試的試題即使強調信度、效度、鑑別度與計分標準的精確性，最終還是難免「量化」處理，以切合社會對公平客觀的期待。影響所及，學校的教學和評量偏重可測量的認知學習，忽略態度、情感、審美與創造力等難以具體量化，卻是關乎人生發展的重要元素。

學校中的考試評量本有「診斷」功能，意在協助教師了解教學成效，掌握學生的學習困難。但是，在升學競爭與「制度化」的考試催化下，分數的價值不斷被放大，量化的外控目標和思維模式成為主流。從社會學的觀點來看，「制度化本身具有侵略性格，它要求其所釐訂的規則形式（當然也包括精神內涵）的效果，在所指涉的時空中盡可能無限延伸，且具普遍的效準意義。」（葉啟政，1991：138）考試制度以「數量」作為客觀的比較標準，這種價值取向將學生導向一個一切皆可測量的世界觀，多變複雜的世界被化約為抽象的數字符號。誠然，量化有執簡御繁之效，近代科學發展也以度量和計算為基礎，雖能有效克服知覺經驗的曖昧模糊，建立精確的客觀知識，但是生命世界的奧妙、人生的價值意義與藝術美感的陶融等，皆非科學量化所能表徵。

過度看重具體、可觀察和操控的量化結果，往往只著眼表面的統計數字，不問數字背後潛藏的意義。工商企業重視具體的營收效益有其生存競爭的現實需要，如果連學校教育也被數量化的思維模式套牢，辦學或教學評鑑皆採量化的計算思維，學生也專注於成績的追求，對知識探究缺乏熱情，對周遭環境的人事物冷漠以待，如何期待學校教育成為社會進步的希望。

(二) 崇尚「標準」

升學考試以「自由競爭」與「強者勝出」爲原則，人人在機會均等的條件下，各憑努力爭取有限的教育資源。爲了升學，學生別無選擇必須通過考試關卡，當考試得失緊密牽連著個人前途、家庭聲譽、學校排名與教師榮辱時，成績的意義大大超重。「標準答案」提供評分的客觀性，也理所當然成爲公平性的重要指標，我國的升學考試多以選擇題型爲主，兼顧閱卷效率和評分公平，可謂一舉兩得。

「標準答案」就像雙面刃，一方面可平息考試公平性的質疑，但是另一方面因爲標準的箝制，也會產生思考慣性，犧牲靈感與創意。根據最新的腦科學研究，我們的大腦神經具有可塑性，神經的可塑性使我們更有彈性，同時也會讓我們更容易受到外界影響的傷害。一旦某個改變發生，在大腦中變成根深柢固時，它會阻止其他的改變發生。例如當我們學會一個壞習慣時，它也占據了大腦地圖的空間，多次重複這個壞習慣，它對這個地圖空間的控制愈強，讓好習慣更難立足。這說明了壞習慣的戒除十分困難，也說明了童年教育非常重要（洪蘭譯，2008：20、96）。我們的大腦會受環境刺激而影響神經迴路的連接，童年時期的可塑性最高，學習經驗的豐富性更顯重要。當升學競爭的外在壓力讓孩童把大量心力花在參考書和測驗卷的重複練習，缺乏豐富多元的經驗刺激，腦神經迴路被固化，思考和行動也會受制於僵化的慣性。特別是學校裡的考試競爭行之久遠，學生爲了考取高分，勢必順應「標準答案」的固著特性，不敢自主探索和冒險，也難以想像「標準」之外的世界有多豐富。「標準答案」沒有模糊空間，能建立考試競爭的公信力，但是在過度競爭之下，崇尚「標準」也塑造了影響終生的思維和行爲模式。對「標準」的執迷形同自我禁錮，只朝「標準」的固定模式發展，缺乏多元變異的空間，最終將自己推向「特化」的道路，失去適應環境的應變力。

二、「有用之用」的迷思

現實社會多以「有用」、「無用」評價人事物。在激烈的考試競爭中，也充斥著類似的想法，與升學直接相關的考試科目有「大用」，能考

取高分的學生是「有用」之材。「有用」、「無用」的功利判準一旦深入人心，甚至被奉為辦學設教的規臬，學校與升學補習班的分界也會愈來愈模糊。

莊子在〈人間世〉有一則寓言故事，描述一株寄身神社的散木，路過的人都認為它是不材之木而不屑一顧，不被看重的散木反而得到成長空間，最後長成參天巨木，成為眾人休養生息的最佳處所。世俗認為有用的文木難逃斧頭砍伐，「無用」的散木反而安享天年，且庇護眾生。莊子的結論是：「人皆知有用之用，而莫知無用之用也。」（王邦雄，2013：230）「有用之用」能成就器物般的工具價值，切合功利效益的現實需求，不過人生價值也被侷限和窄化。莊子通過「無用之用」的超越視野，化解器用價值的箝制，讓人人回到生命本身自為目的的存在價值，體認本自俱足的美好，不必流落街頭與人相爭而遍體鱗傷。「無用之用」與「有用之用」是上下兩層的超越區分，不是平等對立的概念，世俗的「有用」、「無用」或「大用」、「小用」皆由相對的價值標準來，就像「分數」只是在考試競爭的條件下所產生的比較判準，把分數的相對價值絕對化，壓縮人生的價值出路，也讓眾多的競爭失利者，承受著存在迷失與價值失落的挫敗感。

世俗評價的「有用」之人，在莊子眼中其實微不足道。莊子〈逍遙遊〉點出人生的四重意境，其中聰明才智能勝任官職重任，行誼合乎鄉人肯定，品德得到國君賞識，同時還能得到全國人民信任者，只列為最低等（林秀珍，2015：144-145）。這類人才儘管具有卓越的「競爭力」，但是生命內涵滯限於「官、鄉、君、國」的外在標準，即使享有功名利祿，也難免患得患失。因為生命價值由外在條件決定，不僅沒有必然保證，也失落自我挺立的主體性。「無用之用」的生命大用與「無待於外」的自在自得，不必攀緣投靠，不待榮華富貴，「當下即是」、「所在皆是」的精神自由與釋放，是哲人智慧為人生指引的康莊大道。

三、正復為奇，善復為妖

競爭與進步沒有必然關係，尤其激烈競爭的禍害，從國內升學考試衍

生的種種問題，可爲明證。

首先，從教師的教學而言，「量化」的價值觀暗示著教學內容「愈多愈好」，課外補充教材愈多，平時考試次數有增無減，至少表示老師教學認眞，也愈能取得家長信任和讚譽。爲了鞭策學生用功讀書，錦上添花的獎勵誘因與落井下石、重創自尊自信的懲罰相應而生。問題是，過多的內容讓學生消化不良，超量的評量造成疲累厭倦，也斷傷學習興致。而且配合考試的選擇題型，過於重視教材內容的分析，知識被切割成零碎片段，彼此間相互聯繫的關係網絡無從建立，學生的大腦看似累積大量知識，即使試題的應答表現傑出，但是試題反應能力與眞正的問題解決能力，實有著巨大的落差。

其次，在考試引導學習之下，學生偏重解題技巧與應答策略，也會助長投機取巧的心態，遺忘讀書的目的。「標準答案」則形塑錙銖必較的完美主義，把「錯誤」視同「罪過」，因爲些微的疏忽就可能進不了熱門學校和科系。儘管從個體心理學的觀點來看，力爭上游起於自覺達不到理想而產生的卑微感，但是阿德勒也強調，常人的力爭上游是從謀求社會福利、關心別人、與人合作著眼，在精神病患身上則出現過於關注爭取個人優越的現象（賈馥茗，1997：49-54）。換言之，競爭固然能激發力爭上游的動力，但是考試競爭往往誤導學生把學習當作個人的事，只著眼於爭取個人的卓越表現，很可能埋下精神疾病的因子。誠然，動物行爲學研究指出，外部的競爭壓力可以促成群體內部的團結凝聚，但是爲了促成團隊合作而訴諸「敵我」的競爭意識，恐怕也非上策。畢竟「敵對」是負面的思維和心理狀態，從長遠來看，對於人類整體的和諧共處與個人人格的健全發展是否有益，實有待斟酌考量。

考試競爭把成績當作學習成效的唯一判準，或許能明確指引學生奮鬥的目標，但是老子早有明訓：「正復爲奇，善復爲妖。」（《道德經58章》；林秀珍、徐世豐，2011：569）放在教育競爭的情境脈絡來看，有權力的教師以自以爲是的分數價值來責求學生，眾多達不到標準的學生，只好以補習或舞弊作假的奇變來回應，原初的善德和美意，反而造成妖惡的禍害。迎合成績標準者，困陷在分數的高低起伏，沒有獨立的主體意識；不合乎標準的學生，因爲不見容於主流價值而重創自尊自信，甚至投靠幫派來找回存

在價值，考試競爭的禍害莫此為甚。

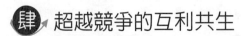 超越競爭的互利共生

　　未來學學者里夫金（J. Rifkin）認為，再生能源與網路建設的結合，將為我們開啟一個嶄新的前景，也就是第三次工業革命（Rifkin, 2011）。面對新時代的變革，固守「競爭帶動進步」的傳統思維，恐怕已經不切合時代的變遷與需要。

一、新時代的教育是以合作為特徵

　　當前國內的中小學教育，為了回應升學的考試制度，不僅陷入「公平性」的迷思，把校內定期舉行的段考視同國家考試，採「常模參照測驗」模式，在「統一命題」的運作下，將不同才情性向的學生納入排名比較，而且考試方式嚴禁學生間的訊息交換，違者以作弊之名嚴懲。此種教育模式至今不變，幾乎已成學校常態。Rifkin 指出，以綠色能源、網路技術為基礎的第三次工業革命即將到來，產業、政治、生活和教育都將產生全面革命。面對以合作為本質的第三次工業革命，愈來愈多的教學模式也希望把教育從競爭性的比賽轉化為互相合作與充滿關懷的學習體驗。網路世界的資訊是共享，過去認為知識是個人獲利的力量，現在則把知識當作是大家一起承擔的責任，要為全人類的福祉和整個地球負責（Rifkin, 2011: 236）。面對時代與環境的急遽變遷，互利共生的合作行為，更具有前瞻與永續發展的價值。

　　競爭力的強調容易誤導社會，強化打敗「他者」的敵對與爭鬥。事實上，全人類都是生活在共同的生物圈，並且相互依賴。第三次工業革命開啟合作的時代，能超越個體、族群、國家的界域，從「生命共同體」的宏觀來思考問題，顯然是當代亟需培養的能力和人才。過去認為競爭帶來進步的信念，勢必需要斟酌調整，從當前人際、族群與國際間的衝突不斷，以及環境惡化的危機來看，互利共生的思維與實踐應為長久之計，也是教育必須承擔的重責大任。

二、我國教育競爭的改進芻議

臺灣地狹人稠，人口密度每平方公里高達 600 多人，地理環境讓生存壓力巨大，反映在教育中的競爭自然激烈，尤其在全球競爭的推波助瀾下，競爭意識更難以根除。從短期的現實利益來看，競爭或有推動「進步」的成效，但是芬蘭的教育體系不相信「競爭」、不過度考試，也不迎合國際評比（Sahlberg, 2011: 39），卻能在國際舞臺上脫穎而出，值得關注。不管從人生百年、國家發展或人類永續著眼，互利共生顯然比相互競爭更能帶來長遠的進步。

在臺灣社會中，儘管升學競爭是許多人揮之不去的夢魘，「競爭」的信念依然代代相傳，許多學校仍舊走在「過度教育」的歧路上，渾然不覺「合作」的新時代已然來臨。改善過度競爭的教育現象，不必然需要花費巨額經費，觀念的改變至為關鍵。教育人員能體認「競爭」與進步沒有必然關係，憯思「競爭」潛在的禍害，或許問題可以得到緩解。基本上，教師必須確信學生的生命本身皆有自為目的的存在價值，人人各有獨特的才情性向，鼓勵學生以自我超越為目標，在合作利他的行為中實現高貴的人性價值。至少，眼前可以具體採行的做法是，學校中的學科考試不進行成績排行榜，命題權真正回歸教師，由教師自主決定自行或統一命題。當然，為了確保命題的適切性，學校可以建立協同互助的機制，避免出現爭議內容。校內定期考試的命題權看似微不足道，實則為教師保留情意理想的揮灑空間。現今，許多學校不僅將學生考試成績在班級內排名，還提供班際與全年級的比較結果，無形中造成教師間彼此較勁，讓眾多有理想的教師承受巨大壓力。把命題評量權還給教師專業自主，或有助於化解校內的過度競爭，減少外部升學主義對學校的衝擊與箝制。

伍 結論

「競爭帶來進步」的信念存在已久，從生存需要、促進學習、競爭制度化的效益，以及凝聚團隊合作向心力等方面著眼，競爭可視為推動個人力爭上游與社會進步的動力。不過，從教育競爭中的「特化」危機、「有

用之用」的迷思與「正復爲奇，善復爲妖」的流弊看來，教育中的競爭也會適得其反，造成傷害學生的惡果。未來學的學者提醒我們，第三次工業革命將開啓合作的時代，教學模式也必須因應調整，轉化競爭性的比賽爲互助合作與人際關懷的體驗，互利共生更能契合時代需要。我國的中小學教育長期受到升學主義箝制，一時之間恐怕難以全面革新。在現實環境的壓力下，筆者認爲，緩解過度競爭的問題，不妨先從「教育競爭不一定帶來進步」的觀念上著力，這是一場寧靜的革命，配合教師命題自主權與考試成績不作排行榜的具體措施，或許能爲懷抱理想的教師爭取更多的自主空間，稍微化解教育競爭的盲目與迷失。

參考書目

中文部分

王忠林（註譯）（1989）。新譯荀子讀本（七版）。臺北市：三民書局。

王邦雄（2013）。莊子內七篇・外秋水・雜天下的現代解讀。臺北市：遠流出版公司。

李亦園（2003）。知識分子、通識教育與人類前途。載於立緒文化（編選），百年大學演講精華。新北市：立緒文化。

林秀珍、徐世豐（2006）。教育的實鏡與實踐。臺北市：師大書苑。

林秀珍、徐世豐（2011）。老子道德經義理疏解。臺北市：師大書苑。

林秀珍（2015）。老子哲學與教育。臺北市：師大書苑。

林倖妃（2013，2月5日）。臺灣補習班家數創新高。天下雜誌，**516**。取自www.cw.com.tw/article /article. action? id =5047229

洪蘭（譯）（2008）。N.Doidge原著。改變是大腦的天性：從大腦發揮自癒力的故事中發現神經可塑性（*The brain that change itself: stories of personal triumph from the frontiers of brain science*）。臺北市：遠流出版公司。

教育部（2016年3月）。國中教育會考簡介。取自12basic.edu.tw/Detail.php? LevelNo=883

教育部（編印）（2013年12月）。轉型與突破：教育部人才培育白皮書。取自 ws.moe.edu.tw/001/Upload/3/ReFile/6315/6919/教育部人才培育白皮書.pdf

黃郁倫、鍾啟泉（譯）（2012）。佐藤學原著。學習的革命。臺北市：天下雜誌。

許倬雲（2014）。現代文明的批判：剖析人類未來的困境。臺北市：遠見天下文化。

葉啓政（1991）。制度化的社會邏輯。臺北市：東大圖書。

葉蓉樺、黃俊霖（編譯）（2004）。M. Hoagland & B. Dodson & J. Hauck 原著。新觀念生物學（*Exploring the way life works: The science of biology*）。新北市：藝軒圖書。

鄔昆如（2004）。西洋哲學史話（二版）。臺北市：三民書局。

賈馥茗（1992）。全民教育與中華文化。臺北市：五南圖書出版公司。

賈馥茗（1997）。人格心理學概要。臺北市：三民書局。

歐陽教（1986）。德育原理。臺北市：文景書局。

英文部分

Adler, A. (1992). *Understanding human nature* (C. Brett, Trans.). Oxford, UK: Oneworld (original work published 1927).

Lorenz, K. (1966). *On aggression* (M. K. Wilson Trans.). Orlando, FL: Harcourt Brace & Company.

Morris, D. (1996). *The human zoo.* New York, NY: Kodansha.

Rifkin, J. (2011). *The third industrial revolution.* New York, NY: Palgrave Macmillan.

Russell, B. (1932). *Education and the social order.* London, UK: Allen & Unwin.

Sahlberg, P. (2011). *Finnish lessons.* New York, NY: Teachers College Press.

Senge, P. (2000). *Schools that learn.* New York, NY: Doubleday.

教師可以沒有權威嗎？Peters對於教師權威的辯護

李奉儒　國立中正大學教育學研究所教授

壹 前言

　　臺灣自 1987 年解嚴以後，人們民主意識抬頭，社會中各種紛至沓來的聲音，不斷對社會既存的制度、權威與規範等，提出嚴厲的挑戰與質疑。加上新聞報章媒體日益開放，人與人之間訊息流通更加快速，也衝擊社會各階層的傳統價值觀與理念。所謂的「社會亂象」，正意味著自由、多元、開放的各種訴求，正以一股令人無法抵擋的力量挑戰舊有秩序。

　　這種自由民主風氣夾帶而來的多元價值觀，同時引發校園中師生關係的緊張，使得傳道、授業、解惑的教師傳統角色有所轉變，教師的「權威」（authority）也隨之式微。今日很多的教師並不確定能否對學生行使權威，也疑惑「教室控制」應該到什麼程度才是合理的。究竟教師是否可以沒有權威？如果答案不是肯定的，那麼，如何合理正用教師權威，重建良好的師生關係，則是關心教育者必須嚴肅思考的問題。

　　教師在傳統中華文化中享有崇高地位，正如荀子在〈禮論〉篇中指出的「天、地、君、親、師」，將教師地位視為僅次於國君和父親；但是隨著時代的演進，知識水準的提升，家長教育程度的提高，資訊媒體的發達，學生知識來源的多元，教師傳統的崇高地位似乎已不再能穩定地維繫。

　　然而，教育本質上是將社會的成員「啟發引導」（initiation）到有價值的生活形式（Peters, 1966a）。在大多數情況下，啟發引導是在學校和大學中進行，但也常常出現社會控制的嚴重問題，突顯出社會正以世代間缺乏理解的差距快速改變，使得年輕人更難認同學校和大學傳遞的價值。在學校中討論社會控制的最關鍵概念是「權威」（Peters, 1966a），因此，為了要更清楚理解在學校中社會控制的適當形式為何，教師是否可以沒有權威？我們有必要先分析與釐清「權威」這一關鍵概念。

　　R. S. Peters（1966a）指出，人類是「遵守規則」（rule-following）的動物，使無組織的大眾形成一社會系統，即遵守代代相傳下來的行為標準，以定規矩、下決定和作宣告等。對任何有組織的社會活動來說，都需要一定的秩序和規則，正所謂無規矩不成方圓。但如何使社會活動在規則與秩序的規範下運行，這就少不了權威的作用。學校教育活動也不例外。兒童

的道德與知識理解尚未成熟，大多數學生都不能對自己所做的事情有獨立的、有遠見的正確判斷，在這種情況下，教師的責任就是培養學生做選擇的能力，這就需要經過專門嚴格訓練，對於教育領域有清晰而明確的了解，且有一定的生活體驗的教師才能進行指導，這種專業指導是一種權威，也是學生成長過程中不可少的。

　　值得思考的是，複雜社會組織能否沒有一些權威結構而仍然存留下來。依據 Peters（1973）的主張，「權威」是不可能從人類社會生活中消失的。因為人類是群居生活的，而群居生活需要有維繫人際關係的標準，這些標準不是兒童所能充分理解的，為了順利進入社會生活，兒童需要有人指導他們分辨是非，在這種情形下，父母和老師就成了兒童的權威，只是現代的權威不再一味講求唯命是從的高壓領導，而開始重視兒童的主體與尊嚴。權威存在的理由是為了傳遞社會珍惜的知識與價值。事實上，人類的認知發展也必須依賴著眾多的知識權威，否則文明無法延續與發展，一切都必須重新來過。但也由於許多社會認可之權威往往取決於其在隱性強迫與意識型態操縱上的可被接受程度，以致產生了對於權威之反抗。

　　Peters 認為傳統和進步主義的教育模式犯有共同的錯誤，它們均忽視了教育的一個重要事實，即教育乃是啟發學生進入某個公共世界的歷程。這個世界的結構則由統御人我互動關係和各種目的之規則所構成。教師不應像傳統教育模式那樣，成為灌輸兒童思想的外塑操作者；也不能像英國《Plowden 報告書》中鼓吹的進步主義理念，一味想要開展兒童的潛能，卻不知所開展的只是兒童的偏好罷了；教師應當是一個導引者，他協助兒童共同開展和分享一個公共的世界（Peters, 1973）。對學生的指導，需要依賴教師權威。即使是主張學生或兒童中心的人，也無從否認教師權威在指導學生方面的積極影響。

　　本文認為在學校教育中為達成教育目的，教師權威仍有必要加以維持，畢竟師生關係在教學上就意味著一種權威關係。但如果誤用或濫用權威則容易出現流弊，所以權威的使用也必須受到節制。只是究竟「權威」及「教師權威」的意義為何？教師可以或應該擁有的權威又有哪些？又如何正用或避免誤用教師權威等均值得探究。否則，建立和維繫教師權威將成為奢談。因此，我們必須對教師權威進行分析，探究其意義、類型、內

涵與特性。

本文運用哲學思考，從概念分析切入，釐清權威的意義，探索其來源與類型，進而分析教師權威的正用與誤用，揭露教師權威的時代意義與應有的價值。教育哲學中最早探究權威與教師權威的學者首推英國教育分析哲學家 R. S. Peters。本文的參考資料，主要是以 Peters 的《倫理學與教育》（1966a）及《權威、責任與教育》（1973）這兩本著作爲主，輔以探討 Peters 關於權威的相關文獻，以全面掌握 Peters 關於權威的分析成果，作爲我們思索如何正用教師權威的參考。

貳 權威的意義

有鑑於「權威」一詞並非中性的詞彙，甚至在使用上大多是偏於負面的意義。這是因爲我們並未眞正釐清權威的意義，加上傳統社會常誤把假權威當作是眞權威，像是作威作福、「一朝權在手，便把令來行」，致使對權威產生了誤解。及至今日，視權威爲高壓手段，對權威的解讀總是負面的，連帶導致學校教師在運用權威時的正當性常遭受到詬病。這其中有一亟需釐清的關鍵，亦即權威與「威權的」（authoritarian）概念之區別，往往被反對權威的人所忽略。

「權威」就中文字義而言，權是指權力，威的本義即是「畏」，亦即使人發生悚懼而又敬重的感覺稱之爲威（郭丁熒，1992）。換言之，中文的「權威」具有二個要素，一爲可驅使他人從事某事的勢力或力量，另一爲行使權威者令人悚懼而又敬重的感覺。另一方面，就「權威」的英文字義而言，authority 一字相當於拉丁文 auctoritas，其語根是 auctor（說話者，如提意見者、給忠告者或下命令者），指涉「在意見、忠告或命令等領域中之產生、創見及發明」（producing, originating, and inventing）（Peters, 1966a: 239）。這也是在《Longman 現代英語字典》中對 authority 的解釋：「一種因個人職位或人們尊敬其知識或經驗」、「控有公共事務的正式組織或地方部門」、「在某一主題很有了解的專家」與「正式允許從事某事」。由此可知，權威的涵義或規準也就相關於「權力」（power）、「合理」（reasonableness）、「規則性」（ruleness）及「共

感」（attractiveness）等（歐陽教，1973）。

可見，權威的本義是富有學術與功能意含的，指的是說話者的言語（意見、忠告或命令）為聆聽者所認同或聽從。權威是聆聽者對於說話者（下令者、給忠告者）的一種自願的服從和支持，這可能是考量其職位權力，也可能是基於學術專業的認可。人們對權力安排的服從可能有被迫的成分，但是對權威安排的服從則屬於認同。要言之，權威是一種正當的權力，也可以說是極具公眾影響力的威望。

權威的來源與類型

根據 Peters（1966a）的分析，德國社會學者 Max Weber 將權威來源分為三類，分別是「傳統權威」（traditional authority）、「法理權威」（legal-rational authority）以及「魅力權威」（charismatic authority）。傳統權威是來自世代相傳的承襲地位，這一類型的權威領導人有如帝王君主或部落酋長等，他們之所以使人服從權威，是因為其地位傳統上就受人服從。而法理權威是來自法律規章而有的權威，像是議會的主席、學校行政人員等，他們享有法定的權利（和義務）來發號施令，所以能使人服從。魅力權威則是來自領導者本身的魅力及特有的風範，而能吸引大批的跟隨者，如耶穌、甘地等。

「權威」是社會控制範圍中最明顯的，我們提及某人「在權威中」（in authority）或某人「就是權威」（the authority）（Peters, 1966b: 2）。Peters 認為權威包含訴諸「非個人的」規範秩序或價值體系，凡接受此種規範秩序的人可以用來節制行為，且此種權威常受各種權威形式的支持。「權威」即基於規範性秩序的維持，也是人為的、可改變的歷程，以決定何種標準是對的與正確的，誰能產生它們，誰能決定它們能應用到特殊事件上，又有誰能有權力來引進改變？但權威並不只限於社會控制的領域，並非只是一種單純的權力或威勢的運用；有知識的人也可以是一種權威。

Peters（1966a）乃將權威分成兩大類，分別是「職位或形式權威」（positional or de jure authority），以及「實質或事實權威」（actual or de facto authority）。其中，職位權威是一個人有其職位才有的權威，而實質

權威則是未必有一職位卻擁有事實上的影響力，如學者專家是因爲具有專門知識而成爲實質權威。

John Kleinig（1982）主張「權威的擁有者」（authority-holder）也是必須關注的議題之一。他將權威分爲兩種：一是權威的擁有者「處於權威之中」（being in authority），這是一種職位權威；另一是權威的擁有者「本身就是權威」（being an authority），這是專家權威。當一個人被視爲是處於權威之中時，是因爲他在制度結構中擁有某些地位，也因此，其權威是有階段性的，因其任期是有限的，而其權威的運作也是以社會制度上認可的規則爲依據。當此人離開了這個角色或地位時，其權威便不復存在。換言之，職位權威有其特定範圍的限制，並與團體或社群有著密切的關係。職位權威是個人因在一個機構中具有職位而被稱爲權威，而一位被視爲本身就是權威的人，則是因爲其具有廣博的知識，服從的成員是自願的。這種專家權威特指某特殊領域或學科的權威，或在一個相關團體或群體的一位權威。

上述關於權威的三種分類中，後兩者其實是相近的。實質權威是本身就是權威的人，形式權威即處在權威位置上的人。我們可將權威歸納成如下四種類型：

一、法理的權威：因職位而具有的權威

權威的合法性係基於規範性規則之合法的信念，以及相信那些被提升至權威職位的人具有發布命令的權力，如牧師、軍官、法官、警察等等，當其命令受到質疑的時候，所屬的組織體系會介入。教育行政人員或學校校長、主任及教師等因爲在教育機構中具有特定職位，而具有發布命令的權力。這種法理的權威也是一種社會控制的權威，指某人因爲處在一組織體系中的重要職位而隨之具有的權力。歐陽教（1973）稱之爲行政職階的權威（bureaucratic authority or being in authority），一旦在教師之位，就具有教師在行政法理定義下的權威，如教學、訓導、輔導及考試等職務上的權威運用。

二、傳統的權威：因繼承身分或地位而具有的權威

　　基於長久傳統而來的既有信念，及在其中運用權威的階層之合法性。如傳統社會中之貴族、長老等向來就令人服從，這種權威類型也包括天地君親師中之教師。這種由於傳統的定位或時代習俗而賦予教師角色之權威，在今日漸趨自由、開放、多元的社會中，已經逐漸消失。

三、人格的權威：因本身特質而具有的權威

　　具有人格權威的個人未必在一組織體系中占有特定的職位。人格的權威是來自個人的歷史、聲望和成就或特有的風範等。這是接近 Weber 所指出的魅力權威，如宗教中的基督、軍事中的拿破崙，教師中的孔子等。歐陽教（1973）認為教師必須具備這種道德涵養的權威（conscientious authority），指教師本身品德對學生要有起碼的吸引力，此乃一種實質的權威，不是基於形式的規定，而是由於教師角色行為的實際扮演，漸漸由學生共鳴的權威而塑成。教師必須是有德者，才能引起共鳴，發揮引導學生的實質權威。

四、專業的權威：因本身專門知識而具有的權威

　　專家不一定處於權威的職位，也不一定依據任何的規則體系來行事。尤其在知識領域中，權威不是來自法理上的授權或傳統身分地位的繼承，而是由於個人所具備的知識、能力以及在專業領域中的成就，而被視為權威。這也是一種學術權威或 Peters 所稱的實質權威。實質權威來自智識的理由、證據等，如專家所具備的知識，使人自願地服從指示、遵守秩序（不用脅迫或利誘）。歐陽教（1973）主張教師必須具備學術認知的權威（academic authority or being an authority），這是指教師由於接受過專業培育，具有專門的知識與技能，受到社會、學校和家長認可而獲得的專業權威。因而，教師能夠採取一定的方式進行教學並對學生產生實際的影響力。

肆 權威的特性

「權威」預先假定某種規範秩序是必須被公布、維持與永存不朽的（Peters, 1966b: 1）。立法者、法官、裁判、軍官、警察與神父是典型的權威人物。有程序性的規則給予他們決定、公布、判斷、命令和宣布的權利。換句話說，除非我們一開始有遵守規則的概念，即做事情有正確與不正確的方式，否則權威的概念將難以了解。

從上述對於權威的分析，可知權威具有如下的特性：

一、權威需要聆聽者的信服與認同

權威之所以存在，是因為其依據的知識、規範、法理或價值體系，為聆聽者所接受。缺少聆聽者的接納與服從，權威將不再是權威。如果缺少聆聽者的信服或認同，則具有形式權威的人並不能實質地運用權威，像是面對教室秩序失控的教師；或沒有人願意服從命令，如警察對於示威遊行群眾的散會要求。

二、形式權威是可轉移的，實質權威則是暫時的

權威關係不是永遠不變的，並非一旦接受某人的權威，就不能取消。形式權威是會隨著職位的取得或退位而轉移給新上位者，其發號施令必須有法理授權。而實質權威是會消失的，Peters 指出在科學和道德的範疇裡，只有暫時的權威（provisional authority），而無永久的權威。因此，教師如果其專業知識、教學方法、甚至班級經營策略等，一旦不能與時俱進的話，其對於學生的「暫時」的實質權威是會消失的。

三、一個體系中的形式權威和實質權威不一定同屬一個人

理論上，具有形式權威的人，同時也會有實質權威。但是，形式權威與實質權威可以結合，也可能分開，即擁有形式權威的人有可能沒有實質權威，擁有實質權威的人有可能沒有形式權威。處於職位權威者並不一定是某方面之專家權威，因而處於權威之中並不代表就能產生影響力。以學

校情境為例，校長透過諸如校規、法令等展現出他們的形式權威，但是他們的命令卻可能無法下達給學校的其他成員。另一方面，有些人雖不具形式權威，但其決定被接受、建議被聽從、命令被服從，成為具有權威的人物，像是次級團體中的小頭頭。教師在學校之中擁有權威，較大可能是因為他本身的專業知識，而非他處於權威之中。

伍 權威與權力及自由的關係

權威與「權力」（power）的概念常被視為是相近，而權威與自由（自律）的關係卻被認為是對立的，兩者對於教育理念與教師權威的運用，會造成一定的影響，分析如下：

一、權威與權力的關係

權威與權力看似是兩個相同的概念，但兩者實際上包含的意義仍有所不同。Peters（1966b: 4）指出我們必須把那些常被政治理論家與社會學家搞混的權力和權威加以區分。「權力」基本上表現在個體藉由物理上的強制（例如，保留食物、水、安全處所，或是獲得這些生活必需品的方法），將他人屈服於自身的意志之下；或是藉由使用較不可怕的制裁和獎賞的形式（例如，藉由操縱獲得物質的資源及獎賞、性滿足等等）；或是藉由個人的影響（如催眠術或是性吸引）。

形式權威是具備合法的權力（legitimate power），但權力未必是合法的。當我們說 X 因為 Y 的話語或是承諾而相信或從事 A，這不足以在概念上從強制關係（coercive relation）的觀點去區辨權威的關係。例如，一個武裝盜匪要求某人順從，這不能稱得上是對他有權威，因為在那種情境之下，他並沒有自由去做選擇。因此，自願性是權威關係的核心概念，亦即權威關係是出於自願的相信與執行某事。僅靠壓迫手段方能達成共識時，就意味著權威被武力取代了。

權威涉及社會的規範秩序與價值系統，擁有權威是具影響力且具備強制力的。權威訴諸管制行為之「非個人的」規範命令或價值系統，基本上

那些順從者願意接受這些命令或價值系統（Peters, 1966b: 5）。權威可藉由不同的權力形式來維繫，但不能因此混淆兩者。權威和權力在邏輯上是互為獨立的概念，具有權威就有權力決定討論的問題，及應該採取什麼步驟；具有權力便能夠保證這些決定能被接受，必要時更訴諸以武力。因此，形式權威者可依法運用權力來強制他人聽從其意，而實質權威者則是取得他人的自願信從，不需要運用權力。

二、權威與自由的關係

要合理運用教師權威，先要了解教育機構與權威的關係。教師行使權威來管理學生的一般行為和維持教室秩序，當學生的脫序行為可能危害到其他同學的安全或者損害他們的學習權益時，教師就必須行使權威來限制這種脫序行為。對於這些限制，我們不是要移除，而是要證明它們是合理的。例如，權威的行使在教育方面有一個最基本的證立原則：尊重真理。如果行使權威是為了協助學生追求真理，那麼權威就可以被證立是合理的，而不是威權的。因此，以權威來運用合理的限制，這跟自由的概念並不是不相容的（Downey & Kelly, 1979: 136）。

教師權威來自於學校與個人，且受這二個因素交互影響。教師權威可以是來自教師因其職位所賦予的形式權威，也可以是來自教師在教學中可教導學生的豐富知識，亦即藉由學術研究所發揮的實質影響。因此，教師的權威是混合的形式，且教師的權威會因不同脈絡而改變：學校規則的強弱、學生的年齡、學生對權威的接受程度等，都會影響教師所使用的權威。沒有任何方式可以確保教師的權威一定為學生所接受。理想上，教師的權威應是獲致的而非歸屬的，教師必須擁有學科的專業知識及教育上的專業技能，才能使學生信服並接受其實質權威，而不是憑恃其職務而來的形式權威。

進步主義的教育理想之一是以自由取代權力，不使用任何脅迫來教導學生，而是激發學生對周遭事物的好奇心，以引起他們學習的動機。毫無疑問地，學校必須支持學生發展出自主性。但進步主義教育觀的迷思，卻是將學生自由和自主的發展等同於在教育上的毫無限制狀態，其實自主和

權威並不互相衝突的，反而，無限制的教育並不能爲學生自主的發展帶來保證。對教師而言，最重要的不是「權威和自由」的問題，而是「權威和威權主義」以及「權威的使用和濫用」的問題。

　　Kleinig（1982: 210）認爲權威的認知和運用是有效教學手段的先決條件，拒絕權威，就是混淆了自由與放任。另一方面，也有人認爲教學中的權威扼殺了學生創造力與自主性的發展，導致灌輸的發生，致使支配與服從的關係取代了師生彼此的尊重。Peters（1966a）認爲教育機構是有其目的的，而且提供特別專業形式的知識，這也是其權威所在。教育機構也要保持學術自由的原則、學術權威的暫時原則，以及教育機構需要民主化，才能使教師權威運用合理化。

　　教師如缺少實質權威，則教室秩序容易流於動盪不安。教師必須藉由權威來維持紀律，而當紀律崩潰時，教師必須運用懲罰來恢復教師的形式權威；然而，教師的實質權威也很容易隨之喪失，如此做法是否能重建失去的權威，仍有爭議，教師必須謹慎使用。

陸　教師權威的正用與誤用

　　早在 50 年前的英國，社會大眾變得更關心且更熟悉教育。教師不能再依賴他的傳統權威與常識的組合，「假如他要應付喧囂和智識的父母，以及各種建議他關於學校與孩子應該怎麼做的專家。」（Peters, 1966b: 8）教育哲學、心理學和社會學，以及任教學科的工作知識對教師是本質上重要的。英國的教師在過去被傳統視爲權威，隨著權威的傳統形式的消逝，他的權威必須合理化。Peters（1966b）因而指出，假如教師仍然希望被視爲是有權威的，而不是處於權威位置以執行社會主要的工具性任務，他必須證明他是在某些智識領域上的權威，他不可能再依靠傳統以合法化其宣稱。

一、教師權威的正用

　　在教師權威類型中，學術認知的權威是現今社會所訴求的。雖然現在資訊來源多樣化，教師不像過去那樣處於「全知」的狀態，但是資訊並不

等於知識或智慧，教師若能幫助學生分辨資訊，轉化成智慧，那教師的角色就更爲重要了，這也需教師不斷進修，增加自己的知識，才能運用學術權威。另一方面，知識的分化也預示著教師要更加的專精，唯有對自己所傳授的知識深入了解，才能具備實質權威。

爲能達成教學目標，教師不僅是位教學權威，也必須靈活運用權威。教師盡可能靈活運用其形式權威，處理教室內的一切活動，維持教室秩序，以利進行教學；教師同時也必須具有實質權威，能傳授知識與技能給學習者。今日教師要完全控制學生的想法，並不符合時代所需。雖然，兒童因爲其年齡與經驗的缺乏而顯得不成熟，需要教師專業的教導與協助，但是，這不是對於學生的完全控制，而是掌握學生的認知發展階段，進而啓發引導學生順利地進入公共世界。

教師在運用其權威時，應注意到權威可能對學生造成負面影響，例如，在學生批判思考方面，不該讓學生毫無思考便接受教師權威，過度強調教師權威反而會阻礙學生的思考，教師與學生互動時不該事事都訴諸於教師權威。教師必須覺察到自己的權威角色，及權威對學生可能造成的影響，經自我反思並考慮到學生的個別差異，才能避免對學生造成負面影響。

二、教師權威的誤用與濫用

權威可能被誤用或濫用而變成「威權的」，異化爲教師教育工作的障礙。誤用權威是指一個人企圖在不同的專門領域上擴張權威，這是一種跨錯行的權威。爲了避免誤用權威，辨別不同領域的權威是重要的。例如，知識的權威和道德的權威互爲獨立。一個常見的權威誤用就是擁有道德的權威，卻自視自己已經擁有知識上的權威。當然，教師最好是能同時擁有道德權威與知識權威。另一種常見的現象是一位專家只擁有某特定領域的專門知識，但卻因其盛名而也成了多種領域的權威，這是忽略了學術權威的來源。

至於濫用權威是指一個人設法在人們身上運作權威，而他對於這些人實際上沒有實質權威存在。Kleinig（1982: 213）就指出「處於權威的人」

未必「本身就是權威」，因此，依據權威而行動跟具有權威是不相同而需加以區別的。教師作爲教學權威，能傳授知識與技能給學習者，也因此具有一種學術權威和潛在危險。因爲，教師有引導學生的力量，自也有錯誤引導的可能。教師作爲教學權威，被學生相信他知道在教的是什麼，也不易被發現他實際上不知道；學生很難知道其學術上的錯誤，也不容易分辨偏見。另一方面，教師形式權威的運用大都跟班級秩序的維持有關。教師必須以合理的方式來發布命令與要求，它們必須是與目前進行的學習有直接關係，而不是濫用權威地訴諸自己的地位來要求學生屈從己意，否則，「有權威的」教師將成爲「威權的」教師。

　　威權的教師透過語言、文字、姿勢或其他行動，抑制任何對其主張或指示之合理性的檢視。相反地，非威權教師則提供理由，鼓勵學生提出挑戰或質疑。如此做法，並不會減少教師的權威，反而加強了對此權威的暫時性確認，教師權威隨之增強而非削弱。教師權威的存在是有必要的，但需要合理的運用。必須注意的是，我們對於權威不能一味盲從，而是要檢視其是否爲職位上的或以強制力迫使的假權威。誤用或濫用權威反而會淪爲威權主義（authoritarianism），阻礙學生學習的權利與自主。

　　教師不能再以父權社會下傳統權威自居，一個憑藉權力或外在強制力才能逼使他人服從的權威也不是眞正的權威。學校教師是由於專業成就才處於職務上的權威，若是沒有實質權威的影響力，而僅只有來自行政職權的形式權威之壓迫，反而會造成「威權主義」，這是家父長式的威權，仰賴其形式權威來堅持某個主張或指示。這樣的權威可能藉著形式化的程序而產生所謂假的權威，甚至以意識型態來維持本身權威的合理性。

　　本文的分析已說明教師實質權威是暫時性的。教師要正用實質權威，除了要具備任教學科的專業知識外，還要有教學的方法與技巧。這種實質權威乃源自於教師的專業培訓並精通有關的知識，且爲了維繫教師在學術領域的認知權威，教師必須持續不斷地進修與專業成長，以引導學生學習並促進其對教師權威的認同。

柒 結語

權威一詞在中文環境中偏向負面的意義。這是因為我們並未真正釐清權威的意義，常常誤把「威權的」當作是「權威」，致使對權威這一概念產生誤解。本文則是分析權威的意義，闡述權威的來源與類型，分析其特性，進而說明如何正用而不是誤用或濫用教師權威。對於本文主題的「教師可以沒有權威嗎？」本文的結論是「教師必須具備權威，且正用教師的實質權威，避免誤用或濫用權威而造成威權的教師」。

今日由於社會急速變遷，加上資訊科技發達，教師不再如從前是學生唯一的知識來源，傳統中屹立不搖的教師地位已有所鬆動。甚至於教師常被視為只是一種行業或職業，既不是「專業」，更談不上「志業」。教師已很難依賴逐漸消失之傳統習俗的權威，也不能只是運用行政職階的權威，而是要以學術認知和道德涵養來建立實質的專業權威。教師需要充實其專業知識才能以理服人，同時也更能給予學生自由討論及質疑權威的空間。既然科學研究上沒有絕對的真理，學術認知上更沒有絕對的權威，教師的實質權威必須是要經得起挑戰的，不需要將學生的質疑視為對於自身權威的威脅或挑戰。

最後，教師權威在師生關係中是無法避免的，師生間制度化的關係使得教師的職位擁有最基本的法理權威，這是屬於形式權威；而傳授知識的身分要求教師必須具備實質權威，在教學、輔導學生時候都需要運用權威。這兩種都是屬於教師權威最基本的部分。但是，教師在運用形式權威時較容易引起學生的反感，造成師生關係的衝突，因此教師要謹慎運用。教師權威的建立必須從學術專業權威著手，持續投入教育專業成長與發展，而不是空有教師這個職位權威，方能獲得學生的自願信服。

中文部分

歐陽教（1973）。教育哲學導論。臺北市：文景書局。

郭丁熒（1992）。教師權威之探討。國立臺南師院學報，**25**，145-161。

英文部分

Downey, M. E. and Kelly, A. V. (1979). *Theory and practice of education*. London: Harper & Row.

Kleinig, J. (1982). *Philosophical issues in education*. London: Routledge.

Peters, R. S. (1966a). *Ethics and education*. London: George Allen & Unwin.

Peters, R. S. (1966b). The authority of the teacher. *Comparative Education, 3* (1), 1-12.

Peters, R. S. (1973). *Authority, responsibility and education*. London: George Allen & Unwin.

多元族群下的美國教育有公平正義的可能嗎？

11

彭煥勝

國立清華大學教育與學習科技學系教授

壹 前言

　　美國建國先賢們以「民主、自由」為革命口號，自認為不同於歐洲貴族的獨裁政體舊世界，建立了美國聯邦總統制的新世界。法國歷史學者托克維爾（Alexis-Charles-Henri Clérel de Tocqueville, 1805-1859）在其 1835 年出版的名著《美國的民主》（*Democracy in America*），觀察美國人追求財富的勤勞價值的自由，為此主張民主的各項典章制度，讓平等得以落實的可能（Tocqueville, 1945）。美國內戰後，法國贈送一尊自由女神巨型雕像，座落於紐約曼哈頓紐約港，象徵美國人追求自由的精神，此後成為代表美國精神的重要地標。

　　在我們的歷史教科書裡的記載，1823 年所謂美國的「門羅主義」外交政策宣稱：美國強烈反對歐洲帝國主義殖民北美與南美洲；晚清末期，中國遭受列強的侵略，美國提出所謂「門戶開放政策」，反對列強對中國貿易的壟斷特權。這些主張，讓我們以為美國是反對殖民迫害與對中國友善的國家。美國內戰導因於北方反對南方的蓄奴主義，美國內戰解放了黑奴，林肯總統建立了「民有、民治、民享」的美國社會。一次大戰後，美國威爾遜（Thomas Woodrow Wilson, 1856-1924）總統提出「十四點和平原則」，在國際外交舞臺上宣揚了美國的自由和平理念；二戰後美國積極推動創立「聯合國」組織，並以美國的民主自由與蘇聯共產主義展開冷戰的對峙，美國扮演維護世界和平的警察角色（林立樹，2007）。

　　上述這些是我們在傳統主流史觀下對美國自由民主的形象記憶，但美國真如此這般為捍衛民主自由與公平正義而奮戰嗎？美國有符合公平正義的教育機會均等嗎？美國有色人種多元，限於篇幅無法概述所有的少數族群，且本文主要探討「布朗判例」，因此本篇文章主要從黑人族群的角度，觀察黑人的教育機會均等問題，探討傳統教科書裡對黑人教育機會均等問題甚少觸及的隱諱之處。

美國黑人的辛酸血淚史

一、美國內戰前黑人是奴隸的地位

東西方強勢族群常以歧視詞語指稱少數弱勢族群，如漢人以「夷狄戎蠻」、「生蕃土著」歧視用語指稱游牧或狩獵民族；西方白人也以「黑鬼」（negro）歧視黑人。歐洲白人到美洲新大陸開發，殺戮及掠奪印地安人原住民的土地，在美國開發史的過程中，傳統史觀甚少批判美國白人對印地安原住民的不正義行為。雖說印地安人與美國白人之間有為爭奪土地而遭殺戮的狀況，但印地安人至少還有行動的自由權，然而絕大多數美國黑人則是處於被奴役的處境。

十六世紀起，非洲黑人被當作「黑金」人力資源，被販賣至美洲充當奴隸。美國獨立後，美國建國先賢標榜「自由、平等」也僅止於白人，有色人種未被視為「人」的地位。雖然美國新英格蘭地區多數白人反對蓄奴，但美國南方因莊園棉花等農作物需要大量的勞動力，因此仍主張蓄奴政策。美國建國之初的憲法，將美國黑人僅視為 3/5 的人，[1] 而不是完整的個人，無法享有憲法給予自由人的保障權利（Cook, 2005: 4；彭煥勝，2006：76-77）。美國內戰前，儘管美國南北方對蓄奴政策有所爭議，但 1850 年美國國會通過的「妥協案」（The Compromise of 1850），雖說南北方各有妥協，但其結果仍為南方占優勢，取得共識：哥倫比亞特區贊成蓄奴、訂定「逃亡奴隸法」（Fugitive Slave Act）、國會不得干預跨州的奴隸貿易。此妥協案造成南方黑人即使逃到北方自由之區亦必須遭返，而無法獲得自由之身（Tindall, 1984: 579-586；彭煥勝，2006：77）。

1857 年的「Dred Scott v. Sanford 案件」，Dred Scott 在密蘇里的聖路

1　美國制憲會議有關聯邦與地方權限的爭論之外，尚涉及蓄奴與關稅問題。南方希望繼續蓄奴與反對聯邦控制及採行關稅保護措施；北方則期望南方能加入聯邦共和體制、廢奴與採行關稅保護措施。雙方各有算計，衍生出妥協方案：南方蓄奴續存、黑人無投票權，但算 3/5 的人口。對於南方而言，南方黑人用 3/5 人口數計算，可使南方在眾議院代表人數有所增長；對於北方而言，將黑人視為部分的人，也在人權上達到政治的訴求。但此妥協案，也確認黑人不是完整的「人」之界定（彭煥勝，2006：92）。

易士（St. Louis）原是奴隸身分，1830-1842 年輾轉來到伊利諾和威斯康辛州的自由之地居住，享有自由之身。1842 年他隨雇主回到聖路易士，卻失去自由身分，於是在 1846 年向當地法院提起對雇主的訴訟，以還他的自由身分。隔年，Scott 再上訴，終於在 1850 年地方法院判決勝訴，理由是原告曾居住在自由之區，故應享有自由身分。被告不服，向密蘇里州高等法院上訴，結果法院改判被告勝訴。1853-1854 年，原告再上訴，遭駁回。1856-1857 年原告向聯邦最高法院上訴，結果仍被判決敗訴。聯邦最高法院首席大法官 Roger B. Taney（1777-1864）的結論認為：黑人是奴隸，必須向白人服從，不享有憲法與法律所賦予的權利（Smith, 2005: 19-20；彭煥勝，2006：92）。從此判例可以顯見，內戰前美國黑人是奴隸的地位。

二、美國內戰後黑人的處境

1865、1868、1870 年國會分別通過第十三、十四、十五條憲法增修條文，這三個法條的主旨分別是：廢除聯邦或地方的奴隸制度、黑人等有色族群接受憲法與法律的保障、所有公民不分種族皆有法律所賦予的投票權（Current , Williams, & Freidel, 1965: 893-894；彭煥勝，2006：77）。上述三條的憲法增修條文，確認了美國廢除奴隸制度，黑人享有憲法與法律的保障。憲法雖然已還給黑人作為自由人的地位，但過去堅持主張蓄奴的南方白人會甘心遵守憲法的規範嗎？所謂上有政策，下有對策。南方各州設立所謂「黑人條款」（Black Codes）：限制黑人行動自由、黑人必須從事農業或家事工作、黑人不得無業或閒逛、黑人不得自行開業等規定（彭煥勝，2006：92-93）。內戰後雖然南方戰敗，但激化了種族矛盾的種族主義——「3K」（The Ku Klux Klan）黨[2]的成立，以祕密組織的型態，宣揚白人至上的族群意識

---

[2] 3K黨組織最早在1866年內戰後，一群南方退伍軍人所組成，目的在抗拒美國國會通過反蓄奴的法律，具有白人至上的族群意識歧視，採取暴力手段，但未能擴大組織。1915年為西蒙斯（William J. Simmons）所宣揚，加入者須經過祕密入會儀式，戴頭套與白袍，以種族主義為號召宣稱捍衛白人利益。因為善為組織運作，1920年時新成員達10萬人，成員分布27州，包含中低社經背景白人，運用私刑暴力手段加害黑人或支持黑人民權者。因3K黨後來除了反黑人外，亦反猶太族群，贊同希特勒主張，而在二戰後期漸告沒落（彭煥勝，2006：93）。

歧視，採取暴力手段對付有色人種。

　　內戰後黑奴雖被解放，但並不代表黑人完全與白人一樣被公平正義的對待。美國南方白人從心理上不僅嚴重歧視黑人爲次等人，更設想出所謂「隔離但平等」的措施，在公共設施方面進行黑白種族隔離的政策，試圖解決黑人被憲法解放的衝擊。1892 年 6 月 7 日，一位名叫 Homer Plessy 的年輕人因坐在「東路易斯安納鐵道」（East Louisiana Railroad）的白人車廂而被起訴，理由是他仍具有 1/8 黑人血統，違反種族隔離措施，被路易斯安納州的地方法院判決有罪。被告再上訴至聯邦最高法院，仍於 1896 年被判決有罪。此判例稱爲「Plessy v. Ferguson 案件」，黑白種族隔離措施再度被確認。聯邦最高法院對此判例的結論在於：只要提供黑人和白人平等的公共設施，所謂「平等但隔離」（segregation but equal）的措施並未違反憲法第十四條增修條文的平等保護原則（Ravitch, 1983: 119-120；彭煥勝，2006：77）。

 ## 美國黑人的教育機會均等問題

一、美國內戰前黑人的教育機會

　　西洋教育史裡往往以雅典與斯巴達教育作爲西洋上古史的教育對照典範，前者代表自由民主，後者代表獨裁集權。雅典教育雖是西洋民主自由教育的濫觴，但此僅止於自由民而已，奴隸仍沒有受教育的機會。美國南方黑人在內戰前是奴隸地位，南方黑人不是因經濟因素不能受教育，而是南方法律限制黑人不得接受教育，甚至有些州規定若讓黑人就學，老師將受到罰鍰或監禁的處分。北方雖然沒有法令限制黑人就學，但甚少爲黑人興學，[3] 黑人受教育機會受到忽視（Cohen, 1974: 1621-1624；彭煥勝，2006：78）。美國公共學校制度基本上是地方自主，公共學校教育經費取決於房地產稅的補助與否，在十九世紀初期美國白人的公共學校品質普遍不佳，更遑

---

[3] 美國北方自由州有容許黑人就讀高等教育，例如歐布林學院（Oberlin College）成立於1833年，招收男女學生共學，1835年招收黑人學生。該校在美國教育史上，以男女共學平權與廢黑奴的主張而聞名。

論黑人學校的教育品質與就學機會了。美國公共學校教改領袖——Horace Mann 此時推動公共學校運動的焦點在於如何推動「美國化」的同化運動，亦即將移民至美國的歐洲白人認同美國的民主政治，進行國家意識型態的主流文化認同，因此不太可能重視黑人等弱勢族群的教育機會問題。

二、美國內戰後黑人的教育機會

內戰後美國聯邦政府成立「自由民局」（Freedman's Bureau），促進美國黑人的教育機會。相較於內戰前，內戰後黑人教育機會問題有較為提升，但仍產生與白人的教育機會落差現象。南方黑人儘管有了識字教育，但絕大多數很難脫離原來屬於底層的勞動階級；或許極為少數原來屬於自由民身分的北方黑人因天資聰慧、自身努力奮鬥而有機會接受較好的高等教育，躋身中上的社會階級。絕大多數的美國黑人此時仍形成社會階級的再製現象，很難透過不公平的教育機會而能脫貧。

南方白人或以威脅、恐嚇方式威脅黑人小孩上學，或以不平等的教育資源對待黑人學生。在「隔離但平等」的措施下，黑人學童在上課的天數、平均教育單位成本都遠低於白人學童所享有的教育資源（Bullock, 1968: 40-44；彭煥勝，2006：79-80）。黑人學童沒有校車可搭乘，要靠坐公車和走路上學；白人學童則有校車可搭乘上學。這些不平等的教育資源對待，成為日後黑人抗議「隔離但平等」假象謊言的導火線。

肆　美國族群教育公平正義的曙光——布朗判例

一、突破高等教育的隔離措施

弱勢族群想要享有公平的教育資源，必須要靠自身的努力爭取，不可能期待禮物從天上掉下來。「全國有色人種促進會」（National Association for the Advancement of Colored People，簡稱 NAACP）設立宗旨在於從憲法與法律層次謀取有色人種的基本權利，挑戰白人設下的「隔離但平等」措施。NAACP 先從高等教育方面著手訴訟，1935 年黑人青年

Donald Murray 向馬里蘭大學法學研究所申請入學許可，遭到該校以種族因素拒絕。NAACP 替 Murray 向地方法院控訴馬里蘭大學違反憲法第十四條增修條文中的平等對待原則。地方法院判決原告勝訴，因馬里蘭州無法提供該生進入其他大學法學研究所的就讀機會，違反平等保護原則（Kluger, 1975: 187-194；彭煥勝，2006：82）。此案成為 NAACP 在高等教育上突破「隔離但平等」規範的重要判例，激發 NAACP 後續在初等教育挑戰此隔離政策的信心。

二、挑戰初等教育的隔離措施

　　事實上，二戰後美國聯邦政府即著手開始處理棘手的種族隔離問題，首先在軍隊裡解除所謂種族隔離措施，其次採取行政命令禁止以種族因素作為聯邦政府選用公務員的考量。隨著美蘇兩大政治集團形成的冷戰對峙，美國對外要宣稱美式民主自由的普世價值觀，必須得先處理美國內部的種族隔離與歧視問題。這些國際政治的背景因素，提供了美國嚴肅檢討種族隔離措施的良好契機。1951 年堪薩斯州的托皮卡（Topeka）市 13 位黑人家長為了他們 20 位小孩的教育受到當地政府的不公對待，聯名向地方法院控訴教育局實施的種族隔離學校措施，使黑人小孩上學要走好幾里路，而白人小孩可搭校車方便上學，黑人小孩沒有獲得平等的教育資源機會。此案進入聯邦最高法院，受到全國各界的高度關注，聯邦最高法院承受不少的壓力。在聯邦最高法院 Earl Warren 庭長的斡旋下，1954 年做出一致決的決議：隔離的教育措施，根本上是不平等的（separate-but-equal has no place. separate educational facilities are inherently unequal.）（Patterson, 2001：67）。聯邦最高法院做出一致決的決議，目的是讓此案可能引起南北方政治分裂的傷害降至最低（此即為「布朗判例」）。

　　雖然布朗判例引發南方地方政府及白人的恐懼反彈，出現恐嚇與阻撓黑人學生進入白人中學或大學的案例，迫使聯邦政府必須出動正規軍隊保護黑人學生上學的安全。我們可以理解南方白人的恐懼與騷動，畢竟種族隔離措施在聯邦政府的認同與默許下實施了近百年，用一紙憲法解釋文就想要解決長久以來的種族歧視問題，並非一朝一夕、一蹴可幾的，必須

要數年時間的衝突與磨合。所幸聯邦法院與政府以堅定的立場捍衛布朗判例，解決了美國自獨立建國以來陷入種族歧視與不平等的兩難困境，以及無法名正言順地大聲宣揚美國民主自由的尷尬矛盾。

伍 如何拿捏族群間的教育公平正義？

一、弱勢族群的特殊保障措施

　　二戰後美國聯邦政府以「積極補償行動」（affirmative action）促進黑人的教育工作權和教育機會；另方面受到補償性正義觀念的影響，給予黑人少數族群有特殊入學保障的管道，希望解決少數族群在起始點不平等的文化不利差別對待。主流統治階層給予文化不利或少數族群特殊保障權利，早在中國科舉制度即有討論與做法。比如說，宋代即曾討論科舉取士如何在「逐路取人」和「憑才取人」之間取得平衡點？（周愚文，2001：134-142）前者在於考量各地域的文風與經濟繁榮的差異問題；後者則忽略各地域文風或經濟差異因素，僅注意考試制度的一體適用與能者勝出的公平性問題。帝國統治者考量「逐路取人」的主因，並非出自於族群起始點不公平的差異問題，而主要在於如何藉由「逐路取人」達到籠絡各地域對帝國統治者的效忠與臣服。清代臺灣「開臺進士」——鄭用錫能在道光 3 年考取進士，是因為清朝採取臺籍會試保障名額的措施，才能金榜題名（葉憲峻，2009：168-170）。

　　回到美國教育史的脈絡裡，給予黑人特殊保障的升學管道，會產生是否擠壓白人入學的機會問題。1971 年白人青年 Marco DeFunis（笛富尼斯）向地方法院控訴華盛頓大學法學研究所兩度拒絕他的申請入學案，理由是他的成績優於那些受學校特殊保障名額的少數族群（黑人、印地安人、墨西哥裔美國人、菲律賓人），他控訴華盛頓大學違反公平競爭原則。訴訟結果，地方法院判決他勝訴，華盛頓大學法學研究所應該給予他入學。1974 年此案被告上訴至聯邦最高法院，但法庭卻做出不判決的決議。換言之，DeFunis 能繼續完成其學業，但並未獲得聯邦最高法院對此案件的表態。另一個相同的案例，1973 年加州一位白人青年 Allan Bakke（貝基）

申請加州大學（the Univ. of California, Davis）醫學研究所就讀，卻連兩年遭到拒絕。原因是加州大學醫學研究所採兩軌入學政策，即分為一般組與弱勢族群組的入學條件，保障有色人種 16% 的名額，故 Bakke 的成績雖然超越錄取的有色人種，卻因弱勢族群的保護政策而遭到犧牲。Bakke 不滿權益受到剝奪，1974 年向地方法院提出告訴。1976 年加州高等法院判決他勝訴，結論為：被告可以考量種族因素作為入學許可的依據之一，但不能因少數族群因素而犧牲有能力的多數族群，被告應再檢討其彈性的入學標準。1977 年被告再向聯邦最高法院上訴，此案引起社會關注的焦點與爭論。聯邦最高法院最後的結論：以種族因素作為入學名額的限定係屬違憲，且有將弱勢族群喻為能力較差者的標籤化作用，但是大學可以考量基於弱勢族群的關懷與協助作為入學申請時的有利條件之一（Ravitch, 1983: 285；彭煥勝，2006：94）。此次案例，聯邦最高法院終於做出判決，學校在招生管道上不該以族群因素作為入學與否的區別條件。主流社會文化統治階層若為保護弱勢族群給予特權，從反面來看，也是呈現另一種「反面歧視」（reverse discrimination）的社會正義觀。

二、文化不利與教育階級再製的問題

　　布朗判例以前的種族教育機會不公平現象，主要來自於強勢族群對於弱勢族群的歧視與宰制剝奪；但在布朗判例之後給予黑人公平的教育競爭機會，黑人學生能否與白人學生同樣有學習競爭力呢？此問題卻涉及黑人文化不利與階級再製的深層問題。筆者（2006：89-90）研究發現：當黑人社經背景與白人相當時，白人對於黑白共校問題的接受度較高；黑人中學生在「全國教育成績測驗」（National Assessment of Educational Progress）的表現，顯示黑人學生在閱讀、數學、科學、寫作四項平均成績皆遜於白人學生，其中尤以科學項目黑人成績的標準差明顯落後於白人學生。美國資本主義盛行，教育原屬地方自主，家長有教育選擇權，學區原本即有城鄉差距的落差現象。學區家長的社經背景形成所謂公立學校裡的「明星學校」或私立學校裡的「貴族學校」，此等教育階層化的差異現象，自然形成美國教育階層化的問題。

文化不利的弱勢族群受限於家長的經濟條件，較難進入資源豐富的明星學校或貴族學校，只能靠自身的努力奮鬥來突破原生家庭社會階級的限制。在不良的文化習俗與環境影響下，多數弱勢族群學生學習不良習性、學習動機薄弱與學習成就低劣兩者再度形成惡性循環，愈加陷入社會階級再製的泥淖裡。聯邦政府推行「不放棄任何孩子」的教育口號，若不是從家庭社會文化不良習俗的矯治著手，不從學校的補救教學下手，則這個口號終究仍是口號，難以達到目標。

三、多元文化觀點與教育適性發展

歐洲或美洲白人歧視有色人種是次等人，這種種族優越感隨著白人創造出海外殖民主義與科學生產技術的工業文明，更加顯出他們的驕傲與自滿。非洲黑人的部落狩獵原始文化，自然被白人的現代工業文化所瞧不起。布朗判例後，美國黑人開始展露他們的體能與音樂天賦，美國首位登上職棒大聯盟的黑人——Jackie Robinson，他的傳奇故事述說著如何在自己的球隊裡遭受白人隊友的歧視排斥，剛開始時如何在棒球場上受到白人球迷的喧囂叫罵，最後以精湛的球技贏得白人隊友與球迷對他的尊敬。對於出身卑微者而言，別人對你的尊敬是來自於你的能力受到肯定，也就是你自己用本事爭取而來的。黑人若要受到白人的尊敬，必須得發揮自己的天賦才能超越白人不足處，這是資本主義社會裡競爭的生存法則。

1980 年代歐美興起多元文化與後現代主義，批判主流文化對於弱勢文化的宰制與剝削，抗拒主流文化的霸權與傲慢偏見，呼籲重視族群間的多元、差異、尊重、包容。在美國教育學界興起少數族群的多元文化教育觀點，例如「黑人研究」（black studies），爭取從黑人角度的教育話語權。具有多元與差異性觀點，我們才不會陷入我族中心的統一與排他性，進而才能欣賞不同族群的天賦才華與文化特色，才能發展族群間相互尊重包容與和平共容的真正民主境界。族群教育機會均等，不僅在形式上突破教育不公平的束縛限制，減少城鄉差距的教育資源不公現象，更重要在於內在上宣揚與落實多元文化的觀點，引導弱勢族群找到自己的優勢才能而予適性發展。

陸 結論

　　從教育史的角度來看，美國內戰以前，美國只有白人才算是受憲法保障的公民，有色人種是次等的人。美國北方自由州給予黑人自由人的地位，南方蓄奴州仍將黑人視為奴隸役使。內戰後解放黑奴，黑人仍受到「隔離但平等」的措施，未能受到完全公平正義的對待，直到布朗判例的宣判，終於在憲法層次確認黑人的公民權利地位。這一路走來，應證了一個道理：弱勢者的權利是要靠自己努力爭取奮鬥，絕不會是從天上掉下來的禮物。真正成熟的民主自由社會，應該是撤除所有種族、性別、宗教、階級的藩籬，讓所有人都有接受教育機會均等的條件，讓所有人能靠自己的努力力爭上游，發揮自身才華能力，形成兼容並蓄多元開放的文明社會。但歷史的弔詭在於，上述的假設存在於一個經濟高度發展的富裕社會，人人得以安居樂業、衣食無虞。倘若社會經濟蕭條衰退，就業飯碗難保而面臨生存威脅時，種族排外的民族主義情緒必然高漲，這也就是 Barack Hussein Obama II（歐巴馬）雖締造美國首任黑人總統的歷史奇蹟，之後卻產生以民族主義為號召而當選美國總統的 Donald John Trump（川普）現象。川普現象是否激化美國族群之間的對立衝突？是個值得持續觀察的議題。

　　布朗判例後美國聯邦政府採取積極補償行動以保障少數族群的教育機會，卻引發此特殊保障措施反而形成對多數白人不公平的爭議問題。若以種族因素作為保障條件，在所謂公平、公正、公開的競爭機制裡，則又陷入白人考試高分者落榜而黑人低分者勝出的不公平現象。針對「積極補償行動」與「反面歧視」所造成的兩難困境衝突，美國有些大學入學政策採取兩階段審查程序：第一階段先訂出最低學業成就標準，第二階段則考量個人的多元性文化背景。如此措施，可降低這兩難困境的矛盾情況。他山之石，可以攻錯，可從美國借鏡臺灣這方面的問題。臺灣政府給予原住民升學考試的加分措施，讓弱勢的原住民菁英有機會升學進入理想的大學，原住民升學名額採外加方式，不影響多數族群的升學機會。此措施，或能減少多數族群的疑慮。但在縣市國民中小學校長的甄選措施上，為保障原住民菁英有擔任校長的機會，有些縣市採取兩組族群的分類考試，造成原

住民組考生成績低卻考取校長，漢人族群考生成績高卻落榜的情況。此考試保護措施是否又形成另一種族群不公平的對待問題呢？如何拿捏族群之間公平競爭教育機會的這一把尺？頗值得學界再行深思。

參考書目

中文部分

周愚文（2001）。中國教育史綱。臺北市：正中書局。

林立樹（2007）。美國通史。臺北市：五南圖書出版公司。

彭煥勝（2006）。族群教育機會均等的里程碑：美國公立學校「布朗判例」51週年紀念之歷史回顧。教育研究月刊，**150**，75-96。

葉憲峻（2009）。清代臺灣士子的出路與科舉成就（頁159-191）。彭煥勝主編，臺灣教育史。高雄市：麗文出版社。

英文部分

Bullock, H. A. (1968). *A history of negro education in the south: From 1619 to the present*. Massachusetts: Harvard University Press.

Cohen, S. (Ed.)(1974). *Education in the United States: A documentary history. Vol.3*. New York: Random House.

Cook, S. D. (2005). What are the ultimate meaning and significance of Brown v. Board of education? A note on justice, constitutionalism, and the human person. *The Negro Educational Review. 56*(1), 3-10.

Current, R. N., Williams, T. H., & Freidel, F. (1965). *American history: A survey*. New York: Alfred A. Knopf.

Kluger, R. (1975). *Simple justice: The history of Brown v. Board of Education and black America's struggle for equality*. New York: Vintage Books.

Patterson, J. T. (2001). *Brown v. board of education*. Oxford: Oxford University Press.

Ravitch, D. (1983). *The troubled crusade: American education, 1945-1980.* New York: Basic Books.

Smith, C. U. (2005). Observing the fiftieth anniversary of the 1954 United States supreme court School Desegregation Decision in Brown v the Board of Education of Topeka, Kansas. *The Negro Educational Review. 56*(1), 19-32.

Tindall, G. B. (1984). *America: A narrative history, Vol.1-2.* New York: W. W. Norton & Company.

Tocqueville, A. D. (1945). *Democracy in America, Vol.1-2.* New York: Vintage Books.

教育可以是一個
品牌嗎？

陳玉娟 國立臺灣師範大學教育學系副教授

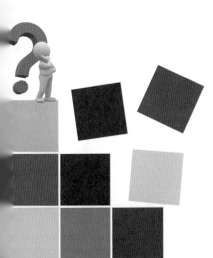

壹 ▸ 前言

　　臺灣各教育階段學校運作受到少子女化衝擊，經營管理挑戰壓力日增，學校領導者得以不同以往的治校理念與模式來應對之。1968 年，國民義務教育由 6 年延長為 9 年，屆齡學子須接受國民小學教育，亦須進入國民中學接受後 3 年的義務教育；為疏解此義務教育政策下所產生的就學人口壓力，公立國民中學校數從 1967 年的 288 所，隔年成長至 487 所，此後一路成長，以滿足國人在九年國教推動後的就讀需求。不只國民教育階段校數與規模大幅擴張，1994 年 4 月 10 日發起的「四一○大遊行」，力主推動教育改革，訴求「廣設高中大學」，之後政府成立教育改革審議委員會、召開全國教育會議、成立改革推動小組以茲因應，積極進行臺灣教育改革活動，其中廣設高中大學的訴求受到重視。當年廣設高中大學的訴求，成為現今國人教育水平普遍提升的重要里程碑，卻也是今日教育體系面臨重大挑戰的源頭，讓學校領導者面臨不同的治校挑戰。

　　分析國人的出生率數據，1968 年計有 396,886 位新生兒，粗出生率達 29.29%，時至 1979 年攀升至 424,034 位新生兒，來到歷史新高，往後出生人數不見提升，粗出生率更是一路下滑，至 2010 年更因受到國人對於虎年生子的忌諱，人數一度下探 166,866 人，粗出生率為 7.21%。一路下滑的出生人數，衝擊到教育體系的穩定與發展，傳統各校皆滿招情況不復見；學校教師只需教學，無需關心招生議題的時代亦已成為過去。不只是高等教育階段受到衝擊，國民義務教育階段學校亦無法逃脫此一影響。「超額」、「併校」、「裁撤」成為國民教育階段耳熟能詳的詞彙，傳統等待學生就學的經營模式受到挑戰，教師只需教學不需理會學校招生狀況已成過往。在此時，商業性理論與概念開始在學校經營管理過程中被運用、被重視，學校除應肩負教育責任外，更融入了多元的經營理念：創造學校特色、提升學校知名度，成為學校永續經營的重要策略，至此品牌形象的概念開始深入校園，影響學校經營管理策略的運用。

　　在市場競爭機制下，學校經營管理模式融入營利性組織的管理理論，Everard、Morris 與 Wilson（2004）所著《有效能學校經營管理》（*Effective school management*）一書中，將人力資源管理、團隊經營衝突管理、成

本計算、變革管理等理論與實務，運用在學校經營管理議題中，期能提升學校運作效能。在少子女化影響之下，學校面臨嚴峻市場競爭，為了讓學校得以永續經營，許多經營管理理念受到重視。其實，全球經濟已從工業經濟時代，邁向知識經濟時代，品牌已被許多成功企業視為是一項重要的「策略性資源」（strategic asset），成為創造企業競爭優勢與長期獲利基礎的智慧資產（戴國良，2007：13）。對於商業組織而言，品牌的建立可以發揮市場區隔作用，提高組織服務或產品的知名度，此舉有助於顧客忠誠度的提升；相對於學校體系而言，品牌的建立亦應能發揮市場區隔效力，提升學校知名度與利害關係人對學校的認同感，對於招生成效的提升將有所助益。

目前，對於教育是否能（應）成為一種品牌的爭議尚未停歇，間接阻礙此類研究成果出版與刊登，致使此類型研究成果在國內不見大幅成長，造成學術研究上的缺口。然而，品牌絕非只是組織所推動的一個商標、一個廣告，或是一個促銷活動，而是消費者根據他們所認知的心理和功能上所產生的收穫、所有印象內化後的總和，並放在他們「心理位置」中所產生的獨特地位（戴國良，2007：13）。對於學校而言，品牌更是利害關係人對於學校的一種整體性認知，不只是對學校辦學成效的肯定，更突顯出對於學校的認同與忠誠，並且會反應在對學校態度與學校招生成效上。為此，研究者將針對「教育可以是一個品牌嗎？」的命題，進行本研究之撰寫，首先說明何謂品牌及其相關概念，其次則是針對教育是否能品牌化進行說明，最後則聚焦於學校推動品牌化時，可能產生的一些迷失與疑義，進行論述。

貳、何謂品牌？

美國行銷協會（American Marketing Association, 2014）指出：「品牌（brand）係指一種名稱（name）、專門術語（term）、設計（design）、標誌（symbol），或是其他能和競爭對手的產品或服務產生區隔的特徵（feature）。」此一定義，說明品牌存在形式的多元樣貌，有形與無形者皆能成為品牌的表徵，跳脫傳統對品牌的狹義界定。誠如 Keller（2003）所

言：當組織為新的產品創造一個新的名稱、標誌、術語等，就是創造了一個新的品牌。因此，當消費者對於此產品、服務或組織產生正向認同的過程，市場區隔性便從中而生，此一品牌的圖像就將更為鮮明，亦具有價值。

　　新產品、服務或組織的品牌名稱命名管道多元，可以是以人為名者（如：雅詩蘭黛化粧品以經典品牌背後的傳奇推手雅詩蘭黛夫人為名／Estée Lauder Cosmetics）、以動物為名者（如：福特野馬汽車／Ford Mustang Automobiles；Reebok 名稱來源於一種「Rhebok」的非洲羚羊）、以地方為名者（如：在中國青島創建的青島啤酒／Tsingtao）、以意涵命名者（如：幫寶適紙尿布取其給寶寶舒適感為重／Pampers）、以故事中的人物為名者（如：星巴克源自於赫爾曼‧梅爾維爾著作《白鯨記》中亞哈船長愛喝咖啡的大副的名字／Starbuck）等；品牌命名策略的運用，可以提升產品的品牌知名度，讓產品產生高度市場區隔程度。品牌差異化的確能為企業產品提供相對於競爭者的另一種定位，並且能創造額外的客戶利益和價值（尤丁白譯，2005：249）。因此，品牌呈現的形式與命名策略多元，其所產生高度市場區隔力，便是提升品牌功效的重要癥結所在。

　　由上可知，品牌存在的形式多元，一個名稱、標誌、設計、術語，皆可以成為一個品牌的代表。品牌呈現的多元形式，使其運用範圍廣泛，所發揮的影響效用亦更大。品牌之所以能發揮其效用，主要是品牌的存在能提高產品（服務）的品牌權益（brand equity），提升影響效果。品牌權益即是品牌資產（brand assets）減去品牌負債（brand liabilities）之總合；Best（2013）分析可口可樂、奇異、迪士尼等全球知名品牌，提出五項品牌資產：品牌知名度、市場領導地位、品質聲望、品牌關聯性、品牌忠誠度等。當該組織或產品具備高的品牌知名度、領導地位、聲望、關聯性與顧客忠誠度，即代表其擁有龐大的品牌資產；反之顧客不滿意程度高、產品的失敗、負面新聞多、法律訴訟頻率高等，對於組織而言，即是一種品牌的負債。當品牌資產穩定成長，品牌負債減少，品牌權益亦隨之提升，讓組織得以穩定成長茁壯。

　　除品牌資產外，品牌聯想（brand association）、品牌忠誠（brand loyalty）與品牌差異化（brand differentiation），亦是提及品牌一詞時，

常被論及的相關概念。品牌聯想係指消費者看到、聽到、想到某一特定品牌時，其對於該品牌所產生的感覺、經驗、評價或是定位等想法。Keller（1993）指出，品牌聯想可以分成三種類型：屬性（attributes）聯想、利益（benefits）聯想、態度（attitudes）聯想，反映出消費者在接觸某一品牌後，對於產品或服務價格、外觀、使用情境與身分地位的一種看法，也能反應出消費者個人價值，或是消費者對於品牌的總體評價。其次，品牌忠誠度是指消費者對於某一品牌的認同程度，其可以反應在對於該品牌產品或服務的再次購買意願高低、是否願意向他人推薦、是否視為最佳選擇、對於價格是否能夠接受等外在行為指標上。當消費者對於此一品牌忠誠度愈高，則愈願意將購買此一品牌行為視為最佳選擇，並且更有意願向他人推薦此一品牌，因此對於組織而言，品牌忠誠度的提升，有助於組織獲利的增加。最後，有關品牌差異化之界定，係指該品牌在消費者心中占有一席之地，對消費者而言，代表不同品牌的同樣性質商品，其即具有不同的價值，誠如：星巴克、7-11、85 度 C 等，皆販售咖啡飲料產品，但因各擁有不同的產品定位，目標消費市場訴求有所不同，連帶反應在販售價格、經營模式與行銷策略上，致使產生不同的品牌效應。

　　綜上所言，就「品牌的存在形式」而言，其可以是一種名稱、專門術語、設計、標誌，或是其他能和競爭對手的產品或服務產生區隔的特徵；就「品牌的產生向度」而言，是組織為了傳達該組織、產品或服務的精神或特色等宗旨，所製造出的具體或抽象的圖像，如：Nike 球鞋的勾勾圖像；就「品牌的價值角度」來看，組織所提出的名稱、專門術語、設計、標誌，其價值的產生在於消費者的認知表現，當消費者認同組織或其產品（服務）時，該品牌形象油然而生，其所代表的即是一種品牌權益的展現。因此，品牌的形成需要有組織端的形塑，與消費者端的認同，兩相結合之下，才能形式正向的品牌認知，成為組織重要的品牌資產，發揮品牌聯想、品牌忠誠、品牌差異化的效用，以助於提升組織的行銷成效，提升組織獲利程度。

教育品牌化可否？

教育是否可以是一個品牌？是否應該品牌化？此類爭議，隨著教育市場競爭強度的提升，而受到更多矚目與討論。對此，本文擬從幾個方向進行「教育品牌可否」之闡述，用以說明研究者的主張與立場：

一、從學術研究成果：學術研究成果支持教育品牌化的成立

從學術發表狀況來看，相關教育品牌的研究成果，中國大陸對此議題之熱衷程度遠高於臺灣，以教育品牌議題進行研究之成果發表甚眾（如：王蓁，2011；李雪岩，2003；肖河，2007；林國建、宋偉，2009）。反觀臺灣，黃義良（2012）針對臺灣地區 2003 年至 2011 年 4 月期間，以教育品牌為主題的學位論文與期刊論文進行內容分析，發現：在臺灣，教育品牌是一個新興發展的教育研究範疇，此類研究數量在教育研究總量中相形顯得微少。從科技部設置學術補助獎勵查詢系統日期起（1989 年），至 2016 年，近 30 年間通過教育學門研究計畫審查之案件數，計有 5,658 筆，其中以品牌為計畫名稱者僅有 8 筆，始自 2007 年，葉連祺（2007a、2008）主持《大學選擇歷程模式和大學品牌關係之研究——以消費者行為學為基礎》開始此一議題的研究，隔年（2008）通過 2 件、2009 年通過 1 件、2012 年通過 1 件、2014 年通過 2 件、2015 年通過 1 件，主要研究範疇聚焦在高等教育階段。教育是否可以成為一個品牌的相關性研究，可以說是近 10 年來才開始研究的議題。此議題的產生，與國內少子女化、教育高度市場化與競爭強度日盛有關，讓教育機構不得不反思舊有治校模式的合宜性，致使企業經營理念得以進入教育產業，從原先聚焦於高等教育機構與幼兒園品牌形象建構的研究，開始有義務教育階段及高中職教育階段的研究成果出版，讓教育品牌化成為學術研究的一環。

目前在各教育階段的品牌化過程中，以高等教育階段為主軸（如：Hemsley-Brown, Melewar, Nguyen, & Wilson, 2016; Rauschnabel, Krey, Babin, & Ivens, 2016; Yuan, Liu, Luo, & Yen, 2016），漸漸擴展到幼兒園、國民中小學與高中職階段（如：Davis, & Leon, 2014; DiMartino, & Jessen, 2016; Nairn, Griffin, & Wicks, 2008）。以中國大陸教育品牌研究為例，其由於高等教育學術研究人口甚多，對於教

育品牌相關研究投入較臺灣來的深、來的廣，然主要還是集中在高等教育品牌議題研究上，並且據以提出許多實踐上的建議。如：劉方珺（2008）即針對高等教育品牌戰略實施進行論述，提出其存在的問題：(1) 高校缺乏高等教育品牌意識；(2) 高校不注重對自身教育品牌的宣傳；(3) 高校缺乏對自身教育品牌的保護意識；(4) 高校的教育品牌老化；(5) 大學校長缺乏高等教育品牌戰略眼光；(6) 濫用高校品牌，自損形象等。上述於學校品牌塑造過程中會發生的問題，在其他教育階段亦可見，當我們借用商業界品牌的概念之際，適時的轉化、因地制宜，將是未來影響教育品牌化成功的關鍵因素。

二、從市場競爭機制：市場競爭狀況確立教育品牌化的可行

目前，教育場域中許多經營管理概念，源自於營利性質企業組織所使用的理論與策略。讓教育場域開始正視這些經營理念的運用，主要動力根源於教育市場競爭日盛，就算是國民義務教育階段的公立國民中小學，亦在少子女化浪潮下，併校、裁校、超額教師的挑戰如影隨行，面臨重大經營管理壓力。從目前官方統計數據觀之，103 學年度，國小畢業生為230,012 人，當學年度國中畢業生人數為 276,628 人（教育部，2016），兩者落差了 46,616 位學生。換言之，當國小這些畢業生進入國中就讀時，國中端入學人數與畢業人數之間的落差加大，其所產生的招生壓力也隨著兩者人數落差加劇而大為提升。此一競爭狀況，更遑論現今的高等教育場域；目前已有高等教育機構因招生人數不足而關門，2014 年高鳳數位內容學院與永達技術學院，即是在不敵少子女化的衝擊下，國內高等教育機構倒閉關門的首例。

對於營利性組織而言，品牌形象的塑造有助於提高組織或產品（服務）的市場區隔程度，讓消費者願意購買該組織的產品或服務，甚至願意以更高的價格完成購買行為。對於學校經營管理而言，不僅提升學校招生成效，塑造學校優質的品牌形象，亦能成為學校面對教育市場競爭挑戰下的對策。

三、從品牌字面意義：品牌的定義可以移植至教育現場使用

從教育競爭市場的現實面來看，教育品牌化已是難以避免的發展趨勢。然而教育真能品牌化？這樣的品牌化趨勢是否會影響到教育原本存在的意義與本質？而這也是在論述教育品牌化過程中，反對者之所以反對的最主要原因，深怕品牌化會讓教育者迷失在商業獲利的遊戲中，忘卻學校所應該擔負的教育本質。其實，從品牌的廣義界定來看待教育品牌化的現象，教育的確可以品牌化，學校可以當成一種品牌在經營。

誠如前述，品牌存在的形式是多元的，可以是有形的物品、無形的經驗、或是一種關係互動，葉連祺（2007b）定義品牌具三類觀點：(1) 視品牌為有形物品；(2) 是無形的感受經驗；(3) 為顧客與製造者的關係。對於學校而言，品牌可以是一種有形的物品呈現，誠如「建中」、「北一女」的校名，帶給社會大眾的印象是：成績好的名校，而這就是一種學校品牌的展現；獲得教育部閱讀磐石獎學校，其對於閱讀教育的推動與成效展現，已成為學校重要特色，若能得到學生、家長與社會大眾的認同與肯定，其實也是一種品牌化的形塑。教育品牌也可以是一種無形的感受經驗，可以是校友對於該校的一種記憶與感受的表徵；教育品牌也可以是轉化後的顧客與製造者關係的表現。總而言之，從品牌的定義來看待學校教育品牌化的可能性，學校教育的確可以成為一種品牌，一種具有教育性質的品牌。

四、從學校實際運作：學校運作實務已彰顯教育品牌的落實

對於「學生是否為學校的顧客」，此一論點備受爭議，目前較為社會大眾所接受的界定為「學生是學校的利害關係人，雙方保持著密切的互動關係」；從廣義的角度來解讀，學生的學習表現與學校教育之間息息相關，學校可以藉由優質教育過程，培育出優質的學生，形塑社會大眾對於該校的印象，從而成為一種學校的品牌表徵。彰化縣特地推動品牌學校認證計畫，設立品牌學校資源網，期成達到三項目的（彰化縣，2016）：

1. 落實以學生為主體的學校本位經營，打造課程至上，績效為先；能多元經營；能學生展能、教師增能的優質學校教育。
2. 鼓勵學校發展特色及品牌經營，階段性提升學校經營發展能力，落

實優化教育品質。

3. 推動品牌學校認證，建立學校經營典範，藉著典範轉移，全面提升本縣的學校教育品質。

在高等教育階段，根據 104 人力銀行與《遠見雜誌》合作進行「2012 大學品牌力調查」，針對企業人資、主管、大學生、家長等對象，了解其對於各大學品牌的認知狀況，結果發現臺大、成大、清大、交大和政大是企業最愛品牌大學的前 5 名，私立淡大和輔大，還有科技大學中的臺科大，也擠進企業最愛品牌大學的前 10 名，這樣的品牌力排名，多少會影響到社會大眾對這些學校的看法，產生正向的聯結。從上述國民教育與高等教育階段的現場實務觀之，教育品牌化確已落實在學校運作之中，影響學校的經營管理運作，也左右了社會大眾對某些學校的看法與態度。

總而言之，不管是從學術研究成果的發表狀況、從少子女化所造成的市場競爭面、從品牌的定義面，或是從學校實際運作狀況來看，教育的確是可以成為一種品牌，學校教育也可以成為一種品牌，藉由個別學校品牌形象的建構，產生市場區隔效應，有助於提升學校辦學成效，影響所及，對於招生成效的提升，亦有正面的助益。因此，研究者認為：教育可以是一種品牌的表徵，也必須是一種品牌的象徵，教育品牌化是未來學校教育重要發展策略之一。

肆 教育品牌的迷思？

品牌可以是一種名稱、專門術語、設計、標誌，或是其他能和競爭對手的產品或服務產生區隔的特徵，甚至可以是一種抽象的關係與經驗。此一廣泛而抽象的界定模式，正適合教育產業多元而不單一的特質。在教育品牌化的同時，要將商業界品牌概念與策略完全進行移植，勢必會因兩種產業性質不同而發生衝突，產生許多疑慮，如：品牌的發展是誰的責任？只要花錢就能塑造品牌？公立學校何需進行品牌形塑？等爭議與迷思。在此，研究者將針對目前教育品牌化過程中，常會產生的迷思或是爭論議題，進行論述說明，以彰顯研究者的立場。

一、教師負責教學，學校品牌發展應是校長與行政人員的責任？

　　在華人社會中，對於教師的尊崇，自古有之。韓愈〈師說〉開宗明義：「古之學者必有師。師者，所以傳道、受業、解惑也。」教師是一個「志業」，以傳遞人生道理、講授專業和解答疑惑爲職責；而在高等教育階段前服務之教師，將自己定位於教學者衆。分析教育類研究成果，亦可發現許多研究將焦點置於教師與教學之間的議題（如：黃儒傑，2006；鄭芬蘭、江淑卿、張景媛、陳鳳如，2009；蕭佳純，2016；Dunn, 2015; Hill, Umland, Litke, & Kapitula, 2012; Ireland, Watters, Brownlee, & Lupton, 2012），將教學視爲教師的主要工作，發展至今，甚至有些教育現場充斥教師只需負責教學的思惟模式，視支援學校行政工作爲畏途。然而，處於當前教育環境的事實之下：學校教育場域是衆多環節所構成，教師所要面對的對象與議題也非僅限於學生與教學工作，行政工作的支援亦是教師的責任，若想當一位只負責教學的教師，自然無法適應目前瞬變的社會現況與社會大衆對教師角色的期待。

　　再者，對學校而言，品牌形象的塑造，非單一因素所能達成。劉東波（2006）分析中國大陸教育現場，提出教育品牌形成因素應包括：高素養的師資隊伍、高質量的教學水平和科研水平、高素質的教育產出——畢業學生的良好素質等。在此過程中，學校領導者——校長扮演重要影響角色。誠如劉方珺（2008）在高校品牌意識薄弱的原因分析中提及：中國大陸大學校長或因受其自身素質因素限制，未能充分發揮其對高校教育品牌發展的影響力，導致高等教育品牌缺乏品牌力。校長身爲學校領導者，對於學校品牌的塑造，扮演舉足輕重的引導者角色；然而在此過程中，身爲學校一分子的教師，當知教學的成效是形塑學校品牌的重要影響因素，除教學工作外，教師個人的行爲表現亦會影響到社會大衆對此學校的認知，對於學校品牌的形塑自有影響。誠如戴國良（2007）所提：「品牌形象就是當消費者想到一家公司、一個人、一個產品時，所想到的所有一切。」當社會大衆想到這所學校時，其教職員生皆是關乎社會大衆對此學校觀點的影響因子，此足以說明教師對於學校品牌的形塑具有影響力。因此，教師其所扮演的角色應跳脫純教學者角色，認知到除了教學活動外，自己的行爲與表現皆會影響學校品牌的形塑，因此學校品牌的形塑非僅只是校長與行政人員的責任，更是教師責無旁貸的責任。

二、只要肯花錢打廣告，就能打響學校品牌？

辦學經費的不足，已成為臺灣各階段教育機構發展過程中，不得不面對的經營現實。俗語說的好，「巧婦難為無米之炊」，就算再精明幹練的校長，沒有足夠經費的挹注，也難以發揮經營管理長才，對於提升治學成效亦會有所影響。經費的缺乏成為學校無法發展的理由，亦常成為學校無法進行有效行銷的理由。然而，學校品牌形塑與營利性商品行銷有所不同，濮陽職業技術學院副院長劉東波（2006）指出教育品牌的特點之一：學校品牌不同於企業的品牌，因為企業的品牌在一定的質量條件下，憑借現代傳媒，加強宣傳攻勢，就能產生商品的廣告效應，但是教育行業不可能在短時間內通過廣告攻勢形成，而必須經過長期的教學、科研等方向的表現，才能獲得人們的認同。綜言之，學校品牌形塑是一種多元發展的、是長期經營下所累積的成果，非短效型宣傳廣告一蹴可幾的結果。

對於營利性組織而言，其亦已跳脫傳統重視一次「販售」的模式，改以重視長期穩定發展的「行銷」模式。從 80/20 法則來看待行銷的成果，20% 的消費者會帶來 80% 的利潤，因此行銷重點轉而重視舊有消費者的維持與保留，傳統砸大錢廣告宣傳模式的成效受到質疑，組織領導者轉而重視質精且長效型行銷策略的運用。目前組織用於行銷的工具與管道甚為多元，傳統砸大錢的廣告形式已非成效的最佳保證，亦常發生付出的金錢成本不及回收效益的結果，造成組織資源上的浪費。

對於學校品牌形塑而言，在進行品牌行銷之前，首要確認學校的特色及發展方向，而非僅期望以高頻率程度出現在大眾媒體上。因為重短效並缺乏特色的行銷策略的確不易發揮效果，尤其在漫無目的宣傳活動下，對於提升學校知名度而言，所能發揮的效益不高，無法造成深刻印象，產生品牌聯結效應，易被社會大眾所遺忘。成立於 1976 年英國 Brighton 的「美體小舖」（The Body Shop）其創始人 Anita Roddick 認為廣告（advertising）是浪費資源的做法，其藉由堅持五大理念作為組織行銷策略：反對動物實驗（against animal testing）、支持社區公平交易（support community fair trade）、喚醒自覺意識（activate self-esteem）、悍衛人權（defend human rights）、保護地球（protect our planet）。在產品開創上崇尚自然，堅持用

純天然的原料來製造各種產品，從標誌設計、產品包裝、店面裝飾到所有視覺設計，綠色不僅成為它的品牌統一識別，而且也為企業建立了獨一無二的品牌識別（美體小舖，2016a、b；Joachimsthaler, & Aaker, 1999）。此一案例證明：明確的特色與發展方向是提升行銷成效的良方。對於財務資源不足的學校教育體制而言，花大錢砸廣告模式並不適用，確立方向、長期性經營、全體動員，較易發揮學校品牌形塑的效果。

三、公立學校受政府經費支援與政策保障，不需學校品牌建構？

誠如前述，教育是可以品牌化，然對於公立學校而言，其受有政府經費的支助，與《國民教育法》、《教育基本法》、《高級中等教育法》等法令政策的保障，「凡六歲至十五歲之國民，應受國民教育；……六歲至十五歲國民之強迫入學……。」、「九年國民教育及高級中等教育，合為十二年國民基本教育。」讓國民教育與高級中等教育階段的學校，有政策執行下的學生來源保障。然而，臺灣的少子女化現象讓原本不愁生源的公立學校，亦已面臨嚴峻招生考驗。內政部統計處（2016）資料顯示：國內出生人數呈現下滑的趨勢，1994 年尚有 322,938 位新生兒，粗出生率為 15.31%，然到了 2015 年，出生人數足足少了三分之一，僅剩 213,598 人，粗生率來到 9.10%。記憶中年出生率人口達 40 萬的榮景不再，學校教育體系規模一再縮減，大校變小校、小校被裁撤、超額教師問題日益嚴重等情況屢見不鮮，讓公立學校教職員人心惶惶，影響到成員的工作士氣。

以義務教育階段為例，少子女化所造成的減班效應，已讓國民中小學教師面臨極大超額教師的壓力。以國中教育階段為例，據教育部統計數據顯示，105 學年度國小較 104 學年度減少了 6 萬多人，而這樣的情況只會隨著時間改變而更加嚴重，預估到了 112 學年度，國中學生總人數減少近 20 萬人，將對學校經營管理造成重大影響。目前，雖仍未有公立學校教師因超額而被資遣的案例發生，但就法令規定而言，政府的確有權力可以資遣因減班併校或裁校所產生的超額教師；至此，對於公立學校教師而言，以往等學生來註冊、就讀的榮景不在，主動出擊已是目前公立學校招生中常見的策略。據悉，以往不需制定招生策略與推動招生活動的公立國民中

小學,已有學校派員至前一階段教育機構進行宣傳活動,以提升學生註冊率;甚至有公立國民小學校長及行政人員至學區內的幼兒園發放學校招生宣傳資料,增加學校能見度,宣傳學校特色,以與鄰近學校有所區隔。因此,公立學校若無法有足夠學生就讀,仍會面臨減班、併校、甚至裁校的結局,最後的苦果是由全體教師所承擔。

研究證明(梁文蕙、林豐瑞,2014;陳成業,2010;陳建榮、謝立文,2016;Alavijeh, Rezaee, & Hosseinabadi, 2014; Casaló, Flavián, & Guinalíu, 2007),品牌的建構對於消費者忠誠度提升有所助益。在教育領域中,亦有研究結果支持品牌形象的建構,有助於學校互動關係人忠誠度的提升;蔡金田(2009:145)在〈學校品牌建構與行銷管理之探究〉一文中,提及「消費者經由許多他們對於學校所知的資訊,來做最後選校的決定,即使他們未能親臨學校,他們仍可依據許多不同管道的資訊來做選擇,其中具備值得信任及可信賴的學校品牌知名度將是重要的因素。」在各階段的教育體制中,品牌形塑是重要的行銷策略;在幼兒園部分,品牌行銷有助於招生情況的改善與競爭力的提升(蔡純姿,2012);在高等教育部分,美國加州大學洛杉磯校區(University of California, LosAngeles, UCLA)藉由遊學團、洛杉磯亞裔人士拓展國際知名度,發展國際品牌(汶葦,2009);Alavijeh、Rezaee 與 Hosseinabadi(2014)以德黑蘭城市(Tehran City)公立大學為研究對象,研究指出:大學品牌個性(brand personality)的形塑,有助於大學市場區隔程度的提升,以吸引學生選擇此大學就讀。總而言之,公立學校雖有政府經費的挹注,但是在少子女化與市場競爭機制發酵的現今,學校品牌的建構已成為必要的工作之一,並不因學校性質不同而有所歧異。

伍 結語

綜合前述研究者之論述,對於「教育可以是一個品牌嗎?」之論點,研究者認為教育可以是一個品牌,學校經營管理者必須重視學校品牌形象的塑造,將學校視為一種品牌來經營,此舉有助於學校永續經營目標之達成。在目前少子女化的臺灣教育生態中,學校端如何藉由品牌的形塑,發揮市場區隔效應,與其他學校產生區隔,以提升學校招生與治學成效,是

學校成員須思索的校務治理議題。

在教育現場中，品牌形塑已經是目前教育場域的發展趨勢，對於學校端而言，學校特色的塑造，即是一種學校品牌的象徵。然而，在教育品牌化的趨勢中，如何選擇適合學校的品牌形象，並且能持續發展之，成為學校實務工作中的難題。而在此難題之下，如何能堅守住教育的本質，而非一味將營利性組織所重視的理論與策略全盤轉移至教育領域，造成教育環境過分商業化；過度的商業化，對於學校與莘莘學子而言，實非教育之福。未來，如何在兩者之間取得平衡，是教育品牌化後續實踐與發展的難題，卻也是提高學校辦學績效過程，不得不為的重要策略。

參考書目

中文部分

內政部統計處（2016）。出生人數（登記日期）性別概況——按區域別分。臺北市：內政部。

尤丁白譯（2005）。行銷管理。臺北市：臺灣培生教育。

王蓁（2011）。關於教育服務品牌創建的看法。價值工程，**226**，154-155。

李雪岩（2003）。我國高等教育品牌經營芻議。廣西民族大學學報（哲學社會科學版），**25**，193-195。

汶葦（2009）。學校品牌發展之探討——以UCLA為例。國北教大體育，**4**，135-141。

肖河（2007）。論遠端教育品牌及其創建的思路。陝西廣播電視大學學報，**9**（4），17-20。

林國建、宋偉（2009）。大學品牌：中國高等教育發展新視野。高教發展與評估，**25**（2），7-14。

美體小舖（2016a）。企業理念。取自http://shop.thebodyshop.com.tw/column_content.php?column_content_sn=7

美體小舖（2016b）。品牌承諾。取自http://shop.thebodyshop.com.tw/column_

content.php?column_content_sn=288

康紀漢（2012）。大學十大品牌力、輔大淡大臺科大入榜。取自https://tw.news.
　　yahoo.com/%E5%A4%A7%E5%AD%B8%E5%8D%81%E5%A4%A7%E5%
　　93%81%E7%89%8C%E5%8A%9B-%E8%BC%94%E5%A4%A7%E6%B7%
　　A1%E5%A4%A7%E8%87%BA%E7%A7%91%E5%A4%A7%E5%85%A5%
　　E6%A6%9C-052441066.html

教育部（2016）。各級學校畢業生人數。臺北市：教育部統計處。

梁文蕙、林豐瑞（2014）。品牌形象、認知價值影響滿意度及忠誠度之研究：
　　以邱氏咖啡為例。農業推廣文彙，**59**，95-120。

陳成業（2010）。職業運動團隊品牌利益、品牌態度、心理承諾與球迷行為忠
　　誠度關係之研究：以紐約洋基隊為例。體育學報，**43**（1），53-67。

陳建榮、謝立文（2016）。品牌定位對棒壘球用具消費族群態度忠誠與行為忠
　　誠的強化效果。行銷評論，**13**（1），37-61。

黃義良（2012）。臺灣地區教育品牌學術研究的內容與趨勢：以學位論文與期
　　刊。臺中教育大學學報：教育類，**26**（1），91-122。

黃儒傑（2006）。初任教師教學信念與其教學表現之研究：以幼稚園教師為
　　例。教育學刊，**27**，123-144。

葉連祺（2007a）。大學選擇歷程模式和大學品牌關係之研究──以消費者行為
　　學為基礎（I）。科技部專題研究計畫。

葉連祺（2007b）。大學教學品質提升措施成效影響大學品牌之跨時間比較。教
　　育學刊，**28**，195-224。

葉連祺（2008）。大學選擇歷程模式和大學品牌關係之研究──以消費者行為
　　學為基礎（II）。科技部專題研究計畫。

彰化縣（2016）。彰化縣品牌學校資源網。取自http://brandschools.chc.edu.tw/
　　news/news_list/1/

劉方珺（2008）。試論中國高等教育的品牌戰略。中國電力教育，**122**，1-2。

劉東波（2006）。試析高校教育品牌的經營與管理。濮陽職業技術學院學報，
　　19（3），92-93。

蔡金田（2009）。學校品牌建構與行銷管理之探究。國民教育研究學報，**23**，
　　139-160。

蔡純姿（2012）。幼兒園品牌行銷策略與效益之研究。現代桃花源學刊，創刊號，53-70。

鄭芬蘭、江淑卿、張景媛、陳鳳如（2009）。探究大學教學優良教師的有效能教學活動。教育心理學報，**40**（4），663-682。

蕭佳純（2016）。教師創意教學發展之縱貫性研究。特殊教育研究學刊，**41**（1），63-90。

戴國良（2007）。品牌行銷與管理。臺北市：五南圖書出版公司。

英文部分

Alavijeh, M. R. K., Rezaee, M., & Hosseinabadi, V. (2014). Relationship between university brand personality and student behavioral loyalty. *KEDI Journal of Educational Policy, 11*(2), Retrieved from http://search.proquest.com/docview/1641932089?accountid=14228

American Marketing Association (2014). *Dictionary*. Retrieved from https://www.ama.org/resources/Pages/Dictionary.aspx.

Best, R. J. (2013). *Market-based management: Strategies for growing customer value and profitability* (6th ed.). Upper Saddle River, NJ: Prentice Hall.

Casaló, L., Flavián, C., & Guinalíu, M. (2007). The impact of participation in virtual brand communities on consumer trust and loyalty. *Online Information Review, 31*(6), 775-792.

Davis, S. H., & Leon, R. J. (2014). Developing a leadership brand: The heart of effective school leadership in turbulent times. *Planning and Changing, 45*(1), 3-18.

DiMartino, C., & Jessen, S. B. (2016). School brand management: The policies, practices, and perceptions of branding and marketing in New York city's public high schools. *Urban Education, 51*(5), 447. Retrieved from http://search.proquest.com/docview/1792595265?accountid=14228

Dunn, M. B. (2015). Review of new directions in teaching English: Reimagining teaching, teacher education, and research. *Journal of Language and Literacy Education, 11*(2), 211. Retrieved from http://search.proquest.com/docview/1

797582957?accountid=14228

Everard, K. B., Morris, G., & Wilson, I. (2004). *Effective school management* (4th ed.). Thousand Oaks, CA: SAGE Publications Inc.

Hemsley-Brown, J., Melewar, T., Nguyen, B., & Wilson, E. J. (2016). Exploring brand identity, meaning, image, and reputation (BIMIR) in higher education: A special section. *Journal of Business Research, 69*(8), 3019-3022.

Hill, H. C., Umland, K., Litke, E., & Kapitula, L. R. (2012). Teacher quality and quality teaching: Examining the relationship of a teacher assessment to practice. *American Journal of Education, 118*(4), 489. Retrieved from http://search.proquest.com/docview/1026560877?accountid=14228

Ireland, J. E., Watters, J. J., Brownlee, J., & Lupton, M. (2012). Elementary teacher's conceptions of inquiry teaching: Messages for teacher development. *Journal of Science Teacher Education, 23*(2), 159-175.

Joachimsthaler, E., & Aaker, D. A. (1999). Building brands without mass media. In E. Joachimsthaler & D. A. Aaker (Eds.), *Harvard business review on brand management* (pp. 1-22). Boston, MA: Harvard Business School Press.

Keller, K. L. (2003). *Strategic branding management: Building, measuring, and managing brand equity*. Upper Saddle River, NJ: Pearson Education.

Nairn, A., Griffin, C., & Wicks, P. G. (2008). Children's use of brand symbolism: A consumer culture theory approach. *European Journal of Marketing, 42*(5/6), 627-640.

Rauschnabel, P. A., Krey, N., Babin, B. J., & Ivens, B. S. (2016). Brand management in higher education: The University Brand Personality Scale. *Journal of Business Research, 69*(8), 3077-3086.

Yuan, R., Liu, M. J., Luo, J., & Yen, D. A. (2016). Reciprocal transfer of brand identity and image associations arising from higher education brand extensions. *Journal of Business Research, 69*(8), 3069-3076.

未來工作在哪裡？
論智慧科技為就業
和教育帶來的挑戰

李玉馨　國立臺灣師範大學教育學系助理教授

13

未來工作即將發生變化

　　過去我們把許多工作方式視為理所當然，包括朝九晚五的規律生活、只為一家公司工作、花時間陪伴家人、週末放假、上班時和熟識的同事一起工作，但這一切很快就會消失，未來的工作方式將變得更難以理解，也更難以捉摸。（齊若蘭譯，2012，頁16）[1]

　　現代社會的工作、生活、組織、甚至教育型態，其實都是工業革命的產物。在許多西方國家，這樣的歷史發展至今也不過才一、兩百年，在其他新興國家則更短至數十年而已。但根據最新研究，這樣的「現代」模式即將進入尾聲；由於科技進步、全球化趨勢、少子高齡、低碳經濟、以及隨之而來的社會變遷，[2]「未來」已經漸漸地發生變化，其中尤以智慧科技顛覆就業模式的影響最為顯著。雖然我們難以真正預測未來，但能夠確定的是，全世界的人類正邁向一場前所未有的大變局，單憑過去的知識和經驗絕對無法妥善應對。因此本文將就學術界近幾年所發表的重要研究，[3]分別從智慧科技的最新發展、未來工作的基本特徵、人類勞工的未來角色，來說明就業市場正在發生的變化，並推論教育體系的未來面貌及因應之道。相信對未來的各種可能有了較深入的理解之後，我們不只可以避免走入錯誤的道路，更能在當前就做出較充分的準備與較明智的決策。

---

[1] 本引文是用來說明未來工作即將產生重大變化，藉以帶出本文主旨。

[2] 對這五大力量的簡要說明，可見Lynda Gratton所著《未來工作在哪裡》之第一章（齊若蘭譯，2012）。

[3] 現今的智慧科技主要是由西方世界所創造，故本文將以英美地區的研究成果（多數都有中譯本）為主要的論述根據。為了符合本文探討範圍，筆者優先挑選的是論及就業問題的著作（六本都由財經專家或創業家所撰寫），那些單純說明最新科技發展或未來產業趨勢的著作則予以排除。

智慧科技的最新發展

> ……透過第二次機器時代指數式、數位化與重組式的力量，人類開創出史上最重要的兩大成就：真實而有用的人工智慧，以及地球上大多數人都能透過共同的數位網路相連結。

> 單憑兩者之一，還無法從根本改變人類的成長前景。但兩股力量結合之後，就變得比工業革命以來的任何發展都重要，永遠改變了體力勞動的方式……

> 能完成認知工作的機器甚至比能提供體力勞動的機器更重要……今天的數位機器已經掙脫原本狹隘的限制，開始在型態辨識、複雜溝通和過去必須仰賴人力的其他領域中，展現廣泛的能力。（齊若蘭譯，2014，頁120-121）[4]

十八世紀下半葉開始的工業革命，產生了大量機械動能取代勞力工作，現代化生活於焉誕生，人類歷史正式邁入第一次機器時代。二十世紀下半葉之後，電腦和其他數位科技的發明，讓各種機械智慧逐漸取代腦力工作，我們如今已來到第二次機器時代。科幻電影中的情節正一一成為日常現實，不但超越了多數人的想像和預測，眼前甚至還看不到盡頭。筆者在此將智慧科技的幾項最新發展介紹如下：[5]

一、Google自動駕駛車

網路巨擘 Google 於 2010 年研發出自動駕駛車輛，開始進行各種道路測試，推翻了駕駛技術難以自動化的說法。該車裝有多種感應器，能偵測並辨識附近所有物體，並透過回傳資料做出快速判斷。在持續多年的測試中，Google 自駕車總計只發生過幾起零星事故，但都不是由它自身的問題

---

[4] 本引文是用來點出智慧科技的強大威力，藉以表達本節主旨。

[5] 其實人工智慧已被廣泛應用於多種產業，但限於篇幅難以一一列舉，筆者在此只能針對幾個新聞曝光率較高的科技做點簡介。有興趣的讀者可瀏覽本文第肆節談到的三本著作、YouTube網站、以及各大財經媒體（如天下雜誌）等，以尋求更多相關資訊。

所引起，而是因為人類接手駕駛或被其他車輛追撞所造成。預計這套智慧駕駛系統將改造人類未來的交通模式，不但能大幅強化行車安全，還可造福那些原本無法開車上路的人。然而這類自駕車一旦獲得大量採用，可能會嚴重影響到全球各地計程車或卡車司機的生計。

二、IBM超級電腦華生

超級電腦華生是由 IBM 公司所開發的人工智慧系統，擁有龐大資料庫以及強大運算力，能做複雜的分析和快速的檢索，並可使用自然語言來回答各種問題。2011 年 2 月華生首度參加美國益智問答遊戲「危險境地」，這是該節目有史以來第一次出現人類與機器的對決。三天三回合的搶答比賽中，華生在前兩輪打平對手；在最後一輪裡它擊敗了最高獎金得主 Brad Rutter 和冠軍紀錄保持者 Ken Jennings，贏得了一百萬美元的獎金。其後，IBM 公司與各大醫院合作，正努力打造能準確診斷病情並提出治療方案的「華生醫生」，未來它可望成為全世界最優秀的癌症診療者。

三、大規模開放式線上課程

由美國頂尖大學共同創立，以免費或低價方式提供的大規模開放式線上課程（簡稱 MOOC），於 2013 年開始引爆熱潮。這種由名校大師擔綱的教學影片提供了堪比菁英階級的教育機會，設立之初註冊人數快速成長，被認為是全球貧困青年的一大福音。然而其後的一些調查報告卻發現，MOOC 使用者的投入程度會在開課後急遽下滑，只有少數進取心強烈的學生能夠堅持到底，弱勢學生則未必能夠真正受惠。即使如此，隨著MOOC 持續演進，龐大的註冊人數將會驅動新的教育科技跟著不斷問世——例如機器人輔導老師可以提供個別化的教學和輔助，而作文評分演算系統可以即時閱卷並給予建議。在品質好、夠便宜、且有彈性的優勢下，MOOC 未來可能成為取得學分或文憑的主要途徑，收取高額學費的眾多大學恐將受到不小衝擊（李芳齡譯，2016）。

四、AlphaGo深度學習

AlphaGo 是由 Google 旗下 DeepMind 團隊所開發的人工智慧圍棋軟體，採用蒙地卡羅樹狀搜尋與兩個深度神經網路相結合的運算法，能夠藉由加強式學習以修正錯誤，善於挑選可以獲勝的奇特招數。2015 年 10 月 AlphaGo 首次出擊，在歐洲以五局全勝橫掃華裔圍棋冠軍樊麾。2016 年 3 月 AlphaGo 由其研發者之一黃士傑博士代表執棋，在南韓首爾以五局四勝打敗職業九段棋士李世乭。2017 年 5 月 AlphaGo 由黃士傑再度代表執棋，在中國浙江烏鎮以三局全勝完封世界棋王柯潔。AlphaGo 的成功被譽為人工智慧研究的一項里程碑進展，它不但創下有史以來電腦程式首度登上世界圍棋排名第一的紀錄，未來可望從棋藝擴展到其他更實際的生活領域如優化電力供應、簡化航運路線、強化科學研究等。

 未來工作的基本特徵

> 瞭解產業的人就能看到需求，發展出創業構想……
>
> 現在稀有的不是資本。造價昂貴的基礎設施都在矽谷的伺服器群，或者中國的工廠，但是附加價值是透過創意和創業而產生。
>
> 商業上的所有獲利日益流向執行創新、創意、創業工作的個人。就在就業競爭日益激烈之際，創業變得更容易。就在更多的企業裁撤全職人員，雇用約聘工或承包商之際，卻有更多的企業做得愈來愈好。這股創業趨勢正在加速成長，到了某個時點，就業和創業兩股力量將交會。（羅耀宗譯，2016，頁130 & 145）6

---

6 本引文是用來點出未來工作需要高度創意，藉以表達本節主旨。

一、《未來工作在哪裡》中的新貧與贏家

　　知名的倫敦商學院企管教授 Lynda Gratton，是最早開始描繪未來工作新圖像的研究者之一。她與兩百多位來自世界各地的合作夥伴，花費兩年多時間蒐集資料並仔細推敲，發現到了 2025 年，科技和全球化力量將創造出全天候高度連結的世界。因此職場上很可能會出現嶄新的工作模式，若依其所產生的正負面效應做區分，這些工作模式還可分為兩種類型。一類是智慧科技不斷安排來自世界各地的工作案件，置身其中的勞動者每天過著忙碌而片段化的生活；由於隨時隨地處於連線待命的狀態，不但很難專注於特定事物，也沒時間觀察、思考、甚至玩樂。有些人可能因為這種分秒必爭的工作模式而與同事親友疏於往來，過著宛如孤島般的寂寞生活；有些人則可能因為產業外移或科技不斷取代人力而失去工作，在缺乏其他專業技能以及景氣循環衝擊之下，淪為大都市中的貧窮人口。另一類模式是科技和網路的運用帶來高度合作的工作環境，置身其中的勞動者得以共享資源並交流想法；由於具備不同技能且秉持不同觀點的人士可以快速相互激盪，艱難複雜的問題將能用更有創意且更為可行的方案解決。有些人可能因為這種集思廣益的工作模式而形成充滿創造力的社群，激發出超越專家的群體智慧；有些人則可能投入微型創業進而組織產業聚落，在交易平臺上發揮所長並協調彼此，成為全球經濟活力的貢獻者（齊若蘭譯，2012）。

　　可以推斷，未來不僅在工作環境、工作習慣、甚至工作觀念上都將出現巨大轉變；區分新貧與贏家兩種階級的關鍵，將與個人是否發揮天分、有無強烈動機、如何不斷精進、以及能否善用網路科技等條件有關。此外，拜少子化、短期僱用、和醫療科技之賜，到了 2025 年，將會有愈來愈多人一直得工作到七老八十才能退休。換句話說，每個人都將面臨漫長的馬拉松賽跑，而不只是短程的百米衝刺，怎麼規劃生涯中的各類選項並設定優先順序將成為重要問題。基於上述理由，Lynda Gratton 認為一技之長的專才和雜而不精的通才，在未來將愈來愈沒有生存的空間；未來人才需要的是跨領域的高超技能，以提高自身的實際價值。其次，個人表現和競爭心態將不再是成功之鑰；未來工作需要更多的網路串連、群策群力、

及人際互動，以完成複雜任務並帶動創新。最後，以賺取金錢和大量消費為核心的傳統價值將受到揚棄；未來工作者必須更認真思考各種選擇背後要付出的代價，更重視工作的意義和經驗的品質。如此一來，我們才有可能邁向由大家所共同打造的美好未來（齊若蘭譯，2012）。

二、《再見，平庸世代》中的兩極化未來

不同於 Lynda Gratton 對未來的持平之論，美國著名經濟學家 Tyler Cowen 以較為悲觀的方式預測了一個兩極化的未來。有鑒於許多先進國家開始出現大量失業和薪資低迷的問題，他明白指出中等薪資的中產階級工作已經逐漸減少。未來小至個人的收入、住所、婚姻、家庭，大至企業、城市、國家、和地區都將朝向兩極化發展——亦即一端的品質大幅攀升，但另一端卻只能勉強過活。這種難以抵擋的趨勢，主要是由高科技和全球化的強大力量所導致。首先，智慧型電腦的能力正日益取代中低階層勞工的能力，企業用人已愈趨精簡化和高標準；擅長使用智慧型電腦或與其功能互補的人會享有高薪，而無法提升技能的人將會陷於失業或被迫接受低薪職位。其次，愈來愈多的新興國家正努力加入全球化經濟體系，企業已不斷透過產業外移或工作外包來降低營運成本；擁有獨特技能的創新勞工因不易被海外便宜人力所取代，在職場上將比只有一般技能的普通勞工更佔優勢。最後，即使目前的電腦和網路產業已經一日千里，我們的學校教育卻沒有什麼太大進步；很多新的就業機會將出現在創新領域裡，但學校卻未必能夠教授新工作所需的專精技能。對此，Tyler Cowen 認為電腦教學早晚會改變傳統面對面教學，老師的角色將從知識傳授者轉變為學習激勵者，有心向學者將可透過低價甚至免費的線上課程自我精進。由於和智慧型電腦合作的人必須不斷再訓練，其工作績效還會被分析程式以嚴格的方式檢驗，他警告未來將是個實力至上的時代——我們該害怕的不是科技創新，而是懶得學習（洪慧芳譯，2015）。

三、《就業的終結》中的創業家精神

針對當前隨處可見的失業和低薪現象，美國創業家 Taylor Pearson 指

出過去那個就業就能富足的時代已經一去不復返。他歸納世界各地數百位創業家的經驗，並分析過去七百年的經濟發展趨勢，發現我們正處於關鍵的轉型時期——擁有高等學歷就能擁有高薪工作的知識經濟型態已逐漸式微，而擁有創業精神就能擁有美好生活的創業經濟型態正逐漸崛起。他和前述兩位學者一樣，也認為這種趨勢主要是由高科技和全球化所導致。首先，電腦和網路降低了創業門檻也開啓了新的市場，還開發出新的配銷通路；現在要打造新的產品或行銷宣傳，比過去更容易且成本更低。其次，新興國家如阿根廷、巴西、中國、印度、印尼等，提供了大量受過高等教育的勞力；現在要到海外製造產品或僱用員工，也比過去更容易且成本更低。換句話說，當高科技和全球化為就業者帶來種種負面衝擊之時，卻反為創業家帶來種種正面助益——年營業額達千百萬美元的企業，如今已可用筆記型電腦、Skype、和網路來跨國經營。這個世界與日俱增的需求，是能夠在複雜混亂的情況中，採取新方案以解決問題的創業家或擁有創業思維的員工；相較之下，那些只能遵從指令並使用既有知識或技能的受雇者，就算學歷傲人且勤奮上進，已經很難於新經濟中立足。對此，Taylor Pearson 建議若要搭上新的成長列車，我們必須放棄過度投資於傳統文憑、只想尋找穩定工作的保守心態，並及早培養出可在複雜環境裡應對風險的能力——亦即所謂的創業家精神。然而創業技能無法在課堂上直接學習，必須經過實務歷練，才能真正掌握業務運作的方法，以及營造人際關係的訣竅。如果我們能在這片新趨勢中快速連結知識、科技、與人脈，創造出不能被輕易取代的個人價值，就有可能真正找到工作的意義，並以更少的時間獲得更多的自由和報酬（羅耀宗譯，2016）。

肆　人類勞工的未來角色

　　每當人們把資源重新組合，讓資源變得更有價值時，經濟就會開始成長……每個世代都察覺到成長的極限，如果沒有任何新觀念、新構想，就要承受有限的資源和不良副作用。每個世代都低估了發現新……構想的可能性。我們總是忽視了還有

這麼多構想有待挖掘……這些可能性不只會相加，而且會產生相乘效應。（齊若蘭譯，2014，頁106）[7]

一、《第二次機器時代》中的人機合作共贏

任職於美國麻省理工學院的兩位企管學者 Erik Brynjolfsson 和 Andrew McAfee，透過近年來猶如科幻小說般各種科技創新的實例（如自動駕駛汽車、超級電腦、高效機器人等），說明人類社會跨入第二次機器時代的關鍵要素已經齊備，未來世界將能以更強的數位科技創造出更大的富足與自由。他們發現，當機器的智慧強到能夠完成認知工作，固然可帶來豐盛的經濟成果，卻極易造成所得分配不均——這是一個贏者全拿的時代，中低階層勞工的處境堪慮；相較於新創公司不斷打造出來的億萬富翁，愈來愈多人因背負龐大貸款或找不到工作而面臨財務困境。但兩位學者預測，人與機器之間將是合作而非對抗的關係，這是因為人在創造思考能力及感覺運動技巧上仍佔有優勢。所以愈是需要創新或是富有變化的工作，愈是人可以發揮所長之處，機器在這類領域將只能發揮支援而非主導的角色。他們因而主張在人機合作的時代中，人要走出辦公室去從事具有創造性與互動性的工作，更要學會電腦和機器辦不到的事——像是提出新構想、新概念、或有趣的新問題。然而兩位學者批評，當前多數學校並不強調奇妙的構思發想和複雜的溝通技巧等人類獨有的能力，反將教學重心放在背誦和讀寫算；倘若學生被訓練成只能遵照指令執行制式化工作，恐怕更難因應機器取代人類的危機。對此，Erik Brynjolfsson 和 Andrew McAfee 建議首先要改變教學方法，重視自主學習和動手實做的價值。其次要運用科技，善用線上教育資源以複製最好的老師和教材。最後要重新啟動創業引擎，以發明新的工作、創造新的產業。他們樂觀指出，當例行性工作紛紛自動化，對創造力的需求將日趨殷切；與其害怕機器人搶走飯碗，不如在人力資本上做正確的投資，並思考如何創造新的機會（齊若蘭譯，2014）。

7　本引文是用來點出人類勞工的優勢在於具有創造力，藉以表達本節主旨。

二、《被科技威脅的未來》中的人工智慧獨大

長於電腦設計和軟體開發的矽谷創業家 Martin Ford，詳盡研究了人工智慧被廣泛應用的趨勢後，指出中產階級工作正在大量消失，未來幾乎每個產業都會走向人力精簡的不歸路。他認為在資訊科技長期加速發展下，由生產力、工資、消費力所形成的良性循環，已經被推到了巨變的引爆點。回顧過去，機器是提高勞動生產力的工具，農業與工業的自動化雖然淘汰了舊工作，卻也同時創造了新的就業機會以及更高的待遇福利；時至今日，機器本身就是勞工，取代的不只是低技能者的工作，也逐漸威脅到高技能者的飯碗。由於電腦已演變成具有思考能力的機器，能做決策且會學習，再加上大數據與雲端運算的輔助，原本依賴電腦處理資訊的白領階層終將被機器與軟體所吞噬，而初級職務尤其可能受到嚴重衝擊。證據顯示，剛畢業的社會新鮮人薪資在過去十年已經持續下滑，其中近五成被迫接受不需要大學學歷的工作。那些專業化、例行性、和可預測的工作，包括律師、藥劑師、醫師、記者、分析師、IT 技術人員、甚至公司主管等都將一一被侵蝕。有鑒於多數工作都含有某種程度的可預測性，很少是以創造性的思考為主要內容，因此擁有更高的教育和技能水準已不能確保未來的工作機會；採用人機合作模式也許能夠暫時保住少數勞工的職位，但這樣的共生優勢未必可以維持長久，還可能走向貶抑人性。可怕的是，智慧機器一步步佔據工作機會，但它們只生產卻不消費，將造成薪資成長停滯，所得會更集中在少數富有者身上；社會也將因多數民眾缺乏足夠所得，而失去消費的動能，全球政治經濟將面臨空前挑戰。對此，Martin Ford 建議我們勢必要重新檢討社會和經濟的運作模式，才能因應科技強大的破壞力（李芳齡譯，2016）。

三、《下一個工作在這裡》中的人類生存利基

任職於美國貝伯森學院的資訊科技暨管理學教授 Thomas H. Davenport，以及《哈佛商業評論》特約編輯 Julia Kirby，從回顧人工智慧近年來在各行各業的應用發展，探討人們該如何面對電腦逐漸接手腦力工作的問題。他們發現在許多情境中，電腦已經證明能做出比人類更好的

決策,而未來十年將有十種類型的知識工作會走向自動化。第一種是「目前已有能執行部分核心任務的自動化系統」,像是原本由放射師負責的影像判讀工作。第二種是「工作不需要真正操作實物或接觸客戶」,像是原本由資淺律師負責的文件處理工作。第三種是「工作內容是單純的內容傳輸」,像是原本由教師負責的講課或示範工作。第四種是「工作包含單純的內容分析」,像是原本由醫師負責的醫療診斷工作。第五種是「工作包含仰賴資料回答問題」,像是原本由保單核保員負責的審核工作。第六種是「工作包含進行量化分析」,像是原本由量化分析師負責的模型開發工作。第七種是「工作包含能夠在虛擬情境中模擬或執行的任務」,像是原本由飛行教練負責的飛行訓練工作。第八種是「一致性表現在工作中非常重要」,像是原本由保險理算師負責的保險理賠工作。第九種是「工作包含創造以資料為基礎的敘述」,像是原本由投資分析師負責的財富管理工作。第十種是「執行工作時必須依據清楚界定的正式規則」,像是原本由會計師負責的報稅工作。

　　兩位作者認為,以上這些都可歸類為就業機會即將大量消失、甚至只能坐以待斃的工作——因為科技會愈來愈聰明可靠且愈來愈方便廉價,但人類卻是一種問題多多(如愛打官司、監守自盜、混水摸魚等)且薪資昂貴(如有薪假期、健康保險、退休年金等)的員工。更可怕的是,除了少見的任務之外,當前多數工作其實都包含了能夠自動化的部分,因此無法免於電腦程式的步步進逼。與其希望為人類保留大量例行性的工作,不如專注於現有工作中還無法被程式化的部分,亦即需要面對未知狀況或者難以採取明確步驟處理的部分,還有那些機器難以模仿的人類特質——像是同理心、勇氣、信念、道德、遠見、幽默、好奇、以及品味等。這一類的工作會牽涉到複雜性的認知、操作性的任務、創造性的思考、或社交性的溝通等能力。對此,Thomas H. Davenport 和 Julia Kirby 提供了五個人機共存的謀生之道——包括自我提升(開發綜觀全局的深入看法與決策能力)、轉進(移至非認知技能的工作領域)、投入(參與電腦系統的改造與改良)、專精(致力於一個狹隘到無法自動化的專業領域)、和邁步向前(創造能支援智慧決策與行動的新系統)。兩位作者建議,我們應善用智慧機器以增長自己的能力,如此自動化將不會是影響人類生存的強大威

脅，反而是提高人性價值的重要利基（王鼎鈞譯，2016）。

伍　未來教育的可能面貌

> 傳統的教育是奠基在「任何問題都有答案」的大前提之上……這種教育為我們帶來了衰退的智商。

> 日本的教師是照著文部科學省所製作的指導要領（教學手冊）教答案，然後再用考試的方法來檢核學生是否記住了那些答案。反覆做這些動作的結果，就是製造了一大堆「不動腦思考」的人。

> 工業化的社會要的是均一化的勞動者，這種教育方式正好符合那個時代的需求，但是那個時代已經結束了。現在人人都知道，關於有答案的問題，只要上網搜尋馬上就看得到。

> 因此，現在的世界已經進入了另一個個人要把價值植入沒有答案的問題中的時代了。如果不了解這一點，即無法展開未來二十一世紀的教育大業。（劉錦秀譯，2009，頁270-271）[8]

面對智慧科技一步步接替人類工作，有識者多已發現，過去提供給上班族、求職者、或在校生的建議和訓練恐怕不再管用了。然而關於教育體系的未來面貌及因應之道，目前則是呈現眾說紛紜的狀況。筆者在此加以整理並評論如下：

一、頭腦才是人類最大武器？

知名管理學家暨趨勢大師大前研一，在其針砭日本社會現狀的著作《低 IQ 時代》中，批評日本傳統的學校教育造就了一堆不會思考的人。這類民眾的特性是遇到問題只會做情緒反應或者人云亦云，不但無法意識到自身權益所受的嚴重剝奪，也沒有能力從全球化經濟體系裡掌握有利機

8　本引文出自日本管理學大師大前研一的著作（見以下第一部分討論），用以表達對傳統教育的批判，並指出未來教育的改革方向。

會。有鑒於日本人過去常集體做出種種誤判，他大聲疾呼頭腦才是人類最大的武器，新時代的教育必須以發展思考能力作爲首要目標（劉錦秀譯，2009）。與大前研一立場相近的，還有美國哈佛大學創新教育專家 Tony Wagner 與知名創投企業家 Ted Dintersmith。他們在合著的《教育扭轉未來》中，也認爲新經濟環境需要的是有高創造力與高合作性的人才，但當前的生產線組裝式教育卻還著重單向灌輸與答案背誦。爲了幫助孩子在一個獎勵創新的世界裡加速發揮潛能，他們建議徹底翻轉學校教育的運作方式，把教學重心放在四種關鍵技能的培養——包括批判性思考、溝通協調、通力合作、以及解決問題的創意等（陳以禮譯，2016）。此外像是美國心理學家 Ian Leslie 在其近作《重拾好奇心》中，也指出當前職場更需要擁有強烈求知欲、喜歡探索新觀點、且懂得問問題的人才。如果不想輕易地被機器所取代，那麼我們還能做的就是將散落的好奇心重新拾回，替未來開發新的事物了（林威利譯，2017）。

誠如以上三書作者所言，頭腦的確是人類如今唯一且僅剩的有用武器。這幾位固然替未來教育指出鍛鍊個人與集體思考能力的正確方向，卻沒有看清人類頭腦在精準決策方面已經不敵人工智慧的事實。[9]眞正的問題是——在充斥智慧科技的未來中，我們還需要強調邏輯分析、溝通合作、和創意思考的必要性嗎？除了那些與認知相關的能力，人類頭腦還有其他特質是機器所難以取代的嗎？看來智慧科技的最高發展極限，才是影響人類未來工作與生存的重要關鍵。

二、智慧科技終結學校教育？

關於智慧科技與中產階級的腦力拔河，有另外三書的作者得出了智慧科技將要終結學校教育的看法。例如經濟學家 Tyler Cowen 於《再見，平庸世代》裡，就明白表示現今教育充滿了問題——不但多數學生缺乏認眞

---

[9] 這三位作者並未著墨於智慧科技的發展與運用，以至於無法根據新經濟的特徵進一步探究人機競合的教育問題。要補充說明的是，教育界談論未來改革方向的著作，大多都有類似狀況，原因可能出在多數人對人工智慧的強大威力和鉅大影響尚缺乏深刻認知。

學習的動力，就連多數老師的教學品質也令人憂慮。但是智慧科技的發展將讓優質教育隨處可得，程式本身有望成爲最好的老師；其遊戲特質所帶來的學習效果，甚至比沉悶的講課和枯燥的教科書要好得多。未來經濟需要的，就是能夠透過電腦輔助而不斷自學的人才（洪慧芳譯，2015）。至於矽谷創業家 Martin Ford 的立場則是稍爲極端一點，他在《被科技威脅的未來》中預言科技與教育之間的競賽已近尾聲。這是因爲加速前進的人工智慧已非人類所能追趕，它們甚至已經入侵翻譯、繪畫、作曲等領域，使得人類就算追求更多教育也無法確保良好就業。在多數人難以負擔昂貴學費的情況下，免費或低廉的線上課程可能會成爲主要的學習管道，半數以上的大學恐將面臨倒閉厄運（李芳齡譯，2016）。另一位創業家 Taylor Pearson 的觀點則是較爲務實，他在《就業的終結》裡指出大學學費年年升高，而學歷價值卻節節下降，投資更多金錢於更高文憑已非明智之舉。與其背負巨額債務去取得大學或碩士學位，不如及早投入市場以了解需求、磨練技能、並經營人脈，然後往更大的創業機會邁進。既然文憑主義不再行之有效，而且網路資源又很容易獲得，花錢去學校接受教育就很難說得過去（羅耀宗譯，2016）。

　　誠如以上三書作者所言，智慧科技的確具有破壞學校教育的巨大力量。這幾位不但發覺學校教育有成效不彰、過於昂貴、遠離實用等缺陷，還給予莘莘學子自我精進、線上學習、投入創業等建議，卻幾乎未替那些還必須留在學校教學的老師指出改變命運的方向。眞正的問題是——在充斥智慧科技的未來中，學校教育必須在哪些層面做正確的改革？除了傳輸知識，學校教育還有其他特質是虛擬課堂所難以取代的嗎？看來實體學校的最佳發展極限，才是影響老師未來角色與價値的重要關鍵。

三、人機互助發揮超強能力？

　　另外有兩書的作者認爲人機關係的未來並非全然衝突，這是因爲人類是一種充滿創造潛力和豐富情感的生物。智慧科技在處理未知領域中混沌不明的事物上，還無法與人類的頭腦並駕齊驅；而且至今爲止，機器還無法理解人類的喜怒哀樂和價値觀念。所以未來工作極可能採用人

機相輔相成的模式，我們仍然擁有很大的生存空間。例如企管學者 Erik Brynjolfsson 和 Andrew McAfee，在他們合著的《第二次機器時代》中，就極力探討人類獨有的重要技巧與寶貴能力。他們發現電腦無法產生新構想以處理非例行性的工作，也無法跳脫既定框架以產生新的解決方案，那些涉及複雜溝通的工作也非其強項。他們相信，當無數的機器智慧與無數透過網路連結的群眾智慧合作，將有可能共同改造世界並提升人類福祉（齊若蘭譯，2014）。至於管理學教授 Thomas H. Davenport 和雜誌編輯 Julia Kirby，在他們合著的《下一個工作在這裡》中，則是依照行動能力和學習能力區分認知科技的智慧等級。在行動能力上，它們已經可以分析數字、消化文字與圖像、執行數位任務、以及執行實體任務；而在學習能力上，它們有的需要人類支援、有的只能執行重複性任務、有的能夠感知情境以產生建議，但目前都未擁有自覺意識。電腦系統通常非常專精，能處理一個狹窄領域內的單純問題；相較之下，人腦的優點在於能處理一個廣泛領域中的複雜問題，而且具有主動性、目的性、情緒性、和獨立性。他們認為每位工作者都應持續關注智慧機器的最新進展，據此評估自己所受的影響、調整自己所佔的位置、並增強自己所具的能力（王鼎鈞譯，2016）。

以上兩書作者皆為人類未來工作模式的轉變找到了新契機，同時也為教育模式的改革帶來了新啓示。智慧科技的運作極限，受制於理性程式本身所設定的任務框架或虛擬特性；因此人類勞工的優勢能力，應該發揮在自由奔放的創意思考、高同理心的人際交流、和具體操作的真實情境上。推而論之，由人類教師帶領的實體學校，所能達致的極限將在於啓發創意思考、促進人際交流、和提供真實情境上；因此老師的重要角色，就不該是單純地傳輸知識或批改考卷，而是積極地引導探究與鼓舞熱情。

四、教育體系如何因應未來？

以上諸多討論所顯現的是，未來我們即將面對經濟與社會的巨大轉變，需要極高度的智慧和極靈活的彈性才有可能因應。如果政府和家長無法正視未來並面對未來，如果各教育機構依舊未能做到啓發創意思考、促進人際交流、和提供真實情境，那麼學生即使在人生初期做對了每一件事

（例如進入更好的學校、追求更高的學位、取得更多的技能和證照等），恐怕還是無法在新經濟中找到穩固的立足點。

在本文第參節所介紹的《未來工作在哪裡》中，企管教授 Lynda Gratton 認為未來工作者不但需要跨領域的高超技能，還必須更認眞地面對選擇的問題（齊若蘭譯，2012），筆者對此深感認同。在一個由智慧科技掌管衆多決策與行動的未來世界中，選擇「不做」什麼，恐怕比「做」什麼來得更爲重要。也許我們都該向聰明的圍棋軟體 AlphaGo 學習——懂得事先做好評估，捨棄勝算不高的選項，把資源做最有效的分配，改走那些原本不被看好卻可能通向成功的道路（賀桂芬，2016）。

未來工作在哪裡？在隨時會有變動的未來中，恐怕少有什麼工作是永遠安全無虞的。收入穩定且升遷明確的中產階級之路，已逐漸隱沒於機器叢林之中，[10] 眞正重要的是在面對分叉點時能否做出明智的抉擇。以教育而言，眞正重要的不再是成績或學歷的高低，而是能否擁有眞功夫以便在新的經濟模式下好好生存。未來之門漸啓，前方卻不見坦途，因應之道唯有認清形勢並實事求是而已。無論懷抱何種目標或採取哪些措施，可以肯定的是——在人工智慧大浪來襲之際，瞭解人腦與科技各自的極限，才是教育的開端！

參考文獻

王鼎鈞（譯）（2016）。T. H. Davenport & J. Kirby著。下一個工作在這裡！智慧科技時代，人機互助的5大決勝力（Only humans need apply: Winners and losers in the age of smart machines）。臺北：商業周刊。（原作出版於 2016）

李芳齡（譯）（2016）。M. Ford著。被科技威脅的未來：人類沒有工作的那一

---

10 在電影《機械公敵》中，由威爾・史密斯所飾演的警探爲了尋找「殺人」兇手，曾徘徊於一列又一列的機器人之間。若將這幕景象獨立來看，也許可當作人類勞工逐漸走向窘迫處境的一個重大隱喻。

天（Rise of the robots: Technology and the threat of a jobless future）。臺北：天下。（原作出版於2015）

林威利（譯）（2017）。I. Leslie著。重拾好奇心：讓你不會被機器取代的關鍵（Curious: The desire to know and why your future depends on it）。臺北：新樂園。（原作出版於2014）

洪慧芳（譯）（2015）。T. Cowen著。再見，平庸世代：你在未來經濟裡的位子（Average is over: Powering America beyond the age of the great stagnation）。臺北：早安財經。（原作出版於2013）

陳以禮（譯）（2016）。T. Wagner & T. Dintersmith著。教育扭轉未來：當文憑成為騙局，21世紀孩子必備的4大生存力（Most likely to succeed: Preparing our kids for the innovation era）。臺北：時報。（原作出版於2015）

賀桂芬（2016）。AlphaGo掀起大腦風暴：贏的思考。天下雜誌，特刊**178**，70-78。

齊若蘭（譯）（2012）。L. Gratton著。未來工作在哪裡？決定你成為贏家或新貧的關鍵（The shift: The future of work is already here）。臺北：天下。（原作出版於2011）

齊若蘭（譯）（2014）。E. Brynjolfsson & A. McAfee著。第二次機器時代：智慧科技如何改變人類的工作、經濟與未來？（The second machine age: Work, progress, and prosperity in a time of brilliant technologies）。臺北：天下。（原作出版於2014）

劉錦秀（譯）（2009）。大前研一著。低IQ時代。臺北：商周。（原作出版於2009）

羅耀宗（譯）（2016）。T. Pearson著。就業的終結：你的未來不屬於任何公司（The end of jobs: Money, Meaning and Freedom without the 9-to-5）。臺北：天下。（原作出版於2015）

13 未來工作在哪裡？論智慧科技為就業和教育帶來的挑戰

做行政值什麼？
從事學校行政的價值及其實踐

林明地　國立中正大學教育學研究所教授

14

壹 前言

　　隨著社會價值愈來愈多元，教育改革與學校革新頻仍，學校成員與家長意見、觀念也趨向多元、分歧，使得學校行政人員必須花更多的時間在內、外部協調與溝通上，學校行政工作愈來愈不容易「順利」完成；另一方面，雪上加霜的是，近年來學校行政工作所需處理的任務變多，行政過量、益趨複雜，而且負擔愈來愈重，績效責任提高，誠如 Fullan（1997: xi）所指出的：「過度負擔（會）助長依賴性。」（Overload fosters dependency）我國學校行政從原本是「被賞識」、「值得尊重」、「成長歷練，發揮長才」的機會與任務，逐漸變成是「別害我」、「沒有成就感」，或是「依命令行事，身心俱疲」的「苦差事」。特別是近期中小學老師兼任組長、主任的意願降低，出現類似國中主任報名人數少於錄取人數、擔任中小學組長的有些是剛甄試通過的資淺教師（甚至是代課老師）、部分學校透過抽籤決定誰或輪流當學校行政人員（這甚至已成為部分學校正式或非正式的潛規則）等問題；更不用說學校行政人員覺得不被尊重、不知「為何而戰」，深深覺得「做行政不值得」等更複雜的議題（陳芳毓，2015；羅德水，2012），以致有「行政大逃亡」，學校行政似乎有「快要崩盤」的檢討聲浪出來。

　　形成這種現象的原因固然複雜、多元，但因為行政與教學是決定學校表現的兩個關鍵系統，特別是學校行政往往擁有較多的權力影響學校個體與整體表現與日常運作（Fullan, 2011），因此這些現象值得探究。特別是，在同樣的情境條件下，本文作者發現，仍然有許多學校行政人員做得「得心應手」，很有成就感，甚至「享受」行政工作，究竟其祕訣何在，亦值得深入發掘。

　　另外，許多學校行政或領導的文獻與研究，以及其所形成的研究架構或理論假定模式均指出，學校行政對學校內部過程（Hallinger & Heck, 1996）的品質，以及學校教育目標（可以包括學生認知、態度、行為的全面成長與發展、教師工作滿意與專業成長、兼重學生個別發展與全校性教與學品質提升、分享與合作的氛圍、追求持續試驗與改善的文化等）的達成程度，具有關鍵重要性與影響力（林明地，2002；鄭燕祥，2003；Bossert, Dwyer, Rowan &

Lee, 1982；Firestone & Riehl, 2005；Leithwood, Begley & Cousins, 1994；Leithwood & Riehl, 2005）。學校行政不但對學生學習的進步具重要貢獻，可以發揮其直接與間接的影響力，而且成功的學校領導者（學校行政人員）更可以協助多元背景之學生，建立可支持其學業成就、公平、正義的學習環境（Firestone & Riehl, 2005）。因此在學校中，為何部分學校行政人員會有喪失價值（感）的現象，或者是學校行政及教育領導的核心價值（林明地，2010；張明輝，2010）無法在部分學校行政過程中加以實踐或落實的問題，值得正視與探究。

　　本文以作者多年來與許多學校教師及行政人員正式與非正式交談、訪問的意見與資料及相關文獻為基礎，探討從事學校行政的價值，以及如何實踐這些價值的相關議題。

　　本文首先簡要描述學校行政工作價值難以彰顯的現象與原因；其次指出從事學校行政值得追求或彰顯的價值為何；最後提出一些具體建議與省思，以突顯實踐學校行政價值的可能性。

學校行政工作價值難以彰顯的現象與原因

　　首先，在學校中（特別是中小學），學校行政工作價值難以彰顯的現象主要可以從下列幾方面觀察出來，並加以描繪，包括：(1) 學校老師主動追求從事行政的意願降低；(2) 學校行政團隊不易組成且流動頻繁；(3) 行政與教學團隊明顯區分，行政人員常須自我完成任務；以及 (4) 學校行政人員主觀知覺「做行政不值得」。茲分述如下：

一、學校老師主動追求從事行政的意願降低

　　如前所述，從事學校行政工作原本是讓學校中有能力與經驗、有意願做事的學校同仁可以協助校務發展，並發揮個人長才的機會，是一種尊榮，但現在在一些學校卻變成是一個沒有成就感、負擔沉重的「火坑」。這可以從各縣市報考校長、主任的人數普遍減少（有的縣市嚴重程度大於其他），特定行政工作報考人數減少得更厲害（例如國中主任）的現象可以看出（陳芳毓，2015；羅德水，2012）。換言之，學校老師主動追求擔任行政

人員的意願降低。

二、學校行政團隊不易組成且流動頻繁

從學校層面而言，近年來從報章雜誌可以發現，部分學校（校長）組織行政團隊常發生困難，不但組成不易，而且部分學校行政人員的流動性很大（何宗翰，2010；陳芳毓，2015；黃益中，2015；羅德水，2012；羅梅英，2016），部分工作幾乎年年異動，不但不利行政推動，而且亦降低學校行政經驗傳承、形成並累積專業知識的機會。一些新進教師常常「被迫」當行政人員（特別是組長的工作），一旦不得已必須接任時，也多會有附帶條件，例如只幫忙一年，不新接一些額外的專案性計畫（偏偏這種計畫近年來特別多），工作能推就推，職位能辭就辭（何宗翰，2010；黃益中，2015；羅德水，2012）。換言之，學校老師類似被動地協助擔任行政人員的意願也降低了。

三、行政與教學團隊明顯區分，行政人員常須自我完成任務

在學校中，行政系統與教學系統的連結雖然不必是如機械般的「一個命令，一個動作」緊密連結，但是其彼此的連結如果過度鬆散，對學校個體的福祉以及整體發展也是不利的（林明地、梁金都，2016）。Sigford（1998: 4）曾指出「學校最大的難處（或爭鬥）是，教師與行政人員之間一種（區分）我們／他們的想法」（we／they thinking）。從目前在學校內無意中出現的行政端、教學端、校方的區分，以及行政人員本就應該把事情做好（規劃好並加以實施），不要干擾（老師）教學等用語或對話，就可以看出一些端倪。

四、學校行政人員主觀知覺「做行政不值得」

從內、外在激勵的角度而言，部分學校行政人員覺得從事行政工作「不值得」，覺得不受尊重，且付出與收入（回饋）不成比例。這可以從行政與教師衝突增加、老師擔任行政的意願不高且流動率大、擔任學校行政人員的老師成就感不高，以及之前中小學校長提早退休等現象發現（何宗翰，2010；陳芳毓，2015；黃益中，2015；羅德水，2012；羅梅英，2016）。

其次，為何會如此呢？為何學校行政工作價值難以彰顯？學校行政人員為何會感受到「從事行政工作不值得」呢？其原因相當複雜，可能是實質的被不公平對待，所以不值得；亦可能是主觀的知覺。

例如部分學校行政人員主張，行政加給與導師費差不多；學校教師課稅後，一些配套措施，例如減課，大多減在老師身上；學校行政人員寒暑假必須上班；行政業務量太多，例如學校行政人員必須負責整理、彙報調查資料、參與研習與會議、撰寫計畫爭取競爭型經費、準備評鑑資料、支援教育局處活動、進行危機處理等；教師專業自主漸高，學校行政人員必須與教師組織溝通協調；家長意識抬頭，親師之間少了耐心與同理心，但學校行政人員往往常被期望必須處理親師衝突。這種中層管理者所需執行的上行、下行溝通的壓力，對部分行政人員而言已超過負荷，且感覺起來很吃力。此外，學校行政較容易涉及法律問題；因為少子女化，學校減班問題往往行政人員必須優先擔心；一些非教育專業以外的工作，也造成學校行政人員的工作壓力大，例如土地徵收、蓋學校建築新大樓等，使學校行政人員覺得所獲得的回饋不夠（陳芳毓，2015；黃益中，2015；羅德水，2012；羅梅英，2016）。

但另一種說法是，學校行政人員尚有旅遊補助、不休假獎金，而且學校老師不也是有繁重課務，教學之外尚必須進行學生輔導管教、班級經營、親師溝通，而且還必須協助行政業務，許多學校教師超額都是老師優先超額（部分縣市已開始有擔任學校行政人員可以免被超額的保障）（何宗翰，2010；陳芳毓，2015；黃益中，2015；羅德水，2012；羅梅英，2016）。學校行政人員覺得不值得，純粹是心理主觀的知覺而已。

在本文作者與學校人員交談或訪問的過程中，部分人員指出，其實其原因可能來自部分學校行政人員自己做得不好（例如還保有「做官」的心態，還怨天尤人）、不知道專業方法、掌握不到行政完成任務的重點、專業能力不足，且未能持續進行專業發展。換言之，學校行政價值難以彰顯的原因可能是行政人員自我造成的行政障礙，如 Fullan（2003）所提出的，這些自己造成的障礙，主要包括學校行政人員過度依賴他人提供方向，喪失專業與道德方向感，部分人員採取極端的行政作為，例如不是過度負責，避開邀請學校成員參與行政決定的過程，想要自我獨力解決所有問

題；就是放棄負責，放任學校同仁各自為政，以及學校行政人員未負起自我成長與學習的責任等。另外，有些學校行政人員指出，學校行政價值難以彰顯的原因常常是學校校長的領導風格備受爭議，致使學校主任、組長覺得擔任學校行政人員不被上級重視、尊重等，或者連帶的也不被學校老師所尊重。

參 ► 從事學校行政值得追求或彰顯哪些價值？

雖然部分學校行政人員覺得從事行政工作不值得，但仍有許多人把學校行政工作做得很好，甚至享受行政工作所帶來的成就感。換言之，在同樣的情境中，為何還是有人願意從事行政工作？其激勵的力量來自哪裡？

根據本文作者與學校老師的訪談資料發現，學校行政工作的價值主要來自較容易有成就感，學習、收穫較多，可以透過統整、分析資訊，看到學校教育的整體面貌。從事學校行政工作，有其可以彰顯或追求的價值，這些價值主要是與學校行政人員自己相關的，以及與學校其他人及學校整體相關的，換言之，是與個人與學校彼此互動相關的。茲分述如下：

一、從事學校行政工作可以協助學校成員更清楚認識自己

從事學校行政工作的價值，首先是協助個人了解自己，進而協助學校達成任務。Blumberg（1989）曾透過對學校觀察的詳實記錄，及對學校行政人員訪談的資料，以技藝（craft）的隱喻來說明學校行政的特性。他認為從事行政工作是一種「獨特運用自己」（the idiosyncratic use of self）的技藝（Blumberg, 1989: 48）。Sergiovanni（2001）同意此看法，並認為將學校領導視為技藝的概念，可以提供一個全新的觀點看待學校領導，提供學校行政人員理解其所具有的知識、經驗，以及其與所面對必須解決情境之問題所需的知識與技巧之間，能有較佳、較合理的關聯。深入而言，Blumberg（1989）認為，視學校行政（領導）為一技藝的重要內涵包括：

· 能發揮並精鍊「一種了解事物的嗅覺」（a nose for things）；
· 在任何特定的問題情境中，對於構成一個可接受的結果（an

acceptable result）能有所了解：

- 了解所使用「材料」（materials）的特性。這包括以自己為材料時，須了解自己；在以他人為材料的情況時，了解他人。這同樣也包括能夠了解環境中的其他部分可能影響（所使用）材料的方式，以及影響在特定時間內，（某個）解決方案的可接受性；
- 知悉行政的技術（administrative techniques），並具有以最有效的方式利用它們的技巧（skill）：
- 知道做什麼（what to do）以及何時做（when to do it）。這不止包括實用的決定——在特定時間內所需進行的行為或程序——更隱含著（處理）對與錯的議題（issues of right and wrong）：
- 具有一種「過程」的感覺（sense of "process"），亦即在任何問題的情境中，能診斷並了解人際互動的真相⋯⋯行政人員亦需要能正確地感覺在與他人一起工作的過程中，真正發生了什麼。過程是一種學校行政人員必須了解與利用的材料形式。（p. 47）

因此，學校行政工作可以有助於學校成員進行反思，更深入理解自己對學校事務的敏感性及格局如何，增進自己了解他人及環境的技藝知識（craft knowledge），熟悉自己的聽與說的技巧如何，以及了解自己的實務、程序知識與道德判斷之品質。

另外，Argyris 與 Schon（1974: 6-7）曾提出行動理論（theory of action），並區分「標榜的行動理論」（espoused theory of action）與「使用的理論」（theories-in-use），前者是學校行政人員回答他人在特定情境中他／她將如何作為時所給的答案，而後者是真正影響其在特定情境所採取行動的理論，此二者不一定會一致，甚至常會有落差。從事學校行政工作，將有助於學校成員深入理解其對教育議題所持有之標榜的行動理論、使用的理論，以及二者之間可能的一致性與落差情形，這些都是教育工作者所需具備的關鍵能力（不管是從事教學、輔導或行政工作）。Starratt

（2003: 250）更以「視行政為寫自傳」（administration as autobiography）的概念，主張從事行政工作主要是提供行政人員寫自己對教育、行政、領導歷史的機會，更進一步理解自己。從事行政工作，可以透過服務學習成長（Greenleaf, 1977），也可以透過行政關懷學習體驗與實踐關懷（Beck, 1994）。上述這些都是從事學校行政工作對學校成員自己的價值。

二、從事學校行政工作可以協助學生及學校成員建立公平、正義的學習環境

學校行政工作可以為學生建立提升學業成就、公平、正義的學習環境（Firestone & Riehl, 2005），學校行政人員可以進行「倡議領導」（advocacy leadership）（Anderson, 2009: 13），協助改善學校違背公平、正義的作為。另外，學校行政有助於建構學校團隊及具永續性的環境，這種「永續學校領導」（sustainable school leadership）（Hargreaves & Fink, 2006: 16），可以建立一個永續性的學生學習環境，進一步塑造學校專業團隊，形成專業資本。Hargreaves 與 Fullan（2012）主張透過學校領導或行政協助學校建構專業資本（professional capital），形成從學校內部進行改善的動力，這與 Woods（2005）所主張的在教育組織進行民主領導，學校成員分享權力共同為學校努力與負責的概念類似。這些都是從事學校行政工作對學校成員個體與學校整體表現可能呈現的價值。

肆、實踐學校行政價值可能性的具體作為

經過上述有關從事學校行政價值無法彰顯的現象與原因探究，以及其可展現的價值等陳述，其後的關鍵問題便是，學校行政人員如何自處？如何提升行政服務的價值性？有哪些具體作為可以彰顯或實踐學校行政價值？

針對類似的問題，Fullan（1997）在其《校長工作值得追求什麼？》（*What's worth fighting for in the principalship*）一書中指出一些提高校長領導價值的指引，可作為學校行政提升價值的做法建議，這些指引主要包

括：避免堅持如果別人改變，我就改變的心態，或者是歸罪他人的想法，因爲這會產生依賴他人行事的無助感；將行政重點著重在學校課程、教學、評量等專業上，且從學生學習的角度思考學校行政作爲；眞實展現行政作爲，不懼怕失敗；學會說不，但要同時能提升學校行政的聲譽及尊重；尋找夥伴，共同努力；以及放棄追求萬靈丹的不切實際想法，持續學習。

　　茲依據這些主張以及本文作者與學校成員訪談的資料，以下區分爲正向積極的態度，以及正向積極的作爲兩方面加以論述：

一、以正向積極的態度從事學校行政工作

　　時代改變了，從事學校行政的態度亦必須改變。事實上，社會價值多元，伴隨著學校成員對學校事務（包括實質內容，以及實施過程）的看法分歧、觀念不一的現象，短時間是不容易一下就改變的。與其「自怨自艾」地抱怨學校行政不被尊重，自覺投入與付出不成比例，或是主觀覺得不值得，倒不如改變心態，建立正向積極的態度才比較實際。從本文作者訪談的資料以及文獻內容，茲提供以下方向供參考：

(一) 建立價值是掙來的，受尊重及感激是服務得來的態度

　　這種態度的改變與面對現今師生關係的改變而有新的態度是類似的。以往尊師重道是一文化規範，但現今社會，尊師重道卻必須是由教師努力經營得來的。同樣的，以前學校行政具有尊榮感，值得受尊重，是一種法理權威的展現；現今社會，學校行政的價值則必須由行政人員發揮包括專家權與參照權之各種權威，努力服務學校教育目標，以及服務於那些協助學校教育目標達成之人員而獲取來的（Sergiovanni, 2005）。Sergiovanni（2001）曾指出學校行政人員可能面對類似的內外部要求與限制，但往往是學校行政人員所做出的選擇不同，而有不同的結果。南投縣爽文國中王政忠主任在面對偏鄉學校教育落後，但國家或縣市教育政策往往有所偏廢或忽視時，勉勵老師先努力自己在教室教學的改變與精進，再來談對教育改革的訴求之主張，亦有異曲同工之妙（王政忠、林明地，2017）。多位學校教育人員指出，學校行政人員要有「進廚房，就不要怕熱」的態度，也與學校行政

人員面對困難，耐心而有技巧地溝通、協調的積極態度有關。

(二) 建立同在一條船上的心態，協助學校事務的進行

學校教師必須有正確的心態是，不管是否真正擔任學校行政人員，學校為服務學生與家長，在現今複雜的社會中，愈來愈不容易。全校共同努力，發揮學校集體智慧 (林明地、梁金都，2016)，都沒有把握能成功地完成任務了，更何況是區分我們／他們的心態，孤軍奮戰，更不足以完成學校任務。換言之，在學校中，不管從不從事行政工作，每一位成員最好同心協力的協助學校事務的進行。所以，若有幸（或不幸）成為行政人員，建議採取正向態度與積極作為，而若不幸（或有幸）未能成為行政人員，那就建議對學校行政人員持著感恩、感謝的心，一起努力。

(三) 去除「如果別人怎樣，我就會怎樣」的心態

Fullan (1997: 27) 指出這種「如果別人怎樣，我就會怎樣」（if only）的心態會助長依賴他人的不良心態，學校成員最好是主動為學校努力，成為真實的學校行政人員 (Villani, 1999)，而非一味地被動詢問：「我該做什麼」。學校成員需運用正向積極的語言、心向或隱喻，呈現從事行政工作的實踐價值 (Kaser & Hallbert, 2009; Lumby & English, 2010)。切記，世界上沒有任何人的主要任務是讓我們的工作更好做的，或者，也沒有誰有義務讓我們的工作更好做 (Fullan, 1997)。參與本文訪談的一位學校主任指出，針對學校老師擔任行政工作意願不高的問題，有的校長甚至要求教育局（處）訂定辦法規定，只要校長指定，學校同仁就必須擔任，否則就可以處分當事人，以使校長更有權力去組織行政團隊。這種只要別人改變，我就可以做更好的心態是不正確的，應加以避免。

二、採取正向積極的作為，彰顯學校行政價值

為彰顯學校行政價值，學校行政人員除了將行政工作做好，以贏得尊敬之外，下列做法也相當重要，可供學校行政人員參考：

(一) 竭盡所能地找尋適當的學校同仁從事行政工作

學校行政工作最好不要用抽籤或是輪流的。誠如一位校長指出的，學校同仁抽籤或輪流擔任行政職務時，其心態上會有些不情願，碰到麻煩的學校行政事務時，或許會以我原本就沒有意願擔任為藉口，推給其他人員，甚至是校長。如此並不利於學校行政事務的推動。

(二) 審慎但勇敢的使用權力，以推動行政工作

學校行政人員不要息事寧人，當濫好人。學校行政核心價值的落實是在真實情境中加以實踐的，價值的落實有時必須是堅持來的（Willower & Licata, 1997）。審慎但勇敢的運用獎賞權、強制權、法理權、專家權，以及參照權，也是彰顯學校行政價值的良方之一。

(三) 以學習的心態從事行政工作，成為終身學習者

學校行政人員可以將從事學校行政工作視為是一個學習的行旅，持續進行個人、團體與組織學習，以塑造學校為發揮學校集體智慧之專業學習社群為目標（林明地、梁金都，2016）。在學校行政工作上，只有「（成為）終身學習者才可以應對、理解，甚至協助（學校行政人員）在變遷情境中鍛造意義。」（Fullan, 1997: xi）。學校行政人員必須從他人處學習，並使學校內外部成員亦可以相互學習，做出貢獻（Fullan, 2003；Fullan, 2011）；藉由學習，建立人力資本與社會資本，有效面對內、外部溝通與聯繫的挑戰（Harris & Lambert, 2003）；學習並實踐高品質的分布領導（Spillane, 2006）；學校行政人員必須進行自我專業成長學習（Young, 2004），為學校革新進行專業成長（Harris & Lambert, 2003）。從來沒有人說，從事學校行政工作是好玩的，但若將學校行政當成是一個學習的行旅（Sigford, 1998），強調學習過程，則會協助學校行政人員在學校行政推展過程中學習成長。

(四) 從事學校行政時，讓行政的重點工作著重在課程、教學與學習，使學校教師能實質感受到學校行政的服務成效

一位訪談的老師指出，目前國中教師最困擾的教學問題是，如何在常態編班的情況下兼重差異教學，讓不同學習進度的同學們在一般課堂上都

有收穫，兼顧到學生的學業成就以及學習興趣。因此，學校行政若能以此問題為行政焦點，集全校之力，甚至是蒐集校外其他經驗與案例，討論出務實可行的做法建議，相信學校行政服務的價值比較能彰顯，行政人員亦會獲得尊重。另外，兼重行政焦點、熱情與時間是重要的，亦即學校行政人員必須兼顧行政工作在焦點上的明確性，不要事事都要成效，造成學校同仁無謂的忙碌；自己必須投入熱情加以實踐，並以足夠的時間推動行政工作，才容易產生效果；最後，平衡學校行政之邏輯與藝術，將有助於發揮學校行政的管理功能與文化意義之塑造（Deal & Peterson, 1994）。

伍 省思與建議

　　本文探討從事學校行政的價值及其實踐的相關議題。除了上述有關學校行政價值難以彰顯的現象及原因、學校行政可以彰顯的價值，以及其實踐方式建議外，在省思與建議的地方，本文作者認為，針對部分學校行政人員感受到從事學校行政工作不值得的這個問題，事實上是學校教育人員以及關心學校教育的每一個人（而非只有學校行政人員）都必須去思考的問題，因為本文作者主張，行政不等於行政人員，學校行政亦並不完全等同於學校行政人員。實際的情況是，學校成員，人人都在從事行政工作。如果學校行政是學校運作的核心，促使學校達成教育目標（張明輝，2010）的話，那麼學校的任何一個人（包括校長、主任、組長、科任與級任老師、職員，甚至學生及家長）都扮演重要的角色。「教師法」第 16 條雖規定教師接受聘任後，依有關法令及學校章則之規定，享有「除法令另有規定者外，教師得拒絕參與教育行政機關或學校所指派與教學無關之工作或活動」之權利，但同法第 17 條亦規定，教師除應遵守法令履行聘約外，其應負的義務之一是，「依有關法令參與學校學術、行政工作及社會教育活動。」

　　其次，本文作者再次強調，學校行政工作的價值是靠從事學校行政的學校成員努力得來的，而非外加的。學校行政核心價值包括屬於個人的核心價值：愛、關懷、尊重與專業，以及屬於學校行政團隊的核心價值：永續領導、創新管理、團隊合作及專業社群等（張明輝，2010），也要靠學校行

政人員努力實踐才得以彰顯。誠如 Fullan (1997: 25) 所指出的：「探索（校長工作）值得追求什麼的起始點，不是（要求）系統改變，亦不是改變周遭的他人，而是改變自己。」

第三，作者提出對教育行政機構及教育學術機構的建議是，在師資培育課程、教育學研究所課程中加入學校行政服務、學校行政技藝、教師領導、分布領導等內容（林明地，2002；鄭燕祥，2003；Firestone & Riehl, 2005；Leithwood, Begley & Cousins, 1994），以及其所可能涉及的情緒問題及因應方式（Sigford, 1998），以讓學校成員對學校行政能有正向積極的態度，並以正向積極的作為，以學校成員個別與集體的力量，提供學校（學生）學習最有利的環境。

最後，建議政府及教育行政主管機關可以從制度上加以改善學校行政價值難以彰顯的現象。例如理性面對媒體及民意代表的要求；當學校發生問題時，能多點耐心；投入經費於學校行政人員的長期領導發展（例如 5 年 10 億），以提升學校行政人員的專業知能；增加教師兼任學校行政工作之誘因（例如提高兼任行政加給，提升其尊榮感等）；部分學校行政工作可以專職化；減少學校行政工作的壓力源，包括減少配合政策、政令之行政作為、有效管理教育評鑑業務、減少非關教育之行政業務（例如限時回覆 1999 民眾投訴、濫訴之行政報告）等，使行政工作真正回歸支援教學，以彰顯學校行政服務教與學的神聖價值。

參考書目

中文部分

王政忠、林明地（2017）。我有一個夢：王政忠的教育大夢。教育研究月刊，**274**，4-16。

何宗翰（2010）。校長老師不和，台中市龍津國中行政總辭。20170702檢索於 http://news.ltn.com.tw/news/local/paper/1022343。

林明地（2002）。學校與社區關係。臺北市：五南圖書出版公司。

林明地（2010）。教育領導核心價值。載於國家教育研究院籌備處編印，教育
　　核心價值實踐之研究（頁207-233）。臺北市：國家教育研究院籌備處。

林明地、梁金都（2016）。校長領導與學校集體智慧。臺北市：高等教育。

陳芳毓（2015）。行政拖垮教學，主任、組長大逃亡。遠見，**353**，20170702
　　檢索於https://www.mobile01.com/topicdetail.php?f=375&t=4617595&p=1

張明輝（2010）。學校行政核心價值。載於國家教育研究院籌備處編印，教育
　　核心價值實踐之研究（頁185-206）。臺北市：國家教育研究院籌備處。

黃益中（2015）。為什麼學校行政都是菜鳥老師在當？20170702檢索於https://
　　opinion.udn.com/opinion/story/8143/1071160。

鄭燕祥（2003）。教育領導與改革：新範式。臺北市：高等教育。

羅德水（2012）。教育論壇：教師無意願兼行政職之對策。20170702檢索於
　　https://tw.news.yahoo.com/%E6%95%99%E8%82%B2%E8%AB%96%E5
　　%A3%87-%E6%95%99%E5%B8%AB%E7%84%A1%E6%84%8F%E9%A1
　　%98%E5%85%BC%E8%A1%8C%E6%94%BF%E8%81%B7%E4%B9%8B
　　%E5%B0%8D%E7%AD%96-123215532.html。

羅梅英（2016）。有責無權、遴選制度成包袱，全臺校長引發提前退休潮。
　　20170702檢索於https://gfamily.cwgv.com.tw/content/index/5357。

英文部分

Anderson, G. (2009). *Advocacy leadership: Toward a post-reform agenda in education.* New York, NY: Routledge.

Argyris, C., & Schon, D. A. (1974). *Theory in practice: Increasing professional effectiveness.* San Francisco, CA: Jossey-Bass.

Beck, L. G. (1994). *Reclaiming educational administration as a caring profession.* New York, NY: Teachers College Press.

Blumberg, A. (1989). *School administration as a craft: Foundations of practice.* Needham Heights, MA: Allyn & Bacon.

Bossert, S. T., Dwyer, D. C., Rowan, B., & Lee, G. V. (1982). The instructional management role of the principal. *Educational Administration Quarterly,*

18(3), 34-64.

Deal, T. E., & Peterson, K. D. (1994). *The leadership paradox: Balancing logics and artistry in schools*. San Francisco, CA: Jossey-Bass.

Firestone, W. A., & Riehl, C. (2005). Conclusion. In: Firestone, W. A., & Riehl, C. (Eds.), *A New agenda for research in educational leadership* (pp. 171-184). New York, NY: Teachers College Press.

Fullan, M. (1997). *What's worth fighting for in the principalship*. New York, NY: Teachers College Press.

Fullan, M. (2003). *The moral imperative of educational leadership*. Thousand Oaks, CA: Corwin.

Fullan, M. (2011). *The moral imperative realized*. Thousand Oaks, CA: Corwin.

Greenleaf, R. K. (1977). *Servant leadership: A journey into the nature of legitimate power and greatness*. Mahwah, NJ: Paulist Press.

Hallinger, P., & Heck, R. H. (1996). A principal's role in school effectiveness: An assessment of methodological progress, 1980-1995. In: Leithwood, K., Chapman, J., Corson, D., Hallinger, P., & Hart, A. (eds.), *International handbook of educational leadership and administration* (pp. 723-783). Dordrecht, the Netherlands: Kluwer Academic Publishers.

Hargreaves, A., & Fink, D. (2006). *Sustainable leadership*. San Francisco, CA: Jossey-Bass.

Hargreaves, A., & Fullan, M. (2012). *Professional capital: Transforming teaching in every school*. New York, NY: Teachers College Press.

Harris, A., & Lambert, L. (2003). *Building leadership capacity for school improvement*. Philadelphia, PA: Open University Press.

Kaser, L., & Hallbert, J. (2009). *Leadership mindsets: Innovation and learning in the transformation of schools*. New York, NY: Routledge.

Leithwood, K., Begley, P. T., & Cousins, J. B. (1994). *Developing expert leadership for future schools*. London: The Famler Press.

Leithwood, K., & Riehl, C. (2005). What do we already know about educational leadership? In: W. A. Firestone & C. Riehl (Eds.), *A New agenda for re-*

search in educational leadership (pp. 12-27). New York, NY: Teachers College Press.

Lumby, J., & English, F. W. (2010). *Leadership as lunacy: And other metaphors for educational leadership.* Thousand Oaks, CA: Corwin.

Sergiovanni, T. J. (2001). *The principalship: A reflective practice perspective* (4th ed.), San Francisco, CA: Allyn and Bacon.

Sergiovanni, T. J. (2005). *Strengthening the heartbeat: Leading and learning together in schools.* San Francisco, CA: Allyn and Bacon.

Sigford, J. L. (1998). *Who say school administration would be fun? Coping with a new emotional and social reality.* Thousand Oaks, CA: Corwin.

Spillane, J. P. (2006). *Distributed leadership.* San Francisco, CA: Jossey-Bass.

Starratt, R. J. (2003). *Centering educational administration: Cultivating meaning, community, responsibility.* Mahwah, NJ: Lawrence Erlbaum Associates.

Villani, S. (1999). *Are you sure you're the principal? On being an authentic leader.* Thousand Oaks, CA: Corwin.

Willower, D. J., & Licata, J.W. (1997). *Values and valuation in the practice of educational administration.* Thousand Oaks, CA: Corwin.

Woods, P. A. (2005). *Democratic leadership in education.* London, UK: Paul Chapman Publishing.

Young, P. G. (2004). *You have to go to school-You're the principal! 101 tips to make it better for your students, your staff, and yourself.* Thousand Oaks, CA: Corwin.

大學為何物？

15

白亦方

國立東華大學教育與潛能開發學系教授

緣起

　　這篇文章頗為特別，是由一篇演講稿改寫而成。[1]就文章結構來說，它跟常見的學術文章不同，缺乏嚴謹的論述過程與充分的理論根據；差強人意的是，它滿溢著個人 20 多年來從事高等教育行政與教學研究的所思所感。它的脈絡很大一部分來自於現場氛圍以及與聽眾的互動。那天早上 8:20 演講一開場，我先用閩南語向聽眾問早，並詢問聽不懂臺語的請舉手，結果好像至少有 5 人以上。為什麼會有這樣的演講習慣，其實來自於多年前有一次教學時，部分使用閩南語，訝異地發現有些學生面露為難表情，經舉手調查，發現聽不懂的學生人數遠超過我的預期；鄉土語言的普遍性評估，不應來自於個人常識或前見，而是科學，更何況語言對於教學效果來說，會是很大的障礙。就像有時候有人開玩笑地問我：「你花蓮來的，不會說原住民語嗎？」「你花蓮來的，身上有刺青嗎？」心情不錯的時候，我會回答：「有呀！你想知道有幾個地方嗎？」好多年前有幸參與國立編譯館教科書審查工作，記得討論到多元文化議題時，不少委員會轉頭看我，希望我表示意見；當時（現在亦然）猜想可能因為我是後山來的，對於原住民文化或多元文化教育，「想必」非常熟悉，也因此「也許」比較專業，對於我的發言，相對而言也比較重視。當年，對於「弱勢有理」這句話，體會應該算是深的了。然而，這對於學術探究或者教育政策制定，是利是弊，姑且按下不表。

　　也許個人比較固執，跟傳統一般認知的大學教授可能不一樣，表達方式有時比較直接，不懂得拐彎抹角。今天的主持人，我認定他是學長，寧可不稱呼他主任，至於他是否 prefer 這個稱呼，我就不得而知了。還有一個例子是，學生有時候發會議通知，信件開頭第一行是「尊敬的白教授」。下課或有機會碰到那位學生時，我就促狹地問他：「你平常怎麼叫

1　本文能夠完成，首先得謝謝師大教育系林逢棋主任盛情邀約，我被他規劃教育早讀會的熱情感染，若非他的督促，這篇可能一如往昔，僅止於一份 ppt。其次謝謝宜航、冠妤同學，協助整理逐字稿與耐心催稿。最後感謝當天參與的所有成員（包括敝所博士生嘉真、錫恩，以及多年前畢業的校友彥瑤），在雙向交流時間提出 6、7 個很有意義的問題，可惜手邊找不到相關資訊，無法將之納入本文，誠屬遺憾。

我的？」他不假思索地說：「就老師啊！」我馬上說：「那你的信裡面，稱呼寫老師不就好了？爲什麼要用尊敬的白教授？感覺很奇怪耶！你平常怎麼稱呼老師，信中就怎麼稱呼就好了。」儘管如此，我看學生表情顯得有點複雜，不知道怎麼往下接；我也知道，並非每位老師都跟我一樣，也許有的老師認爲這種寫法比較尊重，而學生避免犯錯，就使用一般的最保險的稱呼，禮多人不怪吧！還有一次是教師節快到了，學生爲了應景，「鼓舞師氣」，讓全班一起簽名，寫卡片給每位任課老師。當然，這樣的卡片，所有祝福都是統一的，尤其「教師節快樂」五個字，由於一連寫好幾張，班長到最後字都快飄起來了。上課時，我就慰勞班長：「這二天，辛苦大家，尤其是班長嘍！」話鋒一轉，我說：「教師節適度表達 ok，但是可不可以不要勞師動衆？尤其卡片一張也得 20 元，如果給每位老師都是一樣的，那麼我的可以省下來，我一點都不會怪你們。」弄得同學們滿臉尷尬。教育界類似的形式主義例子不少，大家可以慢慢想想，一定可以舉出身邊的其他例子。以下我要分享的議題，同樣出於日常生活觀察與體會，有些屬於高等教育基本概念，有些屬於課程與教學，還有一些屬於經營管理，而這些議題與例子，都來自多年行政、教學、服務三項角色任務的綜合感觸，很難區隔明確的時間點或人物，大家切勿對號入座或追根究柢才好。

貳、高教二三事

在提出個人觀點之前，個人必須負責任地先交代學習成長背景，這些背景或許有助於聽衆（以及未來的本文讀者）理解，演講者爲什麼會提出這樣、那樣的觀點；來自類似背景的人，也會認同那樣的觀點嗎？或者反之？如果發生這樣的狀況，是演講者的預期或非預期結果？這麼做，是一種負責任的表現，讓聽衆藉由背景的理解，去解讀其主張看法的可行性與脈絡性。

記得在美國念書期間最大的感觸，是充分見證了美國學生的自信與表達能力；或許極少數屬於無的放矢，爲求表現而表現，但是多半無論人種，均辯才無礙，滔滔不絕，加上語言文字使用之專業、迅速，讓東方學

生望塵莫及。儘管如此，日後當上大學老師後，我經常鼓勵學生勇於表達，並用加分機制，希望學生可以坦率說明自己的看法及理由，而不是當個錄音機或影印機，參考教科書或學術文章之後，再說出一番「早熟」而「不夠誠實」的道理；我藉此突顯教育理論必須搭配實務的基本原則。當然，這跟個人 6 年半的小學教學經驗是密不可分的。

　　三十多年前我是五年制的師專生，必須向各位坦白，當時心理確實是自卑的；國中時期實力差不多的同學，多半都成爲手捧原文書的大學生，反觀自己畢業後只有五專學歷，所以服兵役期間下定決心，一定要取得大學學歷。當時全臺灣好像只有三所大學提供教育學士的進修機會，只不過我們白天必須教書，只能利用下班時間去進修，所以要告訴各位的是，我的大學時光記憶，其實是漆黑一片的。我們的課排在晚上 6 點到 10 點，當然看不到陽光（恰好跟今天早上的天氣一樣）。下雨天時，男同學們多半穿著雨衣雨鞋騎摩托車來上課（一半以上的人手上還拎著吃了沒幾口的晚餐）。常見的場景是，老師已經開始上課了，我們還在教室後面脫下雨衣、雨褲，整間教室充滿了一種混雜塑膠、汗水、教授授課的濕黏學術味，儘管疲倦、緊湊、壓力大，但是能夠在職進修，聆聽一些教育大老的講理論道，現在回想，既難忘又享受，也很珍惜。在我許多次的演講中，我很喜歡跟聽衆分享這一段經歷，告訴他們這就是我的大學生活。我也習慣性地反問他們：「How about yours?」我很希望學生從大一（或碩一、博一）開始，就想要主宰自己的大學／研究所生活。我尤其喜歡跟大一同學討論，因爲她／他們就像一張白紙，剛脫離高中老師的耳提面命，進入一個自以爲非常 free style 的大學天堂；接觸他們，比較能夠及早讓他們「定錨」，不會到了大三、大四，才來後悔莫及。

　　以高等教育議題來說，這幾年我都用恓恓惶惶來形容臺灣高教的徬徨游移、缺乏定見與有效策略；加上最近三讀通過的年金改革，相較於其他階段，大學教師受到的影響最大。個人觀察到爲數可觀的大學老師，雖然嘴裡不說，面對少子化與日益嚴峻的績效主義，心裡實在不知道未來該怎麼走下去。當初大家投下青春歲月與可觀金錢，好不容易到 3、40（甚至 50）歲才取得教職，生不逢時地同時碰上少子化與國家財政惡化，大學退場震天價響；曾幾何時，人人稱羨的大學教職光環不再，少數教師淪落至

只求保住飯碗，奢談振衰起敝；百年樹人簡直成為一種諷刺與詛咒！

　　通常行政服務工作會想找新進教師協助，但是往往碰到受制於限期升等條款的軟釘子；不然就是應徵面談時一切沒問題，到了獲聘（或升等）後卻像得了健忘症，類似情形各校所在多有，惡性循環於焉展開。行政服務青黃不接、人才斷層，只好老驥伏櫪，直到退休。早期以義務行政因應的措施，在網路民主時代早已如明日黃花、灰飛煙滅，而助理教授們多求早日升等，系所如何經營、學校如何發展，只能自顧不暇地充耳不聞了。在系院務會議中，常見的是長官們苦口婆心、軟硬兼施，希望同仁踴躍申請教育部、科技部及各種競爭型相關（或委託）計畫，大家苦思可能人選，目目相覷、不置可否，最後還是依賴行政兼職者費心。至於深耕、跨領域種種新穎名稱的計畫，到底有沒有辦法深耕、真正消弭學門界限，似乎少人關心。許多計畫始終流於速成、應急，缺乏深入思考、對話與提前準備。這些無奈的現象，年復一年不斷上演，期待仙丹妙藥一解沉痾。

　　在教學方面，我猜各位這幾年上了許多的課，可能比較少看到大學老師上課踏進教室時，是哼著歌、開心地走進來（或面帶微笑地下課）的。我認為，教學本身就是一種藝術、一種表演，都必須 engage 學生。10 幾年前，我對一個經常翹課的同學說：「我的課哪裡上不好，你一定要告訴我，我會改進。但是你不能直接缺席，表達無言的抗議，或者只在宿舍裡睡覺；這樣我的教學不會進步，你的學習也不會增加。而且更嚴重的是，我還會繼續誤人子弟下去。」這張幻燈片裡的恓恓惶惶，指的是我們一些高教人員這幾年的真實感受。大家是否像無頭蒼蠅一樣，惶惶不可終日，不知道為誰而教、為何而教，或者為了哪些教育理念與理想而不怨不悔。當我卸下行政工作，回顧以往，哪些人、哪些事，是可以回味再三的？經過多年，如果可以再次選擇，我仍然會堅持哪些做法？理由是什麼？在我的行政生涯中，有兩次因為理念問題，無法繼續服務；至今想起來，仍然無悔當時的選擇。當然，我得感謝長官們與同事的包容，讓我有這樣的挑戰機會與磨練。後來跟年輕同事交談時，我仍然鼓勵對方接下行政職務，鍛鍊自己的多面向能力、學習與同仁溝通；強迫自己站在其他角度，了解高等教育並非侷限於學術研究或發表，這樣的內涵太過貧乏了。何況，現代的大學老師，最受市場歡迎的當然是全方位人才，如果可以激發潛能、

自我挑戰，何樂不為？

人生，不是一輩子跟誰比輸贏（就像學生時代有些人不停尋找對手，不拼上第一名絕不罷手），就想打敗對方；這代比不過癮，連子女、孫輩還要比，不嫌累嗎？其實人生說到底，還是要對自己交代，對自己負責，老師、學生皆如此。10 幾年前，有個數學系的男生聽完我的演講後，跑來問我：「我在宿舍裡讀英文，有錯嗎？為什麼大家看我的眼神總是怪怪的？我也沒妨礙其他人啊！不鼓勵就算了，還用酸酸的口吻跟挑釁的眼神，真是夠了！」經過這麼多年，我們現在教育學院有些課是全英教學，收了 10 幾個外籍生。1 年半前碩士班的教育研究法，還跑來一位華裔的柏克萊學生修課。這位學生來了一學期，只修教育學院跟管理學院各一門課。我問他為什麼來東華不去臺清交成，他回答我第一，東華很漂亮；第二，臺灣學費超便宜。雖然上起課來頗有壓力，但是就專業領域來說，我們其實還是沒問題的。我們多半是被所謂的「英文能力」框住，一心一意想當個完美學生（還沒拿到博士前）、完美老師（大學任教後），渾然忘記人生本來就是不完美的；重點應該擺在如何讓學生了解，深入淺出，而不是一直擔心自己的英文發音不標準、速度慢、比不過外國人等，忘了自己最擅長或最自信的區塊是什麼。前面那個在宿舍讀英文，招來同學異樣眼光的學生，也許困惑這個情形為什麼在花師會這樣，其實我的看法不一定是花蓮才這樣，也許在頂尖大學也會發生，得看系所、環境與土壤而定。我想說的是，讀英文不是為了別人的眼光，不是因為不得已才來修課，那人生有太多的藉口與不得已了。人生其實非常短暫，一定要好好把握才好。讀英文沒有錯，重點是為什麼要讀英文？為了取得學位？為了將來增加收入？可以追到正妹？或者因為隔壁李家有人出國？自己心中最好要有明確的答案，而且隨著年齡增長，不斷反省自問。更早也有一個女同學問到我關於出國念書的看法，我回答說如果妳只是為了練英文，大可省下這筆錢，留在臺灣一樣可以學好英文，端看妳的心態與做法。

全球變遷下，大學師生角色同樣面臨巨大的衝擊。當然全球不只臺灣面臨少子化的問題，我在一篇報導上看過一篇教授投書，日本 20 年前就針對這點著手處理，估計至少需要 14 年的時間，臺灣在這方面速度可能必須加快。有一次在花蓮機場，碰到一位理工學院的教授，她提出一個

值得玩味的問題：「你有沒有覺得，有些大學老師其實不適合繼續留在學校？」我頗有同感。在保住教職、提升臺灣競爭力的選項中，其實答案呼之欲出，只是做法上得更細膩、方向更明確、遊戲規則更明確，讓無法符合時代需求的人知難而退。據我所知，某所私立大學曾將學校系院的發展前景，根據招生、計畫案、校務推動等數據（有點像這幾年大力推動的 IR 校務研究），把各系所劃分成數學四大象限區塊，情況最好的當然是左上方招生穩定、積極爭取計畫、成員溝通順暢、師資流動率低的，最差的則是連續多年註冊人數下降、計畫案稀少或者成員流動率高的；該校透過全校會議公告，共謀對策，該整併則整併，該獎懲則獎懲，頗有魄力。我本來想東施效顰，後來因故作罷。我的想法是，如果有辦法知道未來 5 年的發展性，就可以提早因應，等到病入膏肓，華佗也束手無策。缺乏具體策略與數據，大家會像倉鼠轉滾輪般，花費了很大的氣力、很多的時間，結果徒呼負負、集體陣亡。因此，我們應該思索更有效率與公信力的評鑑，賦予大學老師更重的責任。花師跟東華合校之後，最大的好處之一就是接觸各領域的專家學者，不會停留在同溫層或在類似思維中打轉，體驗大學的寬廣與多樣性。面臨全球化與政治社會經濟環境變化之激烈，恐怕加強評鑑不只指向高等教育，也應向下延伸到中小學。

參 特色經營

由於少子化催逼，近年來教育部常以註冊率與學生人數作為辦學績效與退場指標。於是很自然地有人會問，到底學校是愈多學生愈好，還是要辦出特色？接下來的問題則是到底什麼是特色？我常和碩博士生在平常上課或 proposal 時討論，你的論文特色是什麼？比較熟的學生私下調皮回答：「我的特色就是沒有特色。」請問師大的特色是什麼？我們得花多少時間才能回答這個問題？有幾所學校的學生，能夠不假思索地脫口而出？我對於我的母校、母系，一直以來總有一個憧憬，希望在這個最差的時代，師大能夠帶領全國教育大學（與教育學院系所）衝出一條路，創造出最好的時代；有個系統戰或整體策略，而不是各校顧好自己的招生、計畫案就好。維持現況，對下一個世代來說是相當不利的。所以，特色到底是

15
大學為何物？

243

什麼？新的口號有哪些？深耕計畫、專業學院、跨領域學習、自主學習之外還有嗎？這些名稱既得體，又能夠「海納百川」，讓人聽了心嚮往之，但是眞正深入接觸、探索後，不難發現認同的比例不高；砸了錢，一時之間可能許多 KPI 與質量化成果目不暇給，但是能夠永續發展、獲得基層認同的，坦白說還是不多。其中主要我覺得是土壤的問題，如果土壤貧瘠，卻一直大量施肥、輪種作物，玫瑰死了換薔薇，絲瓜收成不好換玉米，表象的深耕同樣會變成海市蜃樓，而恓恓惶惶的高教人員，只能祈禱自己不要接到最後一棒，這不是蠻悲哀的嗎？

J. H. Newman（1910）指出，大學是接納世界各地學子的地方；而三種大學類型包括第一教化中心，讓你知書達理，爲學做人；第二研究中心，專門提供資訊、知識給學子們；第三是爲社會需要，提供專業服務（丁學良，2004：14-27）。一所大學就是一個群英匯集的殿堂，天下各地學子來到這裡，尋求各式各樣的知識與楷模。知識經濟時代，社會大眾普遍希望提高大學的各種功能，只不過大學老師在追求學位的過程中，周遭環境並未讓他們察覺到滿足社會需求的必要性。以近年發生的太陽花學運爲例，我們在課堂上如何進行教學、讓師生敢於表達意見，以及更重要的下一步，如何有效點亮臺灣。各位知道，東華有一個全國唯一的原住民民族學院，有些學生勇於衝撞體制，對於社會運動積極參與。這種情形對於研究所招生是有利的，但對於大學部則不然；高中生家長對於子女高度參與特定議題持保留的態度。我們還是得問：大學生活應該是什麼樣子？是否應該跟高中生的想像不同？如果完全不一樣，那該怎麼規劃？老師教學不力，學生學不到東西時，重視此事的院長、校長或許肯花時間約談，了解究竟問題出在哪裡；但是這些在評鑑辦學指標或爭取計畫時，能夠得到委員青睞嗎？現在的 slogan 是學生學習成效，而不是老師的薪水保障，在口號、法令與實際狀況間，缺乏聯繫與配套措施。

2012 年《遠見雜誌》提出選校五大指標：就業力、國際力、跨界力、學術力、特色力。我們不妨現場調查一下，同學們認爲自己選擇師大的動機是哪一項？進入師大 1 年後，感受的氛圍也是如此嗎？如果不是師大的同學，他們的選項又會是什麼？難道七成都是因爲分數嗎？其實，遠見公司怎麼決定這些指標，並不是最重要的；重要的是我們這些長期待在師

大或東華的人，認不認同那些指標，或者想要提出其他指標。自己認為重要的項目，把它登在招生廣告或系所首頁上，讓外界評判這些我們自豪的項目或特色公允與否（校長、院長、主管的辦學理念，同樣可以依此檢視）。經過這些年，我依然認為當初花師跟東華併校是正確的，可以激盪出許多理念火花。大略來分，念教育和念理工的老師，在教學內容上可能有很大不同，但也可能在方法的共通部分，超過你我的預估；重點在於學生可以從課堂上教師展現的包容性、豐富性，以及與他人交流學習態度上，獲得充分啟發。在多元化、胸襟廣的大學，學生可以充分體會各種學門文化，教師也可以理解唯有建立專業、認真教學，才是王道。

2013 年同樣由《遠見雜誌》進行大學聲望調查，希望 148 所大學一級主管列出心目中前 15 名的理想大學。這項調查當然會受到個人信念與印象的影響。問卷設計者要主管們根據五大面向進行排名：教學與國際接軌、輔導學生校外實習建教合作、培養學生創意創新能力、推動學生參與志工服務、建置綠色環保永續校園。以第五面向為例，參訪者一進校園是否就可以感受到該校將綠色理念落實在校園生活中，例如無紙化、環保餐具、垃圾分類，或者師生身體力行等。這些聲望調查偏向主觀，而且是由主管填寫，代表性問題當然不是這裡討論的範疇。接下來問卷再細分成九大學科領域，儘管教育不在這些領域中（屬於社會科學），這部分我們還是必須回到專業。要評斷自己在該領域的排名，必須先找出跟自己條件（包括歷史、位置、設立宗旨、師生人數等）相當的學校，而不是什麼都拿來跟頂大比。系所的特色評比也是如此，環顧全臺灣，跟本身系所相當條件的有哪些，再進行資料檢視。這方面，我們可以參酌研究型大學的九項指標（丁學良，2004：16-25）：教師整體的素質、學生的素質、常態性課程的豐富程度、通過公開競爭獲得的研究基金、師生比例、各項硬體設備的量和質、財源、歷屆畢業生的成就和聲譽、綜合聲譽，再根據本身定位與校務發展目標，予以調整增補。近 2 年臺灣的校務研究（Institutional Research, IR）風起雲湧，並以 Taiwan-AIR 名義，正式申請成為美國校務研究協會的聯盟機構（林博文，2017）。IR 的基本精神跟前述的聲望調查並沒有二樣。在資料整理、檢視、評比的過程中，如果發現結果不如預期，沒有關係，重點在於找出對策，然後訂定合理期限，加以落實。這是一個

痛苦的自我分析與自我惕勵過程，很困難，很痛苦，但是很值得，非做不可。

前面提到，不管問卷、訪談、客觀數據，那些 data 是怎麼產生的？又該怎麼詮釋？如何釐清哪些 big data 其實是 trivial data？打個比方，大學的 128 個學分裡，哪些學分是 trivial 的？哪些不是？授課者與修課者如何得知？哪些是學生從高中時代就應該繼續鑽研深入的基本概念原則？上了大學，如何從不同領域、專業學到邏輯思維與溝通能力，如何將學習觸角從一兩位老師擴展到幾百個老師？又如何將其結合，內化成帶得走的能力？一些必要的 data 拿到手之後，接下來當然是特色經營，這就茲事體大了。校務評鑑或系所評鑑時，我始終覺得最難回答的一道題目是：請問貴校／系的特色是什麼？所謂的特色，需要哪些條件與證據來支持？而且，這樣的特色必須本身（校院系所）先予以認可，再經社會大眾背書，二大要素，缺一不可。

我在這裡僅列出個人認為涉及特色經營的三大因素：第一是師資，第二是系所的歷史、文化、土壤（這個因素最複雜、多變，也是最難處理的）；第三是配套措施，誰是主導者？擁有哪些資源？規劃哪些因應策略？這些都關係到特色經營的成敗與實踐，必須以系統全貌觀來進行。所謂特色，它的要件有哪些？它必須包括獨特性、自信程度、多數師生受惠、永續發展等。它絕不只是某人任內才做的事，而是必須持續發展。像我知道師大跟中正大學，辦過 UCLA 遊學團，這在教育領域中是個特色，別的學校舉辦不了或者只能舉辦一屆。我幾年前帶學生去北京清華大學高等教育研究院交流，運用東華之名，舉辦雙華教育論壇；兩岸各發表幾篇文章，彼此觀摩學習。當時用意也是想讓學生拓展視野，更重要的是培養自信，不要未戰先怯，對自己、對系所、對國家，都不是好事。

2012 年《遠見雜誌》跟 Yahoo！奇摩所進行的網路調查指出，學生認為大學校園最需改變的十件事，往往跟師長的答案不一樣。這些事包括教學內容與產業實務脫節、教師遲到早退、餐廳品質不好、停車位不夠、宿舍問題、教學評鑑流於形式、選不到課等等。的確，國內外研究一致指出，大學教授總是以發表文章、爭取計畫為第一優先，難以量化、無法轉換為有形資產的教學，自然殿後。現在我們出國發表與論文刊登知名期刊

的數量增加許多，拚頂大與世界排名的雄心不曾止歇，這本來也是教育部與社會大眾所樂見的；但是曾幾何時，剽竊造假的情形時有所聞（甚至日益嚴重），就連臺大也身陷其中。可見得提升學術研究，不只是增加經費或薪資，光靠學術倫理課程或漂亮口號無濟於事，關鍵仍在於專業評鑑與自信心建立，其他自然會水到渠成。

　　哈佛大學校長 Derek Bok 在他的書中發人深省地指出：「有人質疑，比起半世紀前，今天的大學多了幾百萬人入學，新增建築物無以計數，教授人數大量擴充，各類新課程充斥在大學課程表裡；大學生可以看到有電腦投影的課，可以用個人電腦印出文章，可以經由網路繳交作業。但不論這些改變有多廣泛，卻沒有真正觸及重點。」他認為我們必須進一步質疑，經過這些改善，大學的「教學品質改善了嗎？更重要的，比起 1950 年代，學生學到更多嗎？他們可以寫得更好更文雅嗎？他們的外語能力更流利了嗎？閱讀更有理解力嗎？分析問題更透澈嗎？」（張善楠譯，2008：55）這真是大哉問！如果 Bok 提問的答案都是遲疑、不置可否或否定的，那麼大家（尤其所有高教領導者）真的得好好思考，我們的大學到底怎麼了？！

肆　野人獻曝

　　接下來是我的行銷時間，利用一些出版品，跟大家交換討論我的特色是什麼。這些書籍是從 1998 到 2017 年間，我和一些學生、同事及同儕合寫共譯的。學生群裡有大學生、研究生，這些都不是期刊論文，除了讓我通過評鑑，肯定是無法換算成彈性薪資的。第一本是 1998 年的《國小教師新天空》，那時候因為師資培育法帶來許多變動，希望透過這本書讓學生稍微定心一下，而且這本書的封面還是請學生畫的。第二本是《校長辦公室裡的那個人：一種民族誌》，內容篇幅很長，耗時也最久（4 年多），當時是因為開了一門教育人類學，在蒐集閱讀資料過程中，發現許多學者都引用這本書。後來我還聽說有人以為我是主修教育行政的，許多校長培訓也推薦這本作為教科書。第三本是《文教事業經營寶典》，當時教職市場已經明顯萎縮，許多學生想要另闢藍海，於是天真地找了幾個研

究生，著手探討文教事業的多樣性與實務性。例如，假設要開一個招收定額學生的補習班，需要克服哪些問題？從無到有，開一個補習班大概要花多少錢？我記得學生算出來的數字是 130 萬（2 年），包含人事、水電費、租金、設備等。師培生除了當正職老師、代課老師，補習班當然也值得嘗試。再來是《教育·科技·權力》、《民主學校》，以及《賣得多，用得少》這三本偏學術研究性質的譯書。前二本都是 Michael Apple 主編，對於資訊社會學及民主實踐啓發很多；Larry Cuban 則是美國指標性人物，他對於科技在教育上的運用與落實非常關注，想要知道大筆經費投注是否改變教育基層的教學實務，這正好也是我經常思索的議題。當年我還邀請他到臺灣演講，後來因爲時間無法配合種種因素，只能央請他爲中文版寫序，Cuban 爽快地答應了，讓素昧平生的我有機會與大師合作，當然也是畢生的榮幸。

接著這本是 2014 年出版的《追星築夢：師培生海外教學實習之旅》，是跟花師教育學院卓獎生及劉唯玉老師合寫的。有一點各位也許想知道，這本書第一次的 meeting 時間與地點歷歷在目，因爲是在飛往新加坡的班機走道上進行。當時實在找不到大家共通的時間，而抵達新加坡後的行程很趕，盤算一下航程時間應該可以輪流談完，這本書的序幕就在那樣的場景下揭開。書中有學生提出很有趣的問題：我們花那麼多錢推行國際化，但是很多偏鄉教育卻沒錢沒人，如果能把國際化計畫的一些零頭撥給偏鄉，那不是很棒嗎？偏鄉教育也需要經費，不能一股腦地都投向國際化，究竟經費輕重緩急，應該如何拿捏，大家不妨一起思考。另外，該書第一個交稿的體育系學生，發想起於自己大學指考只有 50 分，就學科來說的確不怎麼樣，但是他的術科相當亮眼，後來我們決定用這個對比來當文章的標題；我也常在一些場合分享體育系學生的寫作潛能，我們實在應該好好體察多元智慧的生活實踐才是。最後這二本還沒有完成：《Basic Volcabulary for Education》《Basic Reading for Education》，它們都是結合我在大學部一門「教育專業英文基礎」的課與校內特色課程計畫，使用對象設定爲大學生。第一本字彙書從去年著手，它的內容是蒐集教育專業英文字彙，希望今年能夠出版。第二本則是教育讀本，希望它具有國際觀，讓學生願意親近，培養自己的教育專業閱讀素養。我希望教育學院的學生

在畢業前，能夠精熟 1,200 個教育單字和 38 篇短文，鼓勵同學也去考托福、雅思，不要只是全民英檢或多益，提升廣度與層次，為了自己，也為了國家競爭力。如果我在後山花蓮，能夠跟我的學生完成這幾本書，相信各位跟你們的師長一定也可以，而且可能勝過我好幾倍，那不是很美妙的事嗎？

在這場演講的尾聲，我想跟大家分享，多元的高教特色營造是大家的責任，不只是行政人員、老師，學生也有義務，我們應該要讓想要混學分、混薪水的人無法立足。大家不能只是看收入、想退休金，想著大學畢業以後可以找到多少薪水的工作，想著身後可以留多少錢給子女。我們必須重新檢視高教經營的本質和目的，從歷史土壤的縱深，思索頂大、教卓、產學聯盟、深碗、總整、深耕、特色、跨領域學程這些理想、口號與政策的真諦與成效。如此，大家或許可以同意，了解自己遠比找到什麼樣的工作來得重要。最後，我想引用史丹佛校長 Donald Kennedy 以下一段話：

> 所有學者都被學生與其他人視為提升下一代能力及潛力的關鍵力量，這是極大的責任，它也是學術責任的核心焦點。但是學者如何才能善盡這項職責？相關指導卻付之闕如。（學術界）必須正視社會的批評，並且深刻檢討它的根源所在。外界賦予（學術界）非常寬廣的學術自由空間，但是我們享受了權利，卻未善盡義務。如果我們能夠釐清對自身職責的看法，並且爭取外界支持，即對滋養我們的社會盡到重要義務，而此一義務正是學術責任的最高體現（楊振富譯，2000：31-32）

我在這篇文章所表達的，一點都不複雜。大學為何物？對老師而言，大學不只是學術自由，更是學術責任。對學生來說，大學不只由你玩 4 年（未來也許只有 3 年），更應該玩出名堂、玩出自信與態度，讓臺灣更有未來，讓世界因你我而不同！！

丁學良（2004）。什麼是世界一流大學？北京：北京大學出版社。

林博文（2017）。本會出席2017年美國AIR年會暨校務研究考察紀要。臺灣校
務研究專業學會通訊，第六期。7/15取自http://www.tair.tw/Media/Default/
Newsletter/TAIR_Newsletter_Vol.6-1060630.pdf

張善楠（譯）（2008）。Derek Bok著。大學教了沒？哈佛校長提出的8門課。
臺北市：天下文化。

楊振富（譯）（2000）。Donald Kennedy著。學術這一行。臺北市：天下文
化。

你知道大海的歌王 ——座頭鯨為什麼 要唱歌嗎?

張文亮

國立臺灣大學生物環境系統工程學系教授

文字整理：王皓揆

壹 前言

臺灣大學都知道有一個老師是這樣上課的。我有一門課是全野外，好的課程絕對不在教室裡面上課。兩學分的課在禮拜六，要上九個小時，不是在海邊就是在山上。學生絕對不可能遲到，為什麼？因為遊覽車時間一到就開走了。這堂全野外的課在海邊，所以不能穿雨衣、帶雨傘，老師也跟你一起這樣。

我們大部分的學生在海邊大概問三個問題：請問這個魚可不可以吃？這個魚吃了是補我身體哪個部位？這個魚要怎麼煮才好吃？但是，我想教導，我們以後看到魚可不可以不要只有想到吃？

我現在在臺大教書一部分的責任就是要把以後可能當領袖的學生教好，不然就是我的問題。成為老師是一輩子的幸福，可以桃李滿天下，我那時候就認定學生是我們最好的財產。

我要講教育的科學，在這個題材以前，有三個最重要的思索：(1) 科學的教育不等於教育的科學（Scientific education is not the education of science）；(2) 最好的課是根本不給你課本，因為圖書館裡都是課本；(3) 到野外運用身體各種感官進行教育，特殊障礙的學生也能學習，而學習也應該是運用各種感官。

一、科學的教育不等於教育的科學

首先，一般的老師在講的學物理、學化學、學數學、學生物，學生是在一個錯誤的座標學一個正確的內容。在一個被扭曲的座標，在學正確的內容，所以很多人讀物理，他的物理被傷害，很多人讀數學，他的數學被傷害，很多人讀化學，他成為一個化學的拒絕往來戶。所以孩子們在學習、教育的過程中，我們是在教科學的教育，但是我們不是在教他們教育的科學。科學的教育是告訴你很多資料你應該要了解的，但是不懂是你的事情，考試會證明你不懂。但是那不是科學，那是科學的教育。那不是教育的科學，教育的科學是老師必須讓學生們懂，所以你不懂是我的錯。

有一種老師他懂科學的教育，他更喜歡的是教育的科學，他想辦法讓

你懂。所以學生才問我，「老師你怎麼不教物理、化學？」我本身學物理的，高等流體力學，從來沒有幫助我們抽象的思維。

所以回到第一點，科學的教育，不等於教育的科學，如果我是一個專業者，我當然重視科學的教育，因為我要發表 SCI，很多人都要 Paper，但是你要知道，一個好老師，你永遠不用擔心你 Paper 不夠，為什麼呢？因為你收進全班最好的學生，因為他們大一大二就會敲你的門，還有爸爸媽媽把孩子帶來的，「你可不可以收我們的孩子當作你的學生啊？」「我們的孩子從小就夢想進臺大，做你的學生。」所以你做一個好老師，你會收進全校最好的學生跟最爛的學生，其實我想收的是那個後面最爛的學生。因為收最爛的學生才是你一生教育中最值得懷念的地方。我在很多地方都有課，你會想辦法讓學生們懂，那這個叫教育的科學。

所以什麼是教育？Education，E 是走出去的意思，Ex 的意思，ducate 是他的手願意讓你來牽，你的手可以牽他的手。我們教育有二大問題，第一個，他們的手不願意讓你來牽；第二個，你牽他的手走出去，你也不知道要往哪裡去，所以教育系這個系在告訴你三個東西，第一個，學生的手讓你牽；第二個，他讓你牽的時候你可能牽得到，但很多時候你牽不到；第三個，你牽了這個手之後你不知道要往哪裡去。所以我們當然知道方向，因為我們是老師，我們是教授。當你成為一個教育的科學家，你會想辦法把學生背起來。然後想辦法讓他懂。

二、最好的課是根本不給你課本，因為圖書館裡都是課本

第二個，我一直認為一個好的課程不是給你課本，給你課本讀的話就是很差的課本。最好的課是根本不給你課本，因為圖書館都是課本。所以所有的課本都在野外，教你怎麼看蟲、教你怎麼看雲、教你怎麼看石頭、教你怎麼看山、教你怎麼看海、教你怎麼看人，然後呢，你有問題了以後，就是我們的習題，我們到圖書館去。所以國高中比較基本的當然是給你課本，你進大學，愈往上讀，應該是沒有課本，因為全世界都是你的課本。老師會被問倒？當然，我常被問倒。可是你把我問倒以後，我下禮拜一定更強。我教書教了 26 年，就是每堂課都會被學生問倒。你可以問我

臺灣各種山、各種河流、各種的鄉鎮，看你有沒有辦法把老師問倒。那我要講的第二點就是，有沒有一種課，是完全沒有課本的？以圖書館做課本？我常告訴學生，你如果會使用圖書館，你大學教育已經成功 50% 了。你出社會以後遇到很多很多問題，第一個，你會回來找圖書館，第二個，你會回來找老師。所以基本上你大學的教育 50% 在圖書館，49% 在老師，1% 在課本。如果只會讀課本，你大概還在國中生、高中生。成為一個大學生，university，什麼叫大學，大學就是讓不同的可以在一起，不同的系在一起變成院，不同的院在一起變成大學，不同的同學們在一起叫做一個班。所以第二個，基本的核心理念就是希望你能夠用圖書館當作你所有的教材，而不是用某一本書當作你的教材。

很多老師在教物理化學的時候，很多時候都在教那個背後的思考是什麼，不是只有教你那個結果。很多人連結果都不講，就叫你自己看。所以一般我們都講課本上沒有寫的，報告、課本有寫的，你自己看，報告、課本沒寫的，才是老師要教的。所以老師要教的是課本該寫而沒有寫的，而學生要自己讀的是課本已經寫的，所以那老師就不用教了。

三、運用各種感官到野外進行教育，特殊障礙的學生也能學習

第三個，其實到野外當教材那需要高度的訓練，你要知道怎麼聽，你們知不知道一隻青蛙有幾種叫法？你們知道什麼叫青蛙嗎？請問青蛙是不是青色的？答案錯，青蛙不是青色的。他是取名取錯了，把樹蛙當青蛙。那一種蛙，大概叫聲有 15 種。所以基本上老師們希望帶學生們到野外，然後聽什麼教什麼，教孩子們怎麼聽，教孩子們怎麼聞，教孩子怎麼去觸摸。所以我們也專門開一個班，教視障的學生如何認識動物跟植物。其實眼睛閉起來，你摸這個樹的樹皮，摸的時候你大概就可以知道這大概是什麼樹。我們的教育非常缺乏這個東西，以至於我們大部分的孩子成為一個重度自閉、多重的障礙，他很容易被隔絕開來，他需要有人進入他們的空間，可能是藉著音樂，可能是藉著美術，然後老師可以成為跟孩子們互相溝通的最後一道橋梁。

座頭鯨為什麼要唱歌？

　　當然，臺灣並沒有座頭鯨。以前在彰化伸港，常常有那種大型的鯨魚停在我們彰化的外海，可是我每次去的時候就看到有人在那裡切割鯨魚，因為是非常好的生魚片。我自己就很難過，有沒有可能教導我們的下一代，看到魚不要只想到吃。其實你要欣賞牠，魚的嘴巴、魚的眼睛、魚的尾鰭、魚的背鰭，魚的胸鰭、魚的腹鰭，魚的鱗，魚的每一個地方都是超級的數學，可以來認識魚類的美。

　　所以我開始講，魚為什麼要唱歌？你們知不知道魚會不會睡覺？什麼魚會睡覺？其實我們很多科學突破需要依賴你們學生啦，因為長期以來我們是認為魚不會睡覺的。如果你們家裡養過金魚的話，牠一天到晚都在游，當然有些魚會睡覺，鯊魚會睡覺，我知道有些魚會睡覺，但是很多魚是不睡覺的。並不是所有動物都會睡覺，或者是我們睡覺的定義跟他們不太一樣。所以我們基本上就是讓孩子認識周圍，所以你讓孩子到野外去都不會無聊，因為你看到樹木，你知道樹木是你的朋友。你到美國去，你到歐洲去，全世界的朋友都不一樣。

　　其實座頭鯨是海洋裡面最會唱歌的魚，很多魚會唱歌，但是你怎麼知道牠是在唱歌還是只是發出噪音而已？因為它有規律。你怎麼知道它有規律？因為你直接從音波裡面去做分析。我們在學數學裡面，有個函數，那我們可以去做一個轉換，所以座頭鯨是海洋裡面最會唱歌的，座頭鯨是公的會唱母的不會唱，請問為什麼？不要什麼事情都以求偶來看。

　　每次座頭鯨的唱法都不一樣，唱歌的音頻也不同，歌唱的數目也不同，有些可以唱 5 到 7 首，有些可以唱到 20 首，每首歌的節奏、長短都不太一樣，有些可以唱 20 分鐘，有些可以唱 22 個小時那麼久。請問牠為什麼要唱歌？原來除了人類、鳥、蟋蟀之外，還有昆蟲世界、海洋世界之外，還有很多愛唱歌的生物。

　　這個課程是怎麼教的？這是學生們在大一的時候，遊覽車上教的，因為搭遊覽車學生一定會睡覺，一般學生沒有經過訓練，一上車就睡覺，所以我們就上車教，然後下車就考試。學生很耐操的啦。

　　海水之下是不寧靜的。會有魚的聲音喧嘩，很可惜，座頭鯨是海中的

低音歌王，但是人類還是不斷地消滅這個偉大的音樂家。長期以來，人類不在乎音樂家唱什麼歌，我們只在乎牠的肉好不好吃，人類不在乎牠的歌聲好不好聽，只在乎牠體內的油夠不夠。也許還有很重要的任務，人類要來開一個座頭鯨的音樂教室。我的女兒在很小的時候，我就帶她出海，搭專門科學研究的船，非常的昂貴，很寒冷，我們就搭這個小船出去。

一、多賓（William Dawbin）

多賓（William Dawbin, 1921-1998）是研究座頭鯨的第一人，他從1951年開始以驚人的毅力，花了40年的時間，記錄了一千隻以上座頭鯨的歌聲。他仔細地傾聽，他了解每隻座頭鯨的唱法，因為牠唱法是不一樣的，用此了解座頭鯨在海洋裡的遷移、活動、覓食、繁殖。早期的人類完全不知道鯨魚要怎麼做研究，鯨魚在一生裡面，對全世界的海洋，繞了好幾圈，比如說一年，會繞一圈。海龜，一年會繞兩圈。像鮪魚，有時候一年會繞全世界的海洋三圈，最後到臺灣來，被我們吃掉。

所以他們用此訂定保護座頭鯨的資料，長期以來，人類一直無法了解海裡面的鯨魚存在的瓶頸在什麼地方。但我非常希望我們臺灣的學生可以了解海洋，臺灣明明是一個海洋的國家，但是我們臺灣沒有海洋文化，我們只有海鮮的文化，非常的可惜。

二、多賓的生平

多賓是一個紐西蘭人，生於1921年。他本來是念醫學系，第二次世界大戰爆發，他被國家徵召，派到群島當情報官。他帶著一把來福槍、一些軍糧與一架無線電報機，在無人島上當守衛，看德國日本的艦艇有沒有出現。他從1943年開始守衛無人島，只有他一個人，他從來沒有看過敵軍出現，只有看到成群的座頭鯨在海上活動，他大概是全世界最無聊的守衛，每天望著茫茫大海，所以只好記錄座頭鯨的數目，嘗試辨識每隻座頭鯨的特徵。只是他沒有向軍方報告每天有幾隻座頭鯨游過。

戰後，他回到大學完成學業。1946年，他到澳洲就讀雪梨大學醫學研究所，研究人體運動神經學，當時這是很熱門的研究領域。但是，他難忘

座頭鯨。隔年，他聽說英國皇家南極探測船「發現二號」（Discovery Ⅱ）要徵募人員調查鯨魚的迴游，他以船醫的身分前往報名。沒想到他竟然憑著熱忱被錄取了。

我也告訴我的學生，熱忱是很重要的，南丁格爾醫院說護理師一生可以拯救 1,200 個生命，那臺灣的護理人員大概可以拯救更多人啦，因為我們的護理人員被操得很厲害。所以當一個好老師，一生可以幫助 3,000 個學生或更多的學生，若培養出一個壞老師，可能會傷害 3,000 個學生或更多的學生。

三、多賓研究的開始

而後 3 年，他隨船探勘紐西蘭到南極洲的廣大海域。多賓寫道：「進行海上探勘時，我需要沿途量測水深、洋流、流速。冬天時，這裡每天都是黑夜，風浪很大，有時溫度低到攝氏負 50 度。很多人聲稱南極海洋是世界上最危險的海域，也許沒有錯，很少人敢到這裡來。」

多賓繼續寫道：「一大片的海域，卻是我學習認識海洋的機會。大海的探險，培養出我們堅強的身體與勇敢的毅力。」1950 年，任務結束，他回到澳洲當醫生，業績還不錯，但是他又想起了座頭鯨。1951 年，他到庫克海峽，位於紐西蘭北島與南島之間，那是全世界最多座頭鯨在南半球迴游的必經路線。他擔任觀察員。當地的原住民毛利人告訴他：「座頭鯨通過時，不知道牠們在叫什麼？吵得不得了。」

四、多賓研究的新發現

這話讓他想到了他的無線電，他把無線電收音的技術（這很重要）接頭給改了，放到水下去記錄座頭鯨。這是很了不起的研究（後來我們就有海底監測器），竟然很清楚的錄到座頭鯨的叫聲，有人笑他說，用錄音機錄鯨魚的聲音這根本不是鯨魚的觀察，但他認為，觀察不一定只是用眼睛看，用耳朵聽也是可以的，他把所錄的叫聲轉成音頻，很訝異的發現座頭鯨的叫聲有規律性的重複，每一隻的座頭鯨叫聲不同，他可以用這個東西來標示這是屬於哪頭座頭鯨，因此他可以用來標示全世界一千多隻的座頭

鯨；這樣就可以追蹤海裡面重複的音頻，可以了解座頭鯨從這個地方到另一個地方去，這是近代海洋生物學的大發現，後來我們稱之為「鯨魚的音域學」（Whale Acoustic）。

五、多賓研究的結果與心得

　　海豚的聲音比鯨魚複雜太多了，所以多賓研究的是現代鯨魚，我們對於海豚完全不懂。而原來座頭鯨的聲音是有意義的聲音，來呈現水裡的世界。牠在告訴我們，牠在水裡看到了什麼。這是從鯨魚的角度，而不是人類的角度來看海裡的世界。他發現座頭鯨對船的引擎聲音是很敏感的，座頭鯨感到緊張的時候就會加速逃逸。他寧願不是一個追鯨的能手，也不要為了研究去加快船速來追蹤。他堅持研究是關懷座頭鯨，不是為了自己研究的成果而傷害座頭鯨。他不想追到底，於是跟英國、俄國、日本、美國的愛鯨者聯絡，請他們協助，用錄音的方法來互相分享。還好他把座頭鯨追丟，才有機會跟各國的學者一起研究然後互相分享錄音帶。他如果靠一個人追的話，我猜他的研究一定不會有結果。這些人的合作研究後來就成為評估安全捕鯨的科學論證，後來他們一起加入國際捕鯨協會，成立了科學委員會，有各國的代表，促成日後各國要禁止捕捉座頭鯨的科學證據。那個數字你不能亂講，數字要長期的全世界的合作。1956 年，多賓已成為著名的座頭鯨專家，並擔任雪梨大學動物學系的教授，目前還是全世界研究鯨魚最好的校系，我常鼓勵我們學生到這個地方念書。

　　多賓寫道：「國家海洋的政策，不應該訂在多少人能夠獲得多少漁獲量，或者是爭取多少的海域是自己的領海。全世界的海洋應該是各國共用的資源，而不是一個國家單獨的領域，作為國際合作一起來訂定海洋政策保護的基礎。我認為研究生命科學的精神，是讓人以一生之久來進行科學的研究，期待能夠作為理性判斷的基礎，以作為合理決策的依據。我覺得全世界任何陸地上的國家都不應該爭取海洋上任何的面積成為各自的領海，不是因為我的武力比較大就可以蓋一個人工島，這都是錯誤的。」

六、多賓的研究貢獻

當時有人認為座頭鯨發聲只是為了單純的求偶，1960 年，多賓反對這個看法。他提到座頭鯨的發聲有的是為了求偶，有的是為了雄性間彼此的溝通，有的是大鯨魚在誘導小鯨魚，利用聲波的反射來判斷水深、判斷溫度，判斷前面有沒有敵人。因為殺人鯨是牠的敵人。有的是利用回聲來判斷洋流的速度等等。所以不要把生物複雜的行為老是歸諸於性的需求。

他也發現座頭鯨的幼鯨經常在覓食時，擱淺在淺海的珊瑚礁附近，證明另外一個叫戈斯的科學家所提，珊瑚礁的礁岩是保護全世界魚類最重要的地方。他也發現座頭鯨接近海岸的原因，因為近海的深度約 30 到 60 公尺，有最多浮游性的動、植物，座頭鯨會靠近海岸覓食。他提出如果人類的活動使得近岸水色汙濁、減少浮游性植物的生長，會使座頭鯨失去許多的食物。

他也發現座頭鯨是遷移的生物，3 月從寒冷的海域游到比較熱的水域，夏天生產幼鯨，秋天大量的食用浮游性動、植物，像是小蝦小魚，存在體內，11 月再游到寒冷的水域，牠們幾乎沒有進食。藍鯨剛好相反，藍鯨是冬天進食，夏天就不再吃東西。多賓認為，保護座頭鯨的努力要一直不滿意成果，這一步是很重要的知識，可是大部分的人只在乎座頭鯨的捕獵，而不是座頭鯨生長所需要的。

他對外發表座頭鯨遷移的路徑，期待船隻能夠避開座頭鯨活躍的海域，但外界認為這些資料很容易造成捕殺更多座頭鯨，因為如果知道路徑，即便魚游的很快，你也就在那邊等。科學的研究本意是要保護座頭鯨，卻產生更多的獵殺。他期待成立座頭鯨的安全水域，結果引來更多賞鯨船前往觀察，那我們也須教育賞鯨船絕對不要追逐鯨魚、海豚，因為引擎會在水下傳播形成噪音，最後會干擾座頭鯨聞聲辨位的技術，使一隻隻孤單的座頭鯨迷失在海洋裡面、死亡。

七、多賓對於世界的呼籲

多賓呼籲，我們如果要看到座頭鯨出現，背後必須要有百年的努力，因為牠生命是百年的，所以你看到牠是過去別人百年前的努力，鯨魚的觀

賞者要了解鯨魚的習性跟需求，不是只是爲了觀賞而觀賞。

1972 年，澳洲是全世界第一個禁止捕獵座頭鯨的國家，但是捕獵的還是很多，不在澳洲捕也可以在其他地方捕。多賓認爲，愈多捕鯨的地方如果能夠改正成爲賞鯨的所在，是給漁民另外一份好收益。長距離的觀察才是正確賞鯨的距離，此距離一般是 10 公里。

所以長期的觀察才是正確的賞鯨，多賓一生的研究都是自費的。海洋生物學是熱門的議題，澳洲政府始終不認爲座頭鯨有多重要，百年來各國政府的企業、海產業會有很多利益，很少能夠回饋海洋。臺灣的海產店有沒有夠提供 1% 的利益，可以提供保護海洋生物研究。

多賓爲座頭鯨——普世共有的資源默默的付出，他提到座頭鯨是各國海上共有的資源，牠們是有智慧的生物，應該在海上有更多安全與自由。多賓的研究對海洋經濟學有很大的貢獻，第一，人類對座頭鯨不再是完全的無知，以至於傷害牠們也不自知；第二，座頭鯨需要被保護，人不能爲了油跟肉不斷的獵殺；第三，座頭鯨的歌聲讓我們認識海洋的世界——人類直到目前爲止，海洋認識就淺海的 500 公尺。海洋平均深度 3,200 公尺，500 公尺以下的海洋我們根本不認識，牠可以教我們怎麼認識；第四，座頭鯨的歌聲讓我們認識海面下的世界，例如洋流的運動。

八、多賓——座頭鯨的知音

1987 年，多賓用水下錄音研究海豚但完全失敗，後來他去研究海蛇完全成功，因爲海蛇不會有聲音。全世界很少有人研究海蛇，海蛇很毒又很漂亮，他也發現海蛇非常挑食，他寫道：「不要以爲魚游來游去只是無意義的活動，或頂多是爲了求偶與覓食。要保持好奇，持續地探索，才能更了解海洋生物的世界。」多賓被稱爲座頭鯨的知音，他寫道：「除非你眞心愛你所關心的生物，否則你不要去做研究。」就像除非你愛護學生，否則請你趕快從師大生物系轉出。

多賓常爲找不到座頭鯨而難過，他不是擔心研究做不出來，而是擔心太多的座頭鯨受傷而死亡，成群的消失在大海當中，他說：「我研究的熱忱，就像座頭鯨要到較熱的海域。我需要有熱忱，才能有研究的發現。

光是一時的好奇，還不夠從事海洋生物的工作，要有長期的投入，才有結果。」

多賓把一生的研究成果送給澳洲的博物館，分享給更多人，這我非常喜歡，他說：「科學研究的榮譽，不能只歸給一個人，若只歸給一個人，就不能持續。」

海下的錄音還不是研究座頭鯨最好的方法，很多雌座頭鯨不發聲，所以研究方法目前只研究到公的，沒有母的，所以這研究方法還不是最好的方法。座頭鯨之歌還有很多未解之謎。

到二十世紀後期，我們才發現牠是怎麼發聲的，因為牠的鼻孔有一個腔，有發音腔可以發聲。二十一世紀的時候，有人想編座頭鯨之歌，用類似的音頻來跟鯨魚溝通，直到目前為止還沒有成功。到現在更多人類關心座頭鯨的歌唱，這應該感謝多賓的努力。

1992 年，多賓中風再也不能出海，看到新一代生物海洋學家一般都在陸地上不想出海，讓他很擔心。他徒有研究座頭鯨的權威之名，世界上的座頭鯨卻一直減少，失望之極。他太太是圖書館的館員，要他去探索毛利人的捕鯨法，晚年他經常坐在輪椅上看著紐西蘭的海上數算座頭鯨，直到黑夜的時候才被推回家。他晚年寫道：「認識座頭鯨是上帝給我最好的禮物，讓我了解這種大型的生物在海中游來游去，牠是有其意義的。」

參 結語

最近我在研究大安森林公園養螢火蟲，我是團隊負責人之一。螢火蟲求偶要有光就可以，完全沒有賀爾蒙。以後高速公路上所有車子都不用打警訊，只要前面車子打幾個光後面就知道情形，用前車後車彼此的大光頻率讓車子內的電腦可以自動辨識，也不用聽收音機警訊，因為太晚了。這是螢火蟲給我們的教育，用光來傳遞訊息，這是愛的訊息。這也就是我的學生在潮汐的地方一直向外走，如何能走得回去呢？透過老師在前面插桿子，跟著桿子就能回到原地。

很多事情我們都可以做，成為影響全世界的偉大國家。影響全世界文明的國家都是海洋國家。英國、挪威、義大利、日本、早期的羅馬，都

是海洋國家。我覺得我們臺灣應該也是偉大的國家，這不是用國土面積來看，因為第一，我們是海洋的國家；第二，海洋國家老師的頭腦遠遠比其他國家的老師頭腦好太多了，度量跟心胸、智慧都超過其他國家。

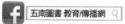

國家圖書館出版品預行編目資料

請問盧梭先生：教育學核心議題／林逢祺，
　洪仁進主編. ──初版. ──臺北市：五南，
　2017.12
　　冊；　公分
　　ISBN 978-957-11-9489-9 (第1冊：平裝)
　1.教育　2.問題集
520.22　　　　　　　　　　106021069

1I1L

請問盧梭先生
教育學核心議題(一)

主　　編 ── 林逢祺(139.1)、洪仁進

作　　者 ── 劉蔚之、葉坤靈、林玉体、周愚文、但昭偉
　　　　　　鄭英傑、許殷宏、蘇永明、林秀珍、李奉儒
　　　　　　彭煥勝、陳玉娟、李玉馨、林明地、白亦方
　　　　　　張文亮

發 行 人 ── 楊榮川

總 經 理 ── 楊士清

副總編輯 ── 陳念祖

責任編輯 ── 黃淑真、李敏華

封面設計 ── 姚孝慈

出 版 者 ── 五南圖書出版股份有限公司

地　　址：106台北市大安區和平東路二段339號4樓

電　　話：(02)2705-5066　　傳　　真：(02)2706-6100

網　　址：http://www.wunan.com.tw

電子郵件：wunan@wunan.com.tw

劃撥帳號：01068953

戶　　名：五南圖書出版股份有限公司

法律顧問　林勝安律師事務所　林勝安律師

出版日期　2017年12月初版一刷

定　　價　新臺幣360元